FAZENDO POSE

Claire Dederer

Fazendo Pose

Uma história bem-humorada
de como a ioga transformou
a vida de uma mulher em crise

Sextante

Título original: *Poser*

TRADUÇÃO: Livia de Almeida
PREPARO DE ORIGINAIS: Alice Dias
REVISÃO: Milena Vargas e Tereza da Rocha
PROJETO GRÁFICO E DIAGRAMAÇÃO: Marcia Raed
CAPA: Silvana Mattievich
IMPRESSÃO E ACABAMENTO: Associação Religiosa Imprensa da Fé

CIP-BRASIL. CATALOGAÇÃO-NA-FONTE
SINDICATO NACIONAL DOS EDITORES DE LIVROS, RJ

D352f

Dederer, Claire, 1967-
Fazendo pose / Claire Dederer [tradução de Livia de Almeida]; Rio de Janeiro: Sextante, 2011.
336p.: il.; 14 x 21cm

Tradução de: Poser: my life in twenty-three ioga poses
ISBN 978-85-7542-654-8

1. Dederer, Claire, 1967-. 2. Maternidade. 3. Hatha yoga I. Título.

11-1831 CDD: 306.8743092
CDU: 316.812.1-055.26

Rua Voluntários da Pátria, 45 – Gr. 1.404 – Botafogo – 22270-000 – Rio de Janeiro – RJ
Tel.: (21) 2538-4100 – Fax: (21) 2286-9244
E-mail: atendimento@esextante.com.br
www.sextante.com.br

Para mamãe, papai e Larry

"Mesmo em condições favoráveis,
uma pessoa pode encontrar dificuldades."

– Swami Kripalvananda

NOTA DA AUTORA

Alguns dos eventos e pessoas citados nesta história foram condensados. Modifiquei a cronologia de alguns acontecimentos para facilitar o fluxo narrativo. Mudei os nomes e as características que identificam algumas pessoas, mas não todas.

A não ser por essas alterações, esta é uma história verdadeira, construída a partir da minha memória.

SUMÁRIO

PRÓLOGO: CAMELO

Começar a praticar ioga na metade da sua vida é como receber um dossiê sobre si mesmo. Um dossiê cheio de informações que você não sabe muito bem se deseja receber.

Eu fazia ioga havia pouco tempo quando essas informações começaram a chegar. Em uma tarde nublada de janeiro, nós nos inclinamos para trás para fazer a postura do camelo, lentos e hesitantes como nadadores que entram na água fria.

Ajoelhamo-nos nos tapetes com os pés fixos atrás de nós. A ideia é a seguinte: você se inclina para trás com os braços esticados e segura os tornozelos. Joga o quadril para a frente enquanto o peito se ergue no ar. Parecia um tanto pornográfico, mas eu estava realmente disposta a experimentar.

Fiz uma vez. As mãos chegaram lá. Dei impulso no quadril e meu peito se ergueu. Mas a lombar se dobrou e eu saí da postura, o que era quase tão assustador quanto entrar nela.

Fiquei sentada por um instante e olhei para os outros alunos, que se esticavam para trás, se inclinavam, se erguiam. Ninguém se dobrava, pelo menos era o que parecia. Meu Deus, eles tinham pegado mesmo o espírito da coisa. Voltei à postura da criança para relaxar e senti cheiro de cebola em minhas mãos. Eu tinha temperado um frango e colocado no forno para meu marido, Bruce, e Lucy, nossa filha de um ano, antes de sair correndo para a ioga. O frango era meu passaporte para a liberdade. Deixei a comida para eles como se fosse um pedaço de mim. Uma sinédoque: uma parte que representa o todo. Um barco que representa uma esquadra. Uma coroa que representa um rei. Um frango que representa uma mãe.

Na realidade, não havia necessidade de ter deixado a comida pronta. Bruce era um bom aluno da escola masculina de espaguete com molho pronto. Mesmo assim, eu fiz. Assar um frango no forno era uma virtude perceptível. Lá estavam amor, preocupação, proteção: tudo incorporado em dois quilos de ave orgânica. Camelo. Tudo bem. Hora de tentar mais uma vez. Inclinei-me delicadamente para trás, buscando a posição, empurrando o peito para cima.

– Soltem-se na postura – disse Fran, a professora. – Respirem e permaneçam firmes. Esvaziem a mente das preocupações do dia.

Perguntei a mim mesma se Bruce tinha encontrado o pão que eu havia deixado no balcão da cozinha. Pão cheio de culpa. Eles poderiam saboreá-lo enquanto eu ficava naquela sala, fingindo estar na Índia. Eu deveria ter comprado *roti*.

De repente, senti uma agitação estranha, passando pelo esterno. Como se alguma coisa fosse rasgar.

Saí cuidadosamente da postura e falei:

– Fran? Sinto uma coisa esquisita no peito quando estou nesta posição, um aperto meio assustador.

Fran estava corrigindo alguém do outro lado da sala. Parecia uma cuidadosa costureira fazendo acertos no tecido, soltando mais um centímetro aqui, endireitando uma costura ali, para que tudo ficasse certo. Ela poderia perfeitamente andar com uma fita métrica pendurada no pescoço. Sem parar o que estava fazendo nem levantar os olhos, ela falou:

– Ah, isso é medo. Tente de novo.

Medo. Eu nem sabia que ele estava ali.

TRIÂNGULO

Rechonchuda, rosada, aveludada, nossa filhinha era como um delicioso pêssego – só que bem mais pesada. Apesar de ser exclusivamente amamentada no peito, sem que mais nada fosse incluído em sua dieta, ela engordava cada vez mais. Estava cheia de saúde.

A história de como amamentei minha filha termina em uma encruzilhada. A criança se desenvolvia a olhos vistos por causa daquele fluxo leitoso e infindável de alimento perfeitamente projetado para ela. Quando Lucy estava com 10 meses, comecei a achar que tínhamos o mesmo peso. Eu a colocava no colo, ela me olhava com alegria e abocanhava meu seio. Eu ficava espantada por ser capaz de satisfazer outra criatura com tanta facilidade. A menina se mostrava concentrada e feliz enquanto se fartava.

O único problema era que a neném parecia esmagar alguma coisa importante dentro de mim quando eu a pegava no colo para essas maratonas de alimentação. Talvez o baço ou algum órgão maior. Tentei deitar de lado para amamentá-la, mas ela exigia tanto leite, em sessões tão demoradas, que isso não era realmente viável. Puxa vida, o leite a deixava tão forte e saudável que ficava cada vez mais difícil produzir o suficiente para alimentá-la (aí está a encruzilhada).

Só por um momento, tente se transportar de volta ao final dos anos 1990. Amamentar, pelo menos em Seattle, onde a gente morava, era uma estranha combinação de hobby e obrigação moral. Se você pegasse o carro e dirigisse uns 50 quilômetros para o norte, nos subúrbios onde viviam os primos do meu marido, encontraria mães que alegremente enfiavam uma mamadeira de leite em pó nas bocas famintas de seus bebês. Na minha cidade, só as mulheres que trabalhavam em tempo integral davam mamadeiras para os filhos – ou melhor, as babás faziam isso por elas –, mas eram mamadeiras cheias do leite da própria mãe, retirado do peito com uma bombinha.

O desmame não era recomendado antes que a criança completasse um ano. Esse era o consenso. Mas quem havia chegado a essa conclusão? Nós. Éramos mães assessoradas por livros. Pesquisávamos. Sabíamos das coisas. Por exemplo, tínhamos o conhecimento de que a Academia Americana de Pediatria afirmava que um ano de amamentação era o ideal para o desenvolvimento do sistema imunológico e do cérebro do bebê. Para o tipo de mãe que éramos, ideal queria dizer obrigatório, e um ano significava alguns anos. Na época, Seattle era uma cidade onde os garotinhos procuravam as mães no playground para uma rápida reabastecida ao seio e voltavam para a partida de futebol.

Lucy ainda nem tinha 10 meses e eu não deveria parar de amamentá-la até que completasse um ano. Se isso lhe parece um dilema frívolo, que não deveria tirar o sono de alguém, é porque você nunca foi uma jovem mãe no meio de um reduto liberal no final do século passado.

Enquanto eu ponderava se deveria ou não desmamá-la (e Bruce fingia se interessar pelo assunto), o inevitável aconteceu. Minhas costas não aguentaram. Eu sentia fisgadas o tempo todo. Não conseguia me sentar em uma cadeira de encosto reto. Não conseguia deitar no sofá. Não conseguia carregar as sacolas de compras. Por isso eu a desmamei.

Agora que já pratico ioga há 10 anos, fico tentada a declarar algo sábio como: eu estava pronta para desmamá-la e meu corpo tomou a decisão por mim. Mas naquele tempo eu não acreditava nesse tipo de baboseira. Em vez disso, afundei em um complexo mar de culpa e alívio. Pedia desculpas ao meu marido por meu desempenho medíocre enquanto nutriz. Dizia aos amigos: "Que droga! Não posso mais amamentar minha filha!" Por dentro, eu comemorava secretamente. Meu baço era meu novamente.

Vivíamos em Phinney Ridge, um bairro ao norte de Seattle repleto de gente educada, liberal e bem-intencionada – o que, na realidade, serviria para descrever todos os bairros do norte de Seattle, mas Phinney Ridge é notável por ser ainda mais liberal e bem-intencionado do que a maioria. Lá, as pessoas não colocam placas do tipo "Cuidado com o cão". Elas colocam placas do tipo "Por favor, preste atenção ao cachorro".

Quando eu me queixava das dores nas costas, o que fazia com frequência, as pessoas da vizinhança tinham sempre a mesma resposta: "Faça ioga." Meu médico disse: "Na ioga existem exercícios que vão fortalecer suas costas." O caixa do supermercado informou que eu poderia comprar um bom vídeo de ioga na livraria Nova Era. O sujeito sem-teto que vendia jornais sobre os sem-teto na porta do mercado completou: "E veja se arranja um tapetinho! É muito difícil fazer ioga sem um tapetinho."

Eu tinha vários preconceitos em relação à ioga. Achava que era praticada por senhoras consumistas de meia-idade que não tinham nada para fazer o dia inteiro ou por ex-adeptas de ginástica magrelas, fanáticas, vegetarianas e com 22 anos de idade.

Apesar de todas as minhas reservas arbitrárias, porém firmes (minha especialidade), havia anos eu suspeitava de que provavelmente deveria praticar ioga. Era do tipo nervosa. Uma daquelas pessoas autocríticas que se preocupam com detalhes e são consumidas pela própria energia. Tinha um tremor constante nas mãos, só para que o mundo inteiro soubesse como eu era ansiosa. Certa vez, eu estava numa cafeteria, dando pedacinhos de biscoito para Lucy e transportando a xícara de café do pires até a boca com a mão trêmula. Um senhor se aproximou e se apresentou como um "xamã da energia". Antes que eu conseguisse encontrar um meio de me livrar dele, ele pegou minha mão sacolejante e pronunciou com ar grave:

– Você precisa de muito trabalho.

– Ah! – exclamei, sorrindo nervosamente. – Sinto muito! Quero dizer, tenho este tremor desde pequena e não venho dormindo muito bem por causa do bebê. E acho que tomei café demais – concluí, de forma desajeitada.

– Você come muito frango? – perguntou. – Isso pode causar problemas de energia.

Levantei-me, derramando café, e rapidamente depositei Lucy no carrinho.

– Bem, até logo! – acenei com animação e saí do café, quase quicando com meus problemas de energia.

A ioga parecia ser tudo o que eu queria: algo para me acalmar. Também parecia ser exatamente o que eu não queria: um lugar onde todo mundo poderia ver o caos que eu era, meu tremor, minha ansiedade, minhas preocupações. Havia algo de assustador na ideia de ficar parada na mesma posição. O que estaria por trás daquela minha tagarelice nervosa?

Mas agora as coisas eram diferentes. Eu tinha uma filha. Era fundamental que eu tivesse condições de segurá-la e estava disposta a fazer o que fosse preciso para conseguir isso. Só que ioga já era demais para mim. Como todo mundo, eu ficava aterrorizada pela possibilidade de estar em uma sala cheia de gente que fazia aquilo muito bem. Mas eu não imaginava que é quase impossível encontrar uma sala cheia de feras em ioga. E quando isso acontece, você geralmente descobre que são um bando de babacas.

Imaginei que a melhor opção seria usar um vídeo. Talvez eu obtivesse os mesmos benefícios sem ter que passar pelo vexame público. Então decidi dar um pulo na livraria Nova Era. Entre uma fisgada e outra, coloquei Lucy no carrinho, gerando em mim mais uma onda de culpa materna: recentemente, os carrinhos de bebê tinham entrado para a lista de itens banidos pelas mães do norte de Seattle. Segundo diziam, os bebês se sentiam isolados ao ficarem tão distantes das mães e preferiam se acomodar sobre suas costas ou seu peito. Não havia como escapar daquilo – você deveria carregar a criança em um *sling* ou em um canguru. Algumas teorias afirmavam que o bebê queria ver o mundo da mesma perspectiva da mãe. O que me parece uma maluquice agora, mas na época o raciocínio era esse. De qualquer maneira, pôr a criança em um carrinho estava rapidamente se tornando mais uma forma de mostrar para o mundo que a) você não amava seu filho de verdade; b) você era uma completa idiota.

Tudo isso era ótimo para pessoas que tinham bebês levíssimos, mas eu e minha filha agradavelmente robusta éramos devotas do carrinho mesmo. E, dessa forma, nos dirigimos naquela tarde de outono até a livraria, a compreensiva menininha tolerando a mãe idiota e pouco amorosa.

Eu já tinha passado muitas vezes por aquela livraria, mas nunca havia entrado. Enquanto lutava para vencer a porta com o carrinho, fui atingida pelo cheiro eclesiasticamente fedido de incenso. Tudo na loja era empoeirado e ligeiramente fora de prumo. As prateleiras com revistas estavam inclinadas; os livros, empilhados com negligência; cartazes com ilustrações de chakras, cogumelos e estrelas pendiam das paredes em diversos ângulos.

Encontrei uma prateleira de ferro, precariamente equilibrada, com vídeos de ioga. Algumas das pessoas nas capas eram cor de laranja. Algumas usavam turbantes. Algumas despontavam por trás de letras púrpura, tortuosas e vagamente medievais. Escolhi uma fita para iniciantes. Pareceu-me segura. A mulher na capa não era laranja nem usava nada na cabeça. As ilustrações não pareciam ter sido feitas em um asilo.

Achei um tapete para ioga, paguei e caímos fora dali.

Naquela noite, Bruce deu a mamadeira para Lucy (à qual ela se adaptou muito bem, obrigada) e eu fui para a sala em que ficava a televisão – que nos recusávamos a chamar de "sala de TV". Pus a fita. De seu mundo sereno, num lugar onde orquídeas prosperavam em vasos de planta, uma loura olhou para a câmera. Houve alguma conversa sobre não forçar a barra e fazer as coisas em seu próprio ritmo e então a sessão começou. A mulher se sentou de olhos fechados. Fiquei sentada também, olhando para ela. Aparentemente, estávamos nos aquecendo.

Essa situação agradável prosseguiu por um tempo. Mas logo chegou a hora de começar os ásanas. Soava ameaçador.

– Fique em pé no tapete, com os pés separados um metro um do outro – disse a loura. Fiz isso. – Vire o pé esquerdo a uns 45 graus e o direito para fora. – Feito e feito. Olhem só! – Estenda a mão direita sobre o pé direito e, delicadamente, deixe que ela pouse sobre a canela, o tornozelo ou o pé, onde for mais confortável para você. – Complicadinho, mas eu estava chegando lá. – Lentamente, gire o tronco para cima e estique o braço esquerdo na direção do teto. – E... droga. Sentei-me com um estrondo e olhei a mulher com aquela expressão imutável. Ela era uma poça d'água em um dia sem vento. Com a voz calma, do jeito que a gente fala com os velhos quando tenta convencê-los a dar alguns passos pelo quarto do hospital para usar o banheiro, ela disse:

– Tri-ko-na-sa-na. – Ela se demorou na palavra, obviamente apreciando o som do... o que seria? Sânscrito? – A postura do triângulo – traduziu.

Rebobinei a fita. Tentei de novo. Perna direita para fora, pés formando um ângulo, braço direito estendido. Mão direita sobre a canela direita. Comecei a me preocupar. Como ia erguer o braço esquerdo? Como ia girar o tronco? Merda, é agora ou nunca. Lancei meu braço esquerdo no ar e girei o tronco um milímetro para cima. Ai.

Olhei para a janela e me vi refletida no vidro. Eu estava parecendo o Corcunda de Notre Dame. Rebobinei a fita de novo, segui as instruções novamente e acabei, mais uma vez, dobrada de um jeito esquisito. Dava para sentir que partes do meu corpo se esbarravam, partes que nunca haviam se encontrado antes. Alguma coisa doía. E eu tinha a impressão de que não deveria doer.

Olhando para trás, posso ver que tinha acabado de aprender uma das supremas lições da ioga: arranje um bom professor. Ou, pelo menos, um de carne e osso. Minhas costas ainda doíam e, apesar de os relaxantes musculares serem uma verdadeira tentação, eles não eram viáveis para mim. Eu ganhava a vida escrevendo resenhas de livros (uma péssima ideia, aliás). Quando tomava relaxantes, os romances que eu lia melhoravam drasticamente. Como meu senso crítico era tudo o que eu tinha, optei por não tomar remédios.

Eu tinha na cabeça a ideia de que, de alguma forma, a ioga me tornaria uma pessoa melhor. Melhor do que havia sido, melhor do que os outros. Mais virtuosa. Gostava de me imaginar como praticante de ioga (não conseguia me referir a mim mesma como iogue ou *yogin*). Flexível, provavelmente magra, com algum tipo de luminosidade indescritível. E sem dores nas costas. Com certeza, estava na hora de experimentar uma aula de verdade. Na semana seguinte, num dia chuvoso de outubro, deixei o bebê com minha mãe e atravessei a cidade de carro até o estúdio que minha amiga Katrina frequentava. Katrina era meio maluquinha, mas tinha um traseiro deslumbrante, e então pensei: "Vamos nessa."

Do lado de dentro da entrada principal, havia um vestíbulo decorado no estilo "Não tenha medo, nós não somos um culto". As paredes eram pintadas de branco e cobertas com elegantes painéis shoji. O chão de madeira clara não tinha carpete e estava impecável. Compartimentos asseados aguardavam os sapatos. Tudo era branco e limpo como se o aposento tivesse sido projetado para ser usado em cirurgias. As únicas cores vinham das bandeiras de orações tibetanas penduradas na entrada da sala principal do estúdio.

Apesar de contrariar minha antiga filosofia de nunca adentrar uma estrutura adornada por bandeiras de orações tibetanas, tirei os sapatos, paguei a menina pálida na recepção e entrei no estúdio, onde havia umas 10 moças sentadas em tapetinhos. Apesar de ser uma aula para iniciantes, todas pareciam incrivelmente em forma e um tanto carrancudas. Os rabos de cavalo eram sedosos e bem-arrumados. As mulheres estavam sentadas com as pernas cruzadas, as costas eretas e olhavam para a frente a uma curta distância, como se estivessem a ponto de irromper num ataque coletivo de pintura de paisagem.

Sorri, quase pedindo desculpas. É meu pior hábito e espero ter acabado com ele antes de chegar aos 80 anos. Quando for velha, acho que finalmente vou ser capaz de entrar numa sala sem me preocupar com o que os outros vão pensar. Estiquei o tapete e me sentei nele. Senti a aproximação da profunda tristeza que antecede qualquer nova atividade física – uma peculiaridade minha, talvez. Nunca fui boa em esportes. Sempre me senti como espectadora, mesmo quando me encontrava no meio da partida.

Os painéis shoji filtravam a luz do vestíbulo, desenhando uma grade no chão. Minha sensação de futilidade aumentou. Olhei para aquelas mulheres serenas e me perguntei se elas realmente acreditavam que encontrariam alguma iluminação ali, naquele cômodo cheio de correntes de ar, em um centro comercial à beira da estrada.

Enquanto olhava em volta e via aquelas mulheres de pele clara, as bandeiras de oração sobre a porta e o altarzinho no canto, meus preconceitos pareciam se confirmar em toda sua magnitude. A cena era o retrato da indulgência própria de mulheres ocidentais. Com toda a certeza, não havia indianas na sala.

Uma mulher com pouco menos de 30 anos entrou e esticou o tapete diante de nós. O cabelo era louro e espesso, com um corte curto e caro. As sobrancelhas, cuidadosamente desenhadas. A roupa, preta e apertada. Parecia que tinha dado aula de step em uma academia de ginástica cinco minutos antes.

– Sou Atosa – disse ela. Sem essa, cara-pálida. Ela estava mais para Jennifer. – Sentem-se numa posição confortável. Por favor, juntem seus dedos em gyana mudra. Mudra é a ioga das mãos. – Ela uniu o polegar e o indicador de cada mão e eu imitei o gesto. Parecia uma bobagem, mas, ao mesmo tempo, era maravilhoso. Minhas mãos pareciam iluminadas. – Vamos começar a aula com um longo om – entoou Atosa. – Inspirem e emitam o om ao expirar.

Dei uma rápida olhada pela sala. As outras mulheres pareciam tranquilas e relaxadas, como se estivessem num comercial de espuma de banho. Inspirei e emiti meu om, que saiu como um assovio arfante. O om de Atosa reverberou e ondulou lindamente. Ela continuou a nos orientar:

– O om viaja do assento, passando pelo coração, até o alto da cabeça. Atravessa todos os chakras.

Atosa listou os nomes de todos os chakras, sua localização e cor. A ioga parecia envolver muita conversa.

Fizemos uma série de movimentos terrivelmente incômodos que agora reconheço como Saudação ao Sol. Esticamos o corpo até o céu, tocamos os dedos dos pés, jogamos uma perna para trás, fizemos o cachorro olhando para baixo: as duas mãos no chão, os dois pés no chão, o traseiro subindo até o teto. Jogamos a perna novamente, tocamos nos dedos dos pés de novo, e lá estávamos nós, onde começamos, nos esticando até o céu. Eu estava vermelha, ofegante, trêmula. Quando fizemos a postura do corredor, Atosa me olhou com uma expressão preocupada. Não era uma cara que dizia "Estou preocupada com você", e sim "Não preciso que ninguém desabe na minha aula".

– Você precisa de apoios – disse ela, abruptamente. Pegou alguns blocos de espuma numa prateleira e me entregou, para que eu apoiasse as mãos neles. Ela manteve olhos de águia sobre mim. – Vamos trabalhar o trikonasana hoje – disse ela. Minha perdição. – Por favor, virem os tapetes de forma a ficarem perpendiculares ao meu. Afastem os pés a um metro de distância um do outro, mais ou menos – disse ela. Fomos em frente.

Fizemos trikonasana várias vezes: na parede, no meio da sala, com uma parceira na frente puxando nosso braço. Todas as vezes, eu acabava amontoada como um cacho de uvas. Tremi, suei, me retesei. A ioga era exatamente o que eu sempre havia suspeitado: uma espécie de lente de aumento para minhas limitações.

O triângulo era embaraçoso daquele jeito porque era simples demais. Mas, na realidade, não era nada fácil. Parecia haver infinitas maneiras de fazer tudo errado.

Atosa começou a nos dar uma lição. Bem, para falar a verdade, ela começou a dar uma lição para mim.

– Pensem que estão se expandindo. O objetivo dessa postura é criar espaço.

Pensei em alongamento. Tentei criar espaço. Voltei a me encolher.

No final da aula, deitamos de costas em savasana, a postura do cadáver, esparramadas relaxadamente no chão com os braços afastados do tronco. Até isso parecia fora do meu alcance. Meus olhos estavam fechados, mas eu podia sentir Atosa me observando, percebendo meus joelhos tensos, minha testa enrugada, minha mandíbula cerrada.

Finalmente nos sentamos. Atosa comandou a turma em um om final e disse que quem tivesse perguntas a fazer poderia procurá-la depois da aula. Eu acreditei. Tolinha.

– Sim? – disse ela, erguendo a sobrancelha perfeitamente desenhada.

– Bem, será que você poderia me ajudar com o triângulo?

– Ah, você quer dizer trikonasana? – perguntou ela.

– Isso, trikonasana.

– Bem, você precisa apenas de mais alongamento. Dê uma olhada nisso. – Atosa fez um belo movimento, com as pernas separadas, o tronco girando graciosamente, os olhos para cima como se ela pudesse ver o infinito através do teto. Em um salto, ela se pôs de pé. – Viu? – disse animadamente. Eu me lembrei de Julie Peterson mostrando que sabia fazer estrela, na primeira série.

Resolvi experimentar.

– Não – corrigiu ela. – Tente esticar mais o tronco. Você está muito curvada.

Sorri sem graça e falei:

– Vou trabalhar nisso.

E fui embora.

Eu não queria ver Atosa nunca mais na minha frente. Em um mundo justo, ela seria deportada, talvez para uma ilha habitada por seres humanos totalmente alongados.

Mesmo assim, por alguma razão, eu ainda queria tentar. Na semana seguinte, descobri um estudiozinho perto da minha casa. Não parecia grande coisa. O logotipo era uma pintura estilizada de um iogue – ou seria de Buda? Eu não queria fazer ioga em um lugar que parecia um restaurante oriental de quinta categoria. Mas ficava a cinco minutos de casa e tinha uma aula para iniciantes às 19h, que era a hora do dia em que eu geralmente começava a ficar alerta, a olhar em volta e a reparar nas coisas. Achei que deveria experimentar.

Já era noite quando cheguei lá. A entrada do estúdio era inundada por uma luz amarela e alegre. Aproximei-me da recepção, onde se encontrava um sujeito de ar sério com uma trancinha. Senti um aperto no coração. Depois de Atosa, não iria suportar mais ninguém com aquela frieza estilosa. Eu me apresentei e paguei a aula.

– Bem-vinda – disse ele, em tom sinistro. Vincent Price de camiseta regata.

Entrei no estúdio. Havia todo tipo de gente ali: alguns rapazes com roupa de ginástica, duas mulheres mais velhas com roupas colantes de lycra púrpura, algumas mulheres ligeiramente rechonchudas da minha idade, com cara de mãe, praticamente com leite vazando nos collants, e um sujeito de jeans e cinto de couro. Cinto de couro? Até eu sabia que não tinha nada a ver. Desfrutei de uma fração de segundo de sentimento de superioridade, mas perdi o rebolado quando os alunos se viraram, sorriram e me cumprimentaram. Em todos os meus dias – quer dizer, no meu único dia – de ioga, nunca tinha visto nada parecido.

O cara da trancinha entrou na sala. Enquanto ele se sentava silenciosamente, eu me preparei para ouvir algumas hipocrisias vagas. Mas, em vez disso, ele olhou para nós e sorriu. Alguma coisa dentro dele se iluminou, como se houvesse um enorme interruptor em suas costas que alguém tivesse acabado de ligar. Ele começou a rir.

– Oi, sou Jonathan – disse ele. – O começo é difícil. Mas também é um momento de sorte, porque vocês estão tendo a oportunidade de construir algo belo do zero, sem velhos erros, sem maus hábitos.

Hoje eu sei que isso é um clichê da ioga, mas Jonathan realmente acreditava naquilo. Ele terminou o discurso e soltou outra gargalhada, como se dissesse: Dá para acreditar que vamos fazer essa maluquice juntos nesta sala? Olhei em volta. Todos sorriam.

Ficamos sentados e respiramos por um tempo. Então Jonathan se levantou e declarou:

– Hoje vamos trabalhar o triângulo.

Esperei para ouvir as ordens: primeiro saltar para separar os pés, depois tentar alongar, seja lá o que isso quisesse dizer, e então ficar parecendo o Corcunda de Notre Dame enquanto o professor me olha com a testa franzida. Tudo bem.

Jonathan mandou a gente afastar os pés, mas ninguém saltou. Nós os separamos preguiçosamente. Assim que todos estavam na posição, ele disse:

– Vamos trabalhar na angulação dos quadris. O triângulo é só isso. É uma posição de quadril.

O pé direito dele estava na posição de comando. Ele jogou o quadril para a esquerda e exclamou animadamente:

– Olhem! Estão vendo como a simples ação de jogar o lado esquerdo do quadril para trás cria uma dobra entre o alto da coxa direita e o quadril? É essa dobra que a gente quer. É daí que vem o triângulo.

Inclinamos o quadril para a esquerda e olhamos para nossas coxas direitas. E, cara, havia dobras. Sorrimos.

– Olhem as dobras de quadril. Isso aí é o triângulo – disse Jonathan. Ele parecia sinceramente feliz por todos nós. – Vocês fizeram. Podem fazer mais. Podem esticar o braço direito sobre a perna direita, deixar a mão cair, virar o corpo, erguer o braço esquerdo até o teto. Mas tudo isso é acréscimo. O triângulo é o que estão fazendo neste exato momento.

Joguei o quadril várias vezes e vi a dobra aparecer. Eu morava no meu corpo havia mais de 30 anos e estava descobrindo uma forma que eu nunca tinha visto antes.

Depois de um tempo, tentamos nos direcionar para a frente com a ajuda do braço direito. Foi ótimo, como se o movimento crescesse a partir daquela dobra do quadril. Deixamos nossas mãos direitas caírem.

– Apoiem a mão em qualquer lugar – disse Jonathan. – Em qualquer lugar que achem confortável.

A minha mão parou no joelho. Viramos os corpos delicadamente. Depois, erguemos os braços esquerdos o melhor que pudemos. O meu não estava exatamente reto, mas, de modo geral, dava para dizer que estava para cima. Ou a caminho disso.

Jonathan andou pela sala nos observando. Parou perto de mim e disse:

– Tente pressionar o dedinho do pé que está atrás. – Tentei e, subitamente, a postura pareceu fazer mais sentido. Eu consegui compreender o que estava fazendo e isso aliviou a sensação de estar no meio de uma guerra com meu próprio corpo. Fiquei espantada com a mudança. Era como se alguém mostrasse a você que era possível consertar o motor do carro com um ajuste no espelho lateral.

Aquele era um lugar onde alguém me dizia o que fazer e gerava resultados perceptíveis – o que não ocorria com a maternidade, em que as regras pareciam variar o tempo todo e os padrões eram tão elevados quanto a Lua.

Naturalmente, aquilo não era muito diferente de qualquer aula de ginástica. Mas intuí, ou – ora, vamos ser honestos – tive a esperança sincera de que os resultados na ioga seriam diferentes. Você fazia o que eles diziam e se tornava uma pessoa melhor. A prática aliviaria minha ansiedade ao me ensinar como respirar e relaxar. Mas também diminuiria minha tensão ao me elevar a um plano superior, mais evoluído, em que eu não teria mais que me preocupar se estava ou não fazendo tudo certo.

Jonathan prosseguiu:

– Imaginem que seu corpo está sendo pressionado entre duas imensas lâminas de vidro. Com delicadeza, é claro.

Tentei imaginar. Parecia uma ideia meio boba.

– O espaço entre as duas lâminas de vidro imaginárias é chamado de plano coronal. Você precisa manter o corpo nesse plano ao fazer a postura. Não dobre o corpo para a frente nem deixe o traseiro se projetar. Mantenha-se dentro do plano coronal.

Isso me pareceu a informação mais inútil que eu já havia recebido. De fato, o triângulo em si era um exercício inútil. Quem se imaginaria como um triângulo?

Pensamentos como esse passavam pela minha cabeça enquanto eu tentava me transformar em um triângulo. Enquanto isso, Jonathan falava com profunda convicção, como se a existência do plano coronal e a ideia de caber dentro dele fossem informações cruciais. Talvez ele estivesse certo. De qualquer maneira, eu não podia parar naquele momento. Apenas fiquei ali e permaneci na posição. Essa sutil submissão geraria imensas e estranhas recompensas que reverberariam em mim pelos próximos anos. A ioga tinha entrado na minha vida, com sua lógica misteriosa e até mesmo engraçada. Para o bem ou para o mal, ela chegara. Que diabo, pensei, ao esticar a mão em direção ao céu, dobrar o quadril e tentar me acomodar no plano coronal.

No final da aula, ficamos deitados em savasana. Eu estava cansada e satisfeita. A imobilidade tinha algo de bucólico, como se árvores balançassem suavemente sobre nós.

A voz de Jonathan ficou baixa.

– Obrigado por compartilharem esta noite comigo. Na ioga, dizemos "Namaste", que significa "Eu saúdo a divindade em você". – Ele abaixou a cabeça e disse novamente: – Namaste.

Nós nos curvamos e balbuciamos "Namaste". Para a minha língua, parecia que essa palavra continha um tempero estrangeiro todo próprio.

ÁGUIA

Faço parte de uma geração de mulheres cansadas que por muito tempo perseguiu a virtude a todo custo. Nós, mães do norte de Seattle, nos consumíamos ao tentar fazer tudo certo. A amamentação era apenas o primeiro item de uma longa e incompreensível lista de tarefas a serem executadas: preparar alimentos orgânicos, comprar brinquedos caros de madeira, criar um ambiente doméstico estimulante, comparecer às palestras para pais, deixar o filho dormir junto com você, garantir que a casa esteja livre de toxinas, usar fraldas de pano, transportar o bebê no canguru, fazer comidinha caseira, vestir a criança com roupas de fibras naturais, encontrar um grupo de bebês para que seu filho possa desenvolver ligações com seus pares. E não largar o trabalho. Mas não deixar de se culpar por isso. E desfrutar de uma vida sexual ativa. Mas apenas com seu cônjuge! E também não se esquecer de reciclar.

Bruce e eu estávamos fazendo o melhor que podíamos. As regras eram estas: escreva sua resenha de mil palavras, prepare o jantar orgânico, ligue para seus pais, seja boa, boa, boa o tempo todo. Tentávamos fazer tudo certo, assim como nossos amigos. Evitávamos brinquedos de plástico porque podiam soltar toxinas – uma palavra aterrorizante e ao mesmo tempo estranhamente engraçada. Mãe e bebê consumiam apenas leite orgânico: tínhamos ouvido boatos de que os hormônios encontrados nos laticínios faziam com que as meninas menstruassem aos nove anos. A carne havia se tornado um problema. Não dava para simplesmente dar um pulo na loja da esquina e escolher um corte qualquer. Era preciso ir até a Whole Foods e comprar uma daquelas peças escandalosamente caras de gado alimentado apenas com capim.

A bondade me governava. Eu tinha 31 anos. Todas as mães que eu conhecia, pelo menos as que tinham a minha idade e viviam na mesma região, obedeciam a esse conjunto de regras. Era uma variação daquele perfeccionismo antigo, mas sem a preocupação com a aparência. Não queríamos ser bonitas. Queríamos ser boas. Ansiávamos por algum tipo de limpeza moral que tocasse nossas vidas. O que era simbolizado pela limpeza que buscávamos no mundo. Queríamos que os oceanos fossem livres de mercúrio, e o solo, de arsênico. Queríamos até que se escovassem as chaminés da usina de carvão. Desprezávamos os produtos de limpeza industrializados depois que descobrimos as maravilhas do vinagre. Evitávamos conservantes e comprávamos sucos orgânicos. Desejávamos ser limpas por dentro e por fora para sermos dignas de nossos filhos. Sabíamos que eles eram puros e não tínhamos a menor intenção de macular aquela pureza.

Toda essa bondade era comandada por um pavor secreto. E se parássemos de fazer tudo aquilo? Não queríamos saber a resposta a essa questão. Por isso nunca paramos.

Talvez eu fosse a única a sentir tal pavor. Talvez fosse a única que, ao triturar cenouras orgânicas cozidas no vapor para preparar a comida do bebê, sentia que girar a manivela do moedor impedia que alguma coisa horrível acontecesse. Havia problemas à espreita, à margem de todo aquele esforço. Minha única alternativa era fazer tudo da forma correta. Tinha acabado de me tornar mãe e me surpreendia com a intensidade do medo que eu sentia quase todo o tempo. Havia prazeres ocasionais, que geralmente consistiam em uma interrupção momentânea do medo. Era como se ao me tornar mãe eu também tivesse me transformado em Camus.

É claro que eu achava graça das ridículas imposições da maternidade, mas sucumbia inteiramente a elas. A ioga era parte do meu projeto de me tornar uma nova pessoa. Talvez, se eu aparentasse serenidade, conseguisse controlar esse medo existencialista, que eu não sentia desde os meus dias de adolescente.

Eu comia, dormia e sonhava ioga naquele outono. Era como uma menina de 13 anos que acabou de ganhar um pônei. Praticava em casa, alongando o corpo enquanto cuidava das tarefas domésticas. Ensinei Bruce a fazer a postura do cachorro olhando para baixo. Exaltava as virtudes de Jonathan e citava suas palavras constantemente. Tinha fantasias sobre viajar para a Índia para aprender com o guru dele. À noite, me embalava para dormir repassando em minha mente a sequência exata das posturas ensinadas naquele dia. Geralmente, eu conseguia me lembrar dos primeiros 20 minutos da aula com muitos detalhes, mas depois tudo se misturava numa espécie de caldo indefinido de ioga e eu pegava no sono. Os dias esfriaram, o vento soprou gelado nas árvores, as folhas ficaram vermelhas, depois laranja e de repente se tornaram marrons. Enquanto isso eu pensava em ioga o tempo todo. Ioga e Lucy eram meus dois pilares. Bruce não tinha tanta importância. Na época, eu não sabia como essa situação era perigosa.

Minha vida se organizava em torno das noites de terça e quinta. Eram o ponto alto da semana. Nos outros dias, eu trabalhava as posturas, a respiração, a mente.

Eu não tinha muita certeza do que estava fazendo. Aquilo era exercício, meditação ou o quê? Jonathan explicou que hatha yoga, em sânscrito, significa a prática de qualquer ásana. Havia muitos tipos de hatha yoga: iyengar, que se preocupava com o alinhamento corporal; ashtanga, mais vigorosa; e, ao que parecia, incontáveis outras.

– Nesta aula, não seguimos um estilo em particular. Usamos todas as tradições. Por isso a chamamos simplesmente de hatha yoga. "Ha" se refere ao lado direito do corpo, à energia do Sol, ao vigor. "Tha" se refere à esquerda, à Lua, à passividade. "Ioga" significa, ao pé da letra, união. Nós unimos esses dois tipos de energia e nos unimos ao infinito.

Isso parecia improvável. Eu não confiava nessas definições. Ao mesmo tempo, tinha a estranha sensação de que estava fazendo algo além de um simples exercício. Quando terminávamos a aula fazendo savasana, eu não me sentia como se tivesse me exercitado. Era como se eu tivesse ido à igreja. Não acreditava no infinito, nem na energia do Sol e da Lua. Não acreditava que dizer "om" me conectaria com algo exterior a mim mesma. Mais do que isso: eu não me importava. Eu não tinha o fervor de um ateu por essa falta de crença; tinha a indiferença de um agnóstico.

Enfim. Ainda assim havia a ideia de que a ioga ia fazer de mim uma pessoa melhor. Talvez já estivesse funcionando. Pelo menos um pouco. Eu estava mais calma. Com os pés mais no chão. Com menos medo. Por isso eu cantarolava, fazia as posturas e ficava sentada. Eu continuava do mesmo jeito que havia começado. Quem sabe isso funcione?

Em uma tarde de Halloween, Lucy tirava uma soneca no berço. A casa estava decorada com recortes de abóboras e fantasmas. Eu cozinhava batatas para preparar uma salada. Logo estaria escuro: o fim do horário de verão era coisa séria, a noite desabava como uma cortina sobre Seattle.

Senti uma onda de emoção pouco comum: a felicidade doméstica. Parecia algo estático e permanente. Envolvia tantos objetos: panos de prato em xadrez vermelho dobrados numa pilha, uma tigela de limões, vasos de narcisos no peitoril da janela.

Mas a felicidade doméstica era, na verdade, tão fugaz quanto um sonho. Baseava-se em trabalho, dinheiro e sorte. E, principalmente, dependia de se fazer o que devia ser feito.

No filme *Asas do desejo* há uma frase enigmática. Na realidade, o filme inteiro é deliberada e ridiculamente misterioso, mas há uma frase que é ótima mesmo assim: "O sonho da casa na casa." Havia a casa onde morávamos e também havia um tipo de sonho doméstico, um sonho de ordem, satisfação e beleza. É um sonho para adultos, cheio de orgulho, ambição e determinação. É o sonho de um mundo transformado pelo trabalho, pelo bom gosto e pelo amor. É um sonho que traz um medo sutil: e se eu não conseguir manter as coisas assim?

Durante aquela noite, outras pessoas se juntaram a mim na cozinha: Bruce, Lucy, minha mãe, o namorado dela, meu pai, meus amigos e os pais deles. Mas não importava quantas pessoas estivessem ali, aquela era a minha cozinha. Ela era uma máquina que produzia felicidade doméstica e eu era seu motor.

Tínhamos organizado uma festa de Halloween. Nossos pais passariam por lá e veriam Lucy vestida com macacão de urso, o narizinho pintado de preto e bigodes desenhados no rosto com lápis de olho. Nossos amigos trariam os filhos, ficariam por ali e comeriam doces. Seria ótimo.

Escorri as batatas em uma peneira, liberando uma grande rajada de vapor de amido: uma verdadeira limpeza de pele à base de batata.

Bruce veio do escritório para pegar mais uma xícara de café. Havíamos transformado a pequena garagem no quintal em escritório. Quando falávamos com nossos editores em Nova York, tentávamos fazer com que parecesse romântico e rústico. Chamávamos de pavilhão do jardim ou de cabana da escrita. Como não tínhamos a possibilidade de conversar com eles nos coquetéis que certamente aconteciam todas as noites por lá, usávamos nossa condição provinciana para fazer uma limonada, ao exaltar a rústica sedução do Oeste.

Bruce me beijou e disse que havia um e-mail para mim; alguém queria que eu reescrevesse um texto até o fim da semana. Compartilhávamos uma conta e olhávamos os e-mails um do outro. Tornava a vida de escritor menos solitária.

– Reescrever? Quem foi que inventou uma coisa dessas? – perguntei.

– Nem me fale. – Bruce também era escritor. Trabalhava para uma revista cujos editores avançavam sobre seus textos como cães furiosos que gostam de destroçar as coisas por puro e simples prazer.

Ele pôs café na xícara e se apoiou no balcão, olhando para mim. Era alto e magro, tinha traços lindamente marcados e uma sobrancelha negra inteiriça. Parecia a personificação de um desenho de Egon Schiele ocasionalmente consumido por um ardor adolescente. Sua etnicidade era palpável. Como eu, ele pertencia a uma família que tinha uma longa história. Alguns de seus antepassados eram agricultores noruegueses que viviam no Vale Snohomish. Outros eram pescadores croatas que moravam em Everett. Na maior parte do tempo, ele era como um agricultor norueguês, tímido e austero, mas o croata que existia nele o tornava falante quando estávamos a sós.

– Halloween! A melhor festa do ano. A festa dos doces e dos sustos. O que poderia ser melhor do que isso? E aí, a que horas as pessoas vão chegar? – Ele pegou uma batata da peneira e a deixou cair. Quente demais.

– Psiu! – disse eu. – Lucy está dormindo – falei com certo mau humor. Eu era neurótica em relação ao sono dela. Sempre me chocava quando ouvia falar de mães que tiravam sonecas quando os bebês dormiam. Como podiam? Eu precisava ficar desperta e me preocupar com a hora que Lucy ia acordar.

Bruce fez aquela careta de desculpas que as pessoas costumam fazer quando, inadvertidamente, falam alto demais. Era fácil acordar um bebê em nossa casa, um bangalô numa ladeira que era perfeita para o Halloween, com suas casas amontoadas e cheias de criaturas bondosas que sempre tinham muitas gostosuras à mão (embora normalmente não consumissem açúcar).

– Tudo bem. Preciso voltar para lá. – Ele estava escrevendo uma grande matéria sobre a desativação de represas.

Enquanto ele saía pela porta dos fundos, minha mãe entrou pela da frente.

– Oi, querida! Lucy já acordou?

– Vamos lá dar uma olhada. Ela está dormindo há bastante tempo.

Subimos as escadas cuidadosamente e espiamos Lucy por uma

fresta da porta do quarto. Os olhos ainda estavam fechados. Ela se mexeu, mas o movimento poderia ter sido provocado por algum sonho. Voltamos para baixo e minha mãe encarregou-se do presunto.

– Ah, você assou o presunto com mel! Bom! – Ela o tirou da geladeira. – Que prato você vai usar?

Eu ainda estava pensando no texto que ia ter que reescrever, mas me recompus. Dei-lhe o prato branco grande e observei enquanto ela transformava o presunto de um pedaço reluzente de carne gorda em um autêntico prato principal, simplesmente ao colocá-lo na travessa. Como fazia aquilo?

O bebê choramingou baixinho e minha mãe subiu a escada em disparada.

– Minha menininha querida! – Mamãe pegou Lucy nos braços, direto do berço, o que não era para qualquer um.

Minha mãe era uma mulher esguia, de cabelos longos, com cara de artista e aparência enganadoramente frágil, uma versão diminuta de Vanessa Redgrave. Mas ainda existia um poder dentro dela. Seu corpo pequeno possuía uma estranha força. Ela parecia conseguir segurar a neta no colo durante horas. Sua casa era absolutamente limpa. O jardim, de que ela própria cuidava, sempre parecia ter acabado de receber uma esquipe de jardinagem. E sua força de vontade era semelhante a uma raiz: às vezes se escondia debaixo da terra, mas estava ali, dura e fibrosa, sustentando cada coisinha que ela fazia.

Com o enorme bebê rosado enganchado em seu quadril estreito, minha mãe andava pela casa com seu jeito eficiente.

– Você acha que a mesa de jantar vai ficar boa aí? – perguntou. – Talvez fosse melhor encostá-la na parede.

Era uma espécie de mania de mamãe mudar as mesas de lugar. Nenhuma mesa jamais se encontrava na posição certa. Aquilo fazia parte dos preparativos de uma festa. E naturalmente, de uma forma irritante, ela sempre tinha razão. A mudança fazia com que as pessoas soubessem o que deveriam fazer e para onde deveriam se dirigir nas festas. Livres de qualquer ansiedade, graças ao posicionamento das mesas, os convidados se movimentavam com mais liberdade, conversavam com mais facilidade. Era típico de mamãe. No final das contas, você precisava apenas se deitar e deixar que ela passasse por cima de você empurrando uma mesa.

Suspirei.

– Certo, vamos mudá-la de posição. Deixe a Lucy brincando sozinha um minutinho.

Mamãe a colocou no chão e a cercou com alguns brinquedos.

– Onde está o Larry? – perguntei, enquanto arrastávamos minha enorme mesa de jantar pela sala.

– Ah, hoje ele precisou trabalhar de tarde. Vai chegar daqui a pouco.

Larry era o namorado da minha mãe. Estavam juntos havia 25 anos, apesar de ela ainda ser casada com meu pai. Deixe-me explicar.

Mamãe e papai se casaram no início dos anos 1960. Romperam quando minha mãe conheceu Larry, que na época era um jovem hippie. Mamãe e Larry estão juntos desde então. Mamãe e papai resolveram continuar casados, por acharem que seria melhor para mim e para Dave, meu irmão.

E foi assim que as coisas ficaram. Meus pais continuam casados do ponto de vista prático. Papai ainda recebe sua correspondência na casa da minha mãe. Eles conversam por telefone quase todos os dias e têm suas vidas financeiras entrelaçadas. Uma vez, comentei isso com uma amiga e ela disse: "Bem, existem muitos tipos diferentes de casamento." Eu disse: "Mas eles não são mais casados de verdade!" E minha amiga respondeu: "Ah, são, sim."

Parecia um falso silogismo. Mamãe e Larry formavam um casal. Mamãe e papai são casados. Logo... o quê, exatamente? Eu ficaria tentada a dizer: "Some dois mais dois", mas não existe matemática nesse caso. Hum, talvez você pense que ela tem dois maridos. O.k., talvez minha mãe precise de dois maridos. Por outro lado, talvez meu pai se contente com meia esposa.

– Ali! – disse mamãe. Tudo o que fizemos foi mudar a posição da mesa e o lugar não parecia mais uma sala de jantar. Parecia um salão de festa. – Agora é só colocar uma toalha e pronto!

Fomos procurar Lucy e a encontramos sentada no chão diante da enorme estante de livros de ficção. Uma pilha de Ms (nossa biblioteca estava organizada em ordem alfabética, relíquia dos tempos sem filhos) a encarava: Maupin, Mitford, Munro. Ela roía um canto de *Um conto de duas cidades* quando foi resgatada por minha mãe.

Festas eram ocasiões complicadas. Uma complicação comum para mim e minha família, assim como para muita gente da minha geração. Mamãe, papai e Larry se reuniam na cozinha, soltando exclamações sobre o bebê, enquanto os pais de Bruce circulavam um pouco. Era perceptível a incompreensão deles em relação a meus antecedentes familiares mas, como bons noruegueses, ficavam na deles e nos entendíamos bem.

Meu pai, com seus cabelos esvoaçantes, seu olhar observador e seu corpo magro, oscilava entre o majestoso e o descontraído. Na empresa de relações públicas que ele dirigiu, era conhecido como "O grande", mas agora que estava aposentado tendia mais para o lado da descontração. Estava encostado na parede da cozinha, de braços cruzados no peito, conversando animadamente com Larry sobre uma nevasca nas montanhas Cascade. Meu pai nasceu para esquiar.

Larry, 16 anos mais jovem que meu pai, era capitão de um rebocador. Sério. E tinha exatamente essa aparência. Imagine um capitão de rebocador italiano e bonitão, que usa barba e tem um nariz elegante. Agora imagine que ele esteja sempre com um sorriso suave no rosto. Esse é o Larry. Estava de chinelo – ele geralmente só parava de usá-lo no inverno –, jeans e camisa xadrez.

Meu pai e Larry se tratavam com educação, minha mãe era o charme em pessoa. Tudo parecia funcionar bem como um relógio. Mas o problema é que isso era uma falsa tranquilidade. Ultimamente eu andava impaciente, até rabugenta, com meus pais. Eles me incomodavam de alguma forma obscura. Agora que eu tinha uma filha, eles me irritavam o tempo todo. Eu lhes dava ordens e bufava ao falar.

Por exemplo, quando tirei o vinho branco da geladeira e o coloquei sobre a mesa, meu pai perguntou:

– Posso pegar um copo de água?

– Claro. Vá em frente – respondi laconicamente, indicando o armário onde guardávamos os copos.

Meu pai me olhou com aquela cara que eu via com cada vez mais frequência nos últimos tempos: a de uma pessoa que ficou um pouco ofendida, mas que tenta esconder.

Meu irmão, de novo, tinha furado. Ele não aparecia mais nas festas de família. Isso começara anos antes, quando fazia parte de uma banda – The Presidents of the United States – que não parava de fazer turnês. Achávamos que ele voltaria a se juntar a nós, mas isso não aconteceu, nem ao deixar a banda e virar relações públicas como meu pai e, depois, executivo de novas mídias. Ele continuou distante. Enviava e-mails abusados para meus pais no meio da madrugada, sempre com cópia para mim. "Está na hora de vocês se divorciarem", escrevia. Ou: "Meu aniversário está chegando. Gostaria de ganhar o divórcio dos meus pais de presente!"

Seu desaparecimento foi em função da dedicação total à esposa e às filhas. Ele ficou completamente envolvido pelo núcleo familiar, como alguém que se acomoda sob os cobertores na hora de dormir. Não parecia haver espaço para mais ninguém. A gente se comunicava por e-mails, pequenos sinais de vida que tratavam principalmente de música e de nossos pais, enviados de um lado do lago Washington para o outro. Eu ficava feliz em receber o que vinha.

Quando estávamos todos juntos desse jeito, eu sentia falta dele.

Larry segurava Lucy em seus braços. Ela dava risadas e afundava as mãos na barba espessa do ex-hippie.

– Me dê o bebê! – disse eu.

Larry riu e a entregou para mim.

Ele ria de tudo. Era seu maior encanto. Larry e eu tínhamos ficado mais próximos depois que tive Lucy. Com certeza ela era sua neta, portanto eu e ele deveríamos ter um parentesco consanguíneo. Outro silogismo problemático, mas que continha uma inegável verdade emocional.

Sentamos no sofá com os pais de Bruce, perto da lareira. Eu adorava acender a lareira na meia-estação. Uma lareira no inverno era um lugar-comum, mas havia alguma coisa maravilhosamente extravagante em acendê-la no outono, quando ainda não era tão necessária. Comecei a manobrar as pernas de Lucy para vesti-la com o macacão de urso. Ela ergueu os olhos para mim, cheia de adoração, como se eu fosse um astro do rock.

Enquanto eu desenhava um pequeno focinho de urso em seu rostinho com um lápis de olho, os amigos começaram a chegar. Bruce se ocupou de levar as crianças em pequenas expedições em busca de doces pela vizinhança, com Lucy nos braços.

As pessoas trouxeram comida. O presunto reluzia opulento. O cheiro forte dos doces de Halloween encheu o ar e, nas três horas seguintes, as pessoas entravam e saíam, derramando vinho no tapete, pegando punhados de bombons.

Entreouvi a conversa de mamãe com minha amiga Isabel.

– Você sabia que a casa aí de trás está à venda?

Isabel começou a rir.

– Você pretende comprá-la?

– Acho que seria uma ótima ideia – respondeu minha mãe, os olhos famintos contemplando Lucy.

– Não tem a menor graça – falei.

– Não é para ter graça, Claire. Não seria ótimo? A gente poderia fazer um caminho entre as duas casas.

– Não tem graça, mãe. Deixa disso.

– Bem, não é piada. Acho que vou ligar para o corretor.

– Você está de mudança? – perguntou meu pai, ao passar. Ele era diretamente interessado no assunto, afinal, ainda era casado com minha mãe. E a casa dela era dele também, apesar de ele morar do outro lado da cidade, em um barco de madeira no lago Union.

– Bem, você viu que estão vendendo a casa aí de trás?

– Ah! – murmurou meu pai, abaixando a cabeça desajeitadamente para morder um pedaço do sanduíche de presunto. A relação dos dois era amigável, mas um tanto desinteressada, como a discreta distância emocional mantida, digamos, por antigos vizinhos de porta.

– Eu é que vou comprá-la! – brincou Isabel.

– De jeito nenhum! – exclamou mamãe. – É minha.

Ninguém ia comprar a casa, claro. Era apenas uma forma de mostrar que estavam apreciando minha vida doméstica. Claire com uma casa! E um marido e uma filhinha. Havia algo de absurdo nisso. Mamãe, a mãe de Bruce, todas as mães eram como bárbaros investindo contra os portões de uma cidade. Minha mãe era bem capaz de querer comprar a casa mesmo. A necessidade de ficar perto de Lucy era imensa. Era a coisa mais importante da vida dela.

Larry entrou e abriu mais uma garrafa de vinho. Meu ex-namorado, que estava lá com a esposa e sua linda filha de olhinhos puxados, pediu mais uma taça. A teia dos relacionamentos me apertava com força.

Fui para o andar de cima com Lucy e deitei ao seu lado na cama enquanto ela pegava no sono. Os sons da festa, das complicações e da vida ecoavam suavemente lá embaixo.

No dia seguinte, eu e Lucy tínhamos um compromisso na creche comunitária. Era uma turma para bebês muito disputada na comunidade. Matriculei Lucy assim que ela nasceu. Lá os bebês se socializavam enquanto mães voluntárias ajudavam a cuidar das coisas. Era impossível não imaginá-los recostados em poltronas, segurando martínis e cigarros, levantando os pés para que suas mães trabalhadoras pudessem passar o aspirador de pó no carpete.

De qualquer maneira, a lei do norte de Seattle dizia que seu bebê deveria frequentar a creche comunitária.

Diante da insistência de outras mães, logo depois que Lucy nasceu liguei para a cooperativa e falei com uma mulher que parecia cheia de problemas – o tipo de pessoa cujas pequenas eficiências não conseguem disfarçar o fato de que sua vida, com as crianças, o emprego de meio expediente e o cônjuge não muito prestativo, está quase sempre fora de controle. Bastava falar com ela para saber que era uma pessoa que se desdobrava em mil. Ouviam-se muitos gritos ao fundo. Ela nos colocou em uma lista de espera, mas avisou que poderia levar meses "ou anos".

Agora, nove meses depois, Lucy e eu descobrimos que tínhamos sido aceitas. No dia seguinte ao Halloween, nos dirigimos até o gigantesco prédio cinzento que abrigava a Associação de Moradores de Phinney. Lá fora, uma tabuleta em vinil dizia "ENTRE PARA A CRECHE COMUNITÁRIA DE PHINNEY!" e balançava com força contra a cerca.

Eu havia escolhido cuidadosamente o meu figurino. Usava minha única camiseta realmente cara, minha melhor calça jeans e um par de tamancos Dansko, o calçado oficial das mães liberais e exageradamente educadas. Lucy usava uma camiseta em tye-dye, jardineira e uma touca de tricô, que eu achava que transmitiria a mensagem adequada. Não planejava contar a ninguém que não tinha sido eu quem a tricotara, que havia ganhado de uma amiga que a fizera para a filha. Mas o fato de ser obviamente feita à mão demonstrava que eu era do tipo que gostava de trabalhos artesanais. Eu estava construindo um castelo de cartas e tanto com aquela touca de tricô cor-de-rosa.

Eu deveria ir para a "Sala do Dragão". Considerando-se a longa lista de espera e tudo o que eu havia ouvido das outras mães, entrei esperando encontrar uma espécie de Shangrilá estimulante, cheia de brinquedos de madeira. O que eu encontrei foi um porão repleto de mulheres com tamancos Dansko.

Olhei para um lado e para o outro, tensa. As mulheres se movimentavam pelo aposento aleatoriamente, sem parar, como elétrons em volta de um átomo. Eu esperava pelo momento em que começariam a bater com força no peito como os bailarinos de dança contemporânea costumam fazer. Algumas mulheres seguravam os bebês enganchados nos quadris. Outras acompanhavam os que engatinhavam. Algumas seguravam os braços dos que estavam aprendendo a andar, o que fazia com que os bebês com os braços alegremente levantados parecessem a ponto de dar um testemunho num encontro evangélico.

Era uma cena esquisita, escondida dos olhos inocentes das pessoas que passavam de carro pela Phinney Avenue a toda a velocidade. Coloquei Lucy numa cesta com frutas de madeira e cumprimentei a professora.

Naquele momento, passou pela minha cabeça a imagem das mulheres no estúdio de ioga. Eu havia me perguntado se seriam capazes de encontrar a iluminação num centro comercial de beira de estrada. Aqui eu tinha uma sensação semelhante. Todas no aposento dividiam a mesma sinceridade, a mesma intensidade de propósitos e, descobri nas semanas seguintes, a mesma dificuldade de saber exatamente quais eram esses propósitos. Talvez as outras mães soubessem. Elas pareciam saber o que faziam ali, com seus *slings* descolados, a comida do bebê bem embalada e sempre, sempre de tamancos. A onipresença dos tamancos era como um comentário sobre nossa incapacidade de cuidar de nós mesmas. A gente conseguia manipular complexos processadores de alimentos, usar bombinhas para tirar leite de peito, lavar fraldas de pano e fazer malabarismos para manter o emprego de meio expediente, mas não podia se dar ao trabalho de amarrar os sapatos. Naquele primeiro dia, fui rapidamente absorvida pelo grupo e me tornei uma das mulheres que seguiam um bebê que engatinhava pela sala. Ninguém chegava a conversar. Havia um ar quase meditativo naquela cena.

Depois de um tempo, nos sentamos para cantar "The Wheels on the Bus". Isso me chocou profundamente. Ninguém me avisou que haveria cantoria. Eu cantava uma vez ou outra para Lucy, quando ela era bem pequenininha, estava inconsolável e cheia de cólicas. Esse era o último recurso, depois que negociações e sanções fracassavam. A última música que tinha cantado em público era "God Save the Queen", do Sex Pistols, para um grupo de japoneses atônitos, num karaokê em Quioto, em algum momento no começo dos anos 1990. Eu estava a ponto de descobrir que cantar era uma parte muito importante da vida social de uma boa mãe do norte de Seattle. Éramos um bando de pássaros desafinados, piando, comunicando... o quê, exatamente? Amor, cuidado, devoção.

Depois de "The Wheels on the Bus", chegou a hora de ir para casa. As outras mães faziam planos de sair para tomar um café. Tímida, eu preferi escapulir dali e voltar para casa sob a chuva fina.

Quando chegamos, Bruce estava sentado à mesa de jantar, que havia voltado para seu lugar habitual, de ocasiões não festivas, no meio da sala. Papéis se espalhavam sobre o tampo de madeira arranhado.

Ele parecia trabalhar o tempo todo. Era difícil saber quanto devíamos trabalhar. Éramos escritores freelancer. Não tínhamos escritório, nem patrão, nem meios confiáveis de subsistência – mas tínhamos uma hipoteca. Como aquela hipoteca apareceu? Aquilo não fazia sentido.

Ele nos lançou um olhar caído. Não havia nada de errado com seus olhos, a não ser a completa imersão no que ele estava fazendo.

– Oi, meninas! – disse ele, num esforço visível para desviar a atenção da matéria que estava escrevendo sobre as represas. – Como foi?

– Foi... esquisito – respondi, com a linguagem desajeitada de uma pré-adolescente. – Não sei se entendi direito.

– Bem, o que vocês fizeram?

– Foi parecido com o que a gente faz em casa. Lucy brincou e engatinhou por toda parte. Ela gostou do fogão, mas acho que foi só porque era da altura certa para ajudá-la a se levantar. E nós cantamos.

– Cantaram? Quer dizer, você cantou?

– Não precisa ficar tão horrorizado. Cantamos "The Wheels on the Bus", se você quer saber.

– Como é mesmo essa música? – perguntou, com um sorriso.

Ele deu uma olhada no laptop. Coloquei Lucy na mesa para prender a atenção dele. Ela calçava uma botinha robusta de couro marrom que usou para chutar uma cópia xerocada de uma matéria do *Journal of the America Water Resources Association*. Os olhos dela brilhavam. Nunca conheci ninguém com olhos tão reluzentes.

– E aí? – perguntou ele, se esforçando para manter a conversa. – Você trocou ideias com as outras mães? A professora cuida das crianças enquanto vocês batem papo?

– Não, não, não é assim. Brinquei com a Lucy e a segui de um lado para outro, depois tivemos uma reuniãozinha de turma para planejar o horário dos lanches, depois vim para casa. Ah, e precisei me candidatar a um trabalho. Todo mundo tem uma tarefa na cooperativa. A minha vai ser tomar conta das crianças quando houver reunião mensal do conselho.

– Como assim? Você vai cuidar de quantas crianças?

– Acho que são oito conselheiras, então são pelo menos oito crianças. Ah, eu soube que uma das conselheiras tem gêmeos.

Ele começou a rir.

– Tudo bem. Deixe ver se eu entendi. Você precisou entrar numa lista de espera para esse negócio. Agora você paga... quanto? Setenta e cinco dólares por mês? E não tem ninguém para cuidar das crianças? E você precisa se voluntariar para uma tarefa? E tem mesmo certeza de que quer fazer isso?

Eu tinha certeza. Era o que se fazia. Os bebês entravam na creche comunitária, desenvolviam relacionamentos estáveis e não sofriam de angústia da separação quando a creche se transformava em pré-escola. Era o melhor. Todo mundo dizia.

A atenção de Bruce se desviou de um jeito que eu sabia ser irreversível. Desde a chegada de Lucy, ele se concentrava como nunca no trabalho, como se as compulsões que me governavam e me mandavam lavar roupa, me preocupar com a comida do bebê e amamentar até não aguentar mais lhe enviassem uma mensagem diferente: ganhe dinheiro, dinheiro, dinheiro. (Uma mensagem engraçada para um jornalista especializado em meio ambiente, mas vamos lá.) Agora ele trabalhava com um brilho quase maníaco no olhar, como o Esquilo Trinca-nozes guardando nozes para o inverno.

Nossas ansiedades estavam nos tornando pessoas diferentes – ele era o Provedor, eu, a Mãe, como personagens de alguma peça incrivelmente absurda de Ionesco. Nós nos preocupávamos o tempo todo e geralmente não nos lembrávamos de rir. Eu encontrava alívio no sorriso de Lucy, no contato com meus amigos e agora na ioga. Não percebia que Bruce se dirigia a um lugar onde não havia qualquer alívio.

Naquela noite, fui para a aula de ioga. Eu sempre ia à noite. O dia era para o trabalho, para fazer coisas. Praticamos exercícios de equilíbrio que, de alguma forma, pareciam estar no coração de tudo. Começamos com a árvore. Coloquei o peso sobre o pé esquerdo, como o professor orientou, e apoiei o direito na parte de dentro da coxa, logo acima do joelho. Legal! Foi meu primeiro momento de competência na ioga. Fazer aquela postura não era nenhum problema. Eu poderia ficar numa perna só o dia inteiro, poderia provavelmente ir pulando a qualquer lugar de hoje em diante. Vi meu reflexo no espelho. Estava arrasando. E, naturalmente, no momento em que pensei isso, me desequilibrei. Botei o pé na coxa novamente e olhei para o chão sem pensar em nada. Sólida de novo.

– Muito bom! – disse Jonathan. – Este grupo tem um equilíbrio muito bom.

Sorrimos para ele.

– Tudo bem – continuou ele. – Normalmente eu não faria isso, mas acho que devemos tentar a águia. É uma postura um pouco avançada para vocês.

Meus olhos começaram a vagar, agitados, pela sala. Que raios seria a águia? E se todo mundo conseguisse fazer, menos eu?

Águia. Colocamos o peso do corpo sobre a perna direita. Dobramos o joelho direito só um pouquinho. Enganchamos a perna esquerda sobre a direita, como se fôssemos nos sentar de pernas cruzadas em uma cadeira. Parecia o suficiente, mas ainda havia mais. Enganchamos o pé esquerdo na batata da perna. Meu pé escorregou com facilidade, como se tivesse esperado a vida inteira para encontrar esse lugar aconchegante.

Quando eu estava no colegial, meu melhor amigo era um menino. Nunca nos beijamos, nunca transamos. Ele gostava de garotas moderninhas com cabelos lisos e reluzentes. Eu gostava de garotos maus. Quando sentávamos no sofá para ver TV ou ouvir música, procurávamos os "encaixes perfeitos". O queixo dele no meu cotovelo. Meu ombro na axila dele, um de seus pés pousado entre os meus. O fato de nunca termos tentado nos encaixar perfeitamente como homem e mulher só tornou essa brincadeira mais doce e relaxante.

Perna esquerda dobrada sobre o joelho direito. Pé esquerdo preso na batata da perna. Parecia ótimo. Era um encaixe perfeito, mas eu estava sozinha. Meu Deus, ainda não tinha acabado. A gente devia cuidar dos braços. O cotovelo direito na dobra do cotovelo esquerdo, depois torcíamos tudo de tal forma que as mãos se tocavam. Outro encaixe perfeito. Meus braços e mãos pareciam assumir naturalmente essa estranha posição. As pernas tremiam, mas eu as prendi com mais força.

– Levante os cotovelos – disse Jonathan. – E dobre os joelhos mais um pouquinho.

Olhando fixamente para o chão, realizei os movimentos. Eu me senti como se fosse uma versão avançada de mim mesma. Levantei os olhos. O resto da turma tinha saído da postura. Jonathan estava de pé, rindo para mim.

– Claire encontrou a postura. – disse ele.

Quando Jonathan falou, eu me vi no espelho. Senti-me completamente à vontade e, ao mesmo tempo, totalmente diferente de mim mesma.

Eu havia descoberto uma coisa: existe prazer em fazer algo novo. Você pode se adaptar a uma nova forma. Agora, tudo o que eu precisava fazer era descobrir como aplicar aquilo ao resto da minha vida.

LÓTUS

Fiz aulas para iniciantes com Jonathan por mais um mês, depois a turma mais avançada parecia me chamar. Eu queria me aprimorar! Com algum receio, passei para o grupo de alunos intermediários. Fran, a professora, era uma linda mulher de cabelos escuros, com uma silhueta um tanto voluptuosa. As aulas dela estavam sempre cheias de frequentadores assíduos: Ryan, que machucou as costas pulando de paraquedas. Elizabeth, que corria maratonas. Greg, cuja esposa estava grávida. Lindsey, que havia sido fera em ginástica olímpica na infância. A outra Claire, uma massagista escocesa, e seu marido, o irônico Ralph, que sofria de dores nas costas.

As aulas aconteciam no final da tarde. Todos chegávamos correndo de ruas úmidas e escuras onde a chuva era a linguagem universal do céu. A noite caía enquanto estávamos com Fran, e a sala onde ela dava aula parecia a mais perfeita, secreta e feliz da cidade.

Fran designava as tarefas e depois caminhava entre nós tamborilando os longos dedos uns nos outros. Ia e voltava sem parar, como uma ave pernalta. Ou como um sargento. Vez por outra ela via algo que a fazia interromper bruscamente sua perambulação.

– Vejam só! – exclamava ela. – Phillip, quando você chegou aqui, nem conseguia deitar de costas. Agora está fazendo um arco completo. Parem todos! Olhem para ele. – E desabávamos de nossos próprios arcos para olhar com admiração para Phillip, que começava a tremer por ficar tanto tempo naquela posição.

Como qualquer grande mestre, Fran nunca repetia a jogada. Às vezes, chegava com um plano elaborado, em que nos fazia aquecer em posições preparatórias sem nos dizer aonde queria chegar. Só depois descobríamos que estávamos tentando algo realmente difícil: abrir espacate ou se equilibrar sobre os braços. Às vezes, ela se inspirava nas condições climáticas e só fazia poses que lhe pareciam outonais ou invernais – notei que ela preferia demoradas flexões de troco para a frente quando o tempo esfriava. Às vezes, apenas perguntava o que a gente queria e juntava nossos desejos desarticulados para costurar uma aula impecável.

Eu sempre pedia a mesma coisa, mas como eu era eu, abordava o assunto de forma desajeitada, sem graça como um menino que vai comprar camisinha.

– Estava pensando se a gente poderia, bem, tentar o lótus?

Na realidade, eu estava obcecada pelo lótus. Era meu novo namorado. Pensava nele o tempo todo. Eu já estava me acostumando com aquele fenômeno: uma postura de ioga que captura minha imaginação e me faz sonhar com ela como se eu fosse um personagem apaixonado em algum terrível poema vitoriano – à noite, quando adormeço; de manhã, quando acordo. Geralmente é uma postura que acabei de dominar. Assim que pego o jeitinho, quero capturá-la toda para mim.

O lótus era como um quebra-cabeça: você colocava um pé encostado no quadril e começa o processo de colocar o outro pé sobre ele. O pé de baixo começava a doer, o tornozelo se torcia. Nesse momento, tudo começava a parecer uma má ideia. E aí você flexionava os pés e fazia aquela mágica que os professores de ioga chamam de soltar os quadris, respirava de uma forma decidida e cuidadosa e entrava na postura mais alguns centímetros ou milímetros. Ou simplesmente tinha uma ideia de como seria a posição. Sentia o movimento para cima dos pés e o movimento para baixo dos quadris. Aquela sensação fugaz era parte irresistível da atração.

Meu fascínio pela postura do lótus tinha alguma relação com a perfeição formal: simétrica, compacta, elegante. O Buda fazia o lótus. Você faz o lótus. Não estou dizendo que a lógica leva à conclusão de que "logo, você é Buda", mas... Bem, pelo menos, você trabalha dentro do mesmo conjunto de propostas.

Pratiquei muito a postura do lótus. Para falar a verdade, cheguei a trapacear. Se você acha que é impossível trapacear numa postura de ioga, está enganado. É fácil demais. Fran caminhava e estalava os dedos, repetindo sem parar: "Não prossigam se sentirem dores nos joelhos ou nos tornozelos. Se os tornozelos e joelhos doerem, façam o meio lótus." Meus joelhos e tornozelos doíam bastante, mas eu continuava. Simplesmente adorava ver os meus pés dobrados em cima da minha perna. Aquilo se parecia com a virtude. Não importava que doesse.

Lucy estava crescendo e se transformando numa menininha. Era muito agradável ficar com ela, mas eu não conseguia sentir prazer. Estava cansada demais o tempo todo. Uma vez, li sobre uma piscina de ondas artificiais construída para surfistas em um parque aquático em Yokohama, no Japão. A onda foi criada para não parar nunca. Simplesmente não parava de bater na praia. Exaustão era isto: uma grande e poderosa onda, erguendo-se eternamente, de forma incessante, pronta para levar você para o fundo a qualquer momento.

Olhava em volta e via olheiras em toda parte. Quando me encontrava com as minhas amigas, não havia diversão. Nem pense que saíamos para beber e dançar. A gente nem se encontrava mais para tomar um café – não havia nada que um bebê pudesse fazer nessa situação. Em vez disso, dia sim, dia não a gente se encontrava no lago que fica no noroeste da cidade. O lago era sem graça e cheio de algas, mas em seus quase 5 quilômetros de perímetro havia uma trilha que permitia uma caminhada praticamente perfeita. Você se encontrava com uma amiga e depois de um tempo já estava tão sonolenta e cansada que não fazia diferença quem era a amiga que estava ali. Nós todas estávamos nos fundindo em uma só mulher e, às vezes, eu achava que não conseguia mais saber quem era quem. Éramos todas mães de primeira viagem. Todas trabalhavam meio expediente em atividades interessantes, criativas e exaustivas; todas usavam calças de veludo bonitinhas com casacos fofos cobertos de baba; todas usavam um corte de cabelo que já tinha sido lindo, mas que agora estava ultrapassado. Eram todas, todas, todas casadas e se queixavam dos maridos em vozes ligeiramente irônicas, dizendo coisas como: mas eu sei que tenho sorte, porque pelo menos ele lava os pratos à noite/ pelo menos ele toca numa banda legal/ pelo menos ele é mais um adulto dentro de casa.

Eu saía para caminhar com alguém sempre que podia. Só queria sair de casa. Tinha três melhores amigas e elas eram minhas companhias preferidas.

Ruthie era baixinha, intensa e loucamente apaixonada por seu garotinho. Tinha olhos imensos e um nariz benfeito. Quando ela colocava um vestido e se pintava, nós a chamávamos de "condessa", mas isso não acontecia mais com muita frequência.

Lisa, a primeira de nosso grupo de amigas a ter filhos, era esguia e loura, de uma beleza de valquíria. Enquanto o restante de nós bebia e cuidava da carreira de uma forma um tanto aleatória, Lisa se casou e começou a ter filhos aos 23 anos. Achamos aquilo um crime. Tínhamos uma regra tácita que dizia que não nos casaríamos até chegarmos perto dos 30 e que só teríamos filhos depois disso. Lisa tinha agora quatro lindos meninos loirinhos de olhos verdes. Quem poderia culpá-la se parecia irritadiça e exausta?

Isabel, a única de nós sem filhos, era uma artista alta, elegante, que fazia desenhos e pinturas minimalistas. Suas obras consistiam apenas em linhas. Era tudo o que havia para se ver. Ainda ia a shows e tinha amigos do sexo masculino. Ela e o glamouroso marido *punk* arquiteto iam a lugares como Portugal e Texas, e andavam com artistas de bandas de rock. Era a única que almoçava com todas as pessoas que conhecíamos dos tempos do selo Sub Pop, gravadora que revelou o Mudhoney e o Nirvana para o mundo.

Sempre foi a mais descolada da turma, mas, agora que tínhamos filhos, encontrava-se indiscutivelmente em outra esfera.

Ruthie, Lisa, Isabel, eu e nossos namorados percorremos juntos o caminho de nossas juventudes perdidas. A faculdade durou quase uma década. As aulas e viagens eram intercaladas com shows de rock, empregos horrorosos, comidas caras demais para nossos bolsos, noitadas de pôquer, mais shows de rock, mais empregos horrendos, dias inteiros relaxando na praia. Fizemos um trato e o seguimos durante aqueles anos. Éramos inteiramente dedicadas às nossas vidas de explorações e lazer.

Essa não é uma história incomum para uma mulher da minha geração. Nem preciso entrar em detalhes; basta dizer que, por quase 10 anos, fui elevada e iluminada pelo amor. Não pelo amor de um namorado em particular, mas pelo amor dos meus amigos, daqueles grupos de casais que se formam quando estamos na casa dos 20 anos. Nossa turma era integrada por artistas, músicos e artesãos. Juntos, possuíamos um senso de humor perverso, mas perdoávamos todas as fraquezas dos outros. Uma perfeita combinação de qualidades, eu sentia: ríamos uns dos outros sem parar e depois aliviávamos a barra.

Certa vez, uma loja fez uma liquidação de ridículas toucas com listras turquesa e eu comprei uma para cada um de nós. Passamos a usá-las à noite, para nos avistarmos com mais facilidade em lugares lotados. Isso era amor.

Essa história – a de sair transando por aí aos 20 anos, de se dedicar aos amigos, de esticar a adolescência praticamente até os 30 – não é a única história da minha geração, mas é uma delas. O negócio é o seguinte: naquela época, fazíamos o que bem entendíamos. Não fui feliz o tempo todo, nem sempre foi fácil inventar o caminho à medida que seguia em frente. Mas eu comandava o espetáculo. Todas as minhas encrencas eram criadas por mim e por isso eram divertidas. Isso inclui meus empregos e uma série de apartamentos com pouca mobília. Era livre e desimpedida, movimentava-me pela paisagem que eu mesma escolhia: bares, salas de aula, cafés, mesas de pôquer. Meus amigos e eu vivíamos de acordo com as escorregadias regras da vida sem regras. Como dizia a canção de Cat Powers, nós morávamos em bares. Trabalhávamos em empregos sem nenhum compromisso, só para podermos fazer arte, escrever ou simplesmente ir a shows de rock.

Então, quando vieram os filhos, fomos obrigados a dar uma guinada de 180 graus. Paramos de sair, de beber, de ir a shows e a vernissages. Simplesmente não tínhamos mais energia para nos importarmos com essas coisas.

Observei minha antiga personalidade zarpar para longe de mim. Achava que ela era meu lar, mas era apenas um barco e eu, um passageiro temporário. Adeus, acenei da costa. Vejo você daqui a 15 anos, quando você voltar para levar minha filha. Adeus!

A virtude era uma nova noção para mim e para meus amigos, e nos dedicamos a ela com o fervor dos recém-convertidos. Transferimos inteiramente o foco de nossa lealdade sem qualquer hesitação. Éramos como uma banda que desfilava pelas ruas, sacudindo os trompetes para longe do sol em perfeita sincronia.

Eu ia me encontrar com Ruthie. Parei o carro no estacionamento e retirei com esforço o enorme bebê da cadeirinha, fazendo aqueles movimentos potencialmente perigosos sem sentir dor nas costas. Lucy começava a apresentar suaves cachos louros que emolduravam seu rosto. O efeito era tão bonitinho que beirava o ridículo, e parei para admirá-la por um momento antes de atravessar a rua.

Eu conhecia Ruthie havia bem mais de uma década e ela me surpreendia a cada ano. Ela trabalhou num instituto de preservação de animais silvestres e uma noite apareceu com um filhote de urso na traseira do jipe – "Tenho que deixá-lo no abrigo, não vai demorar nada." Foi a principal vocalista de uma banda de *punk*-rock chamada Charm School. Conseguia pegar um ganso canadense numa praça e sair por aí com ele nos braços como se fosse uma gaita de fole emplumada. Vegetariana a vida inteira, passou a comer carne porque começou a se irritar com a rigidez de seus funcionários vegetarianos. Achou que deveria "dar o exemplo". O cérebro dela é como o palácio de Versailles: salas e salas de coisas inesperadas.

Ruthie e eu tentávamos entender juntas algumas questões da maternidade. Ela parecia ter jeito para aquilo. Seu filho, que já era maiorzinho, ainda dormia na mesma cama que ela e seu simpático marido Henry. Ela amamentava quando a criança pedia. Seguia James enquanto ele dava passinhos pela casa, oferecendo-lhe lanchinhos orgânicos. Esses comportamentos – dormir na mesma cama que a criança, amamentar *ad infinitum*, garantir que as necessidades do pequeno fossem supridas no momento em que se manifestassem – traduziam a essência do que significava cuidar bem dos filhos. Ruthie era, de acordo com os padrões da nossa comunidade, uma excelente mãe. E era feliz.

O filho dela era um ano e meio mais velho que Lucy, e eu observava minha amiga atenciosamente, tentando descobrir como ser tão boa quanto ela. Eu não estava conseguindo.

Tudo naquele dia era cinzento: o céu, a água, os galhos das árvores. O vento soprava um pouco sobre aquele cinza todo. Ruthie se encaixava perfeitamente na paisagem, com um boné cinza sobre o cabelo escuro. James carregava uma mochila nas costas, acenando alegremente.

Ruthie e eu nos abraçamos. Ela sempre dizia "Oi, Claire" num tom especial, como se eu fosse a melhor coisa que tinha acontecido a ela em todo o dia. Começamos a caminhar como eremitas penitentes: uma volta em torno do lago sem cor para pagar nossos pecados. James puxou seu cabelo e ela exclamou um "Ai!" bem-humorado. Ainda parecia deslumbrada por aquela criatura que havia produzido.

– James está gostando muito de Jimmie Dale Gilmore.

Comecei a rir.

– O quê?

– Andei tocando para ele. James ri e dança. O menino tem bom gosto.

Nosso grupo de amigos havia se apaixonado pelo esquisito cantor country Jimmie Dale Gilmore certa noite no antigo Backstage, em Ballard. Pagamos cervejas para ele e ficamos ali encantados, inclusive os rapazes, ouvindo-o dizer com seu sotaque arrastado como amaaaaaava Seattle e como era óooootima a cerveja daqui. Agora James o ouvia. James, com a cabeça careca e redonda, que balbuciava palavras incompreensíveis. Parecia que tudo seria assim daqui para a frente. Qualquer coisa boa, até nossa música, até nossas paixões texanas, seriam incorporadas pelas crianças. Parecia injusto.

Caminhamos por algum tempo e paramos quando a manta que cobria Lucy foi soprada pela brisa e ameaçou voar para longe.

– Henry e eu estamos pensando em ter outro.

– Outro o quê? – perguntei, segurando a manta com força.

– Alô, outro bebê!

– Ah, sim. Você sabe o que penso sobre o assunto. Eu tenho um bebê. Por que precisaria de outro? Bem, vamos caminhar.

– James precisa de um irmão. Não quero que ele seja um filho único mimado.

Caímos na gargalhada. Meu ex-namorado era filho único. Mas esse era um comentário que ele próprio costumava fazer.

– Mas eles têm a autoestima elevadíssima – falei, pensando na monumental autoconfiança de meu ex.

De qualquer maneira, aquele era claramente o fim da discussão. Se James precisava de alguma coisa, ele a obteria. Provavelmente, Lucy também precisaria de um irmão, como James. A ideia não era bem-vinda. Já me sentia esticada ao limite com apenas uma filha.

– Mas você não precisa parar de amamentar para engravidar? – perguntei. Ruthie planejava amamentar James enquanto ele quisesse.

– Ouvi dizer que não. Vou tentar.

Ruthie tinha um modo hilariante de se lastimar ao falar, como se cada frase viesse embalada com seus próprios arrependimentos.

Eu só pensava em uma coisa.

– Onde o bebê vai dormir?

– Henry diz que podemos comprar uma cama *king size* para nós quatro dormirmos juntos.

– Está falando sério?

– Estou – disse ela com firmeza. – Não podemos chutar James para fora da cama.

Aquilo era uma maluquice para mim. Sabia que havia pessoas que dormiam juntas, mas eu mal podia aguentar a presença do meu marido na minha cama, quanto mais a da minha filha.

– E se vocês rolarem por cima de um deles?

– Isso não acontece. De alguma forma, você sabe onde eles estão.

Pensei nisso por algum tempo e caminhamos em silêncio. Ruthie sabia que eu estava cismada com o assunto. E estava mesmo. Será que Lucy corria o risco de se transformar em uma marginal se não dormisse conosco? Será que eu estava cometendo um grande erro?

Esse era o padrão de nossas caminhadas: fazíamos um círculo em torno do lago Green e a conversa viajava. Começávamos com os bebês e tentávamos decifrar todas as regras da maternidade que deveriam ser seguidas. A conversa passava por trabalho, tocava rapidamente o mundo real e então, como um círculo mágico e bem fechado, voltava para os bebês. Era um encanto sinistro.

Chegamos ao segmento da caminhada em que falávamos sobre trabalho. Ruthie comandava uma divisão da PAWS que resgatava animais encontrados em estranhos locais do subúrbio, onde novos empreendimentos roubavam terras dos ursos, dos coiotes e dos guaxinins. Os animais perambulavam confusos pela nova paisagem, fazendo lanches em lixeiras repletas de alimentos deliciosos, até que Ruthie os resgatava e os levava para as instalações da organização, onde eram reabilitados e depois, soltos. Agora ela estava pensando em deixar o emprego. Podiam viver com o salário de

Henry. Ofereceram-lhe um aumento para que continuasse. Nesse meio-tempo, eu tinha conseguido meu primeiro trabalho para *The New York Times* – uma curta resenha sobre um romance obscuro. Vinha trabalhando duro, fazendo resenhas para jornais cada vez maiores, obtendo as credenciais corretas para conseguir um trabalho do *Times*. E estava dando certo. Esses acontecimentos superavam em muito nossos sonhos profissionais mais loucos, mas de alguma forma não pareciam tão interessantes nem tão prementes quanto o cronograma de alimentação de Lucy ou a falta de horários de James, e nossa conversa voltou a tratar de sono e leite.

Quando voltamos ao estacionamento, começou a chover. De repente, uma gota que caiu em mim me fez perceber que *pluie*, a palavra francesa para chuva, era uma onomatopeia.

Nós nos beijamos e nos despedimos.

Ruthie partiu no seu jipe, um redemoinho de certezas. Ela conseguia. Dava conta de tudo. Era uma mãe de verdade.

De vez em quando eu me encontrava com Isabel ou outra amiga sem filhos para a caminhada. Era como desfilar com um pavão na coleira. Olhe só para ela!, eu pensava. A amiga sem filhos falava sobre a viagem ao Vietnã ou a Zihuatanejo, sobre o que fulano disse para beltrano no churrasco de ciclano, sobre seu recente interesse por paisagismo xeriscape ou por patinação. Enquanto ela falava, eu apenas olhava, secretamente invejosa e secretamente superior. Eu não tinha interesses. Tinha um bebê.

Ao mesmo tempo que eu me sentia insegura em relação a meu desempenho como mãe, Bruce se preocupava com seu desempenho como provedor.

Tais preocupações vinham à tona toda vez que ele saía para trabalhar em um café. Ele pirava especialmente quando ia ao Caffe Ladro, em Fremont, bairro ao sul de Phinney. Fremont era um lugar bem esquisito na minha adolescência. Meus amigos e eu íamos lá para comer rolinhos-primavera, tomar café expresso (uma raridade, naquela época), comprar sobretudos usados e babar diante das gangues de motoqueiros. Fremont se tornou sede de empresas de tecnologia como a Aldus e a Getty. O jeitão alternativo foi domesticado e o local se transformou em uma série de condomínios com muros criativos e restaurantes excessivamente caros, pintados em cores berrantes, frequentados por jovens vestidos com trajes caros de ciclista.

O Ladro costumava ficar lotado de consultores, desempregados cheios de tempo livre e freelancers como nós. Era uma provação para Bruce. Tinha mesas grandes, muitas tomadas para ligar o computador e outros seres humanos, mas Bruce sempre acabava se irritando com o lugar.

Como jornalista freelancer que trabalhava para a mídia impressa, ele se via cercado por um monte de idiotas do mundo da nova tecnologia que não compreendiam o valor do que ele fazia. Sentia que estava em uma batalha contra aqueles sujeitos e ficava duplamente irritado porque eles não tinham a mínima ideia disso.

No dia seguinte à minha caminhada com Ruthie, Bruce dirigiu-se ao Ladro enquanto eu trabalhava em casa (nosso orçamento só dava para bancar um laptop). Lucy estava sob os cuidados de Joelle, nossa babá. A gente adorava a Joelle. Ela cantava em uma banda e soltava a voz. Na primeira vez que a vimos em uma apresentação, o repertório incluía "Son of a Preacher Man", de Dusty Springfield, e ela cantou com uma sensualidade profundamente burlesca, coisa do teatro de revista. Bruce tapou os olhos e ficou olhando entre os dedos, como se estivesse assistindo a um filme de terror.

Joelle tinha um senso de humor perverso combinado a uma personalidade camponesa saudável. Era amada por todos, exceto por nossas mães. Elas a encaravam com desconfiança. Por que era Joelle quem ficava com Lucy, se elas queriam tanto? (A resposta é que, como dependia de nosso dinheiro, a gente podia contar com ela.) Era basicamente um personagem depressivo que gostava de piadas. Encaixava-se perfeitamente em nossa casa.

Eu havia deixado Joelle e Lucy lendo um livro no sofá e trabalhava em um artigo quando chegou um e-mail de Bruce.

Quem são esses babacas? De onde foi que eles saíram?
B

Eu ainda escrevia uma resposta quando chegou o e-mail seguinte:

Estas foram as expressões que ouvi nos últimos dez minutos: Atrair olhares. Métrica. Trânsito. Aaargh!

Eu tentava pensar em alguma coisa que o acalmasse, quando chegou mais um:

Agora um deles está falando da temporada de três meses que acabou de passar em um retiro budista. Tirou um tempo para si mesmo depois de sair da Microsoft. Esses filhos da mãe! Ficam sentados aí usando jeans de 200 dólares e se sentem moralmente superiores!
Amo você
B

Minha nossa. Eu estava me dispersando e precisava acabar o texto antes de Joelle ir embora. Fechei o outlook e resolvi não ler mais nenhum e-mail pelo menos durante a próxima hora.

Vinte minutos depois, verifiquei minha caixa de entrada:

O dinheiro parece fluir para as mãos desses caras, mas eles parecem não fazer nada! Antigamente você podia trabalhar para ganhar dinheiro ou usar sua criatividade para isso. De alguma forma, esses sujeitos recebem crédito por viverem na boemia, mas também conseguem ganhar dinheiro.

Voltei a fechar a caixa de mensagens. Finalmente terminei o artigo e fui almoçar. Joelle e Lucy tinham saído para caminhar.

Estava virando uma *quesadilla* na panela quando Bruce chegou. Deixou cair a mochila no chão da cozinha.

– Olhe para minha testa! – Ele apontou o indicador longo, nodoso e lindo para sua cabeça. – Está escrito aqui que eu sou um fracassado? Será que eu sou o único fracassado da cidade?

– Você quer uma *quesadilla*?

– Quero, por favor. Mas me deixe reclamar por uns 10 minutos. A frente daquele lugar está tomada por carrões. E todo mundo tem um laptop novinho. Essa gente toda veio do Leste, estudou em lugares como Williams. Acham que Seattle é engraçadinha, mas pequena, distante demais de tudo. Viver aqui é uma concessão da parte deles. Costumavam gostar de cervejas raras, mas agora preferem Bourbon produzido em pequena escala.

– Nossa, como você está rabugento!

– Claro que estou! Ganho a vida escrevendo. O que é uma proeza! Mas sou julgado pelos padrões das pessoas que me cercam, que estão todas ganhando uma grana preta. É ridículo! Toda vez que vou a um café, me sinto um idiota.

– Não se sinta um idiota! Você tem sorte. Só está ganhando seu sustento. Aqui está a *quesadilla*. Está com abacate.

Quando Bruce e eu nos conhecemos, trabalhávamos em um jornal. Na semana em que deixamos o emprego, Bruce ficou em estado de graça. Tinha nas mãos um contrato com uma revista de circulação nacional e um escritório no quintal. O que mais um homem poderia desejar?

Talvez o isolamento estivesse pesando. Talvez fosse a pressão de sustentar a família. Mas ele ficava abatido com muita frequência. Eu fazia o máximo para alegrá-lo, com encorajamento empolgado e *quesadillas*.

Então nos concentramos no almoço e lemos o jornal. Era terça. Dia do *Science Times*. Tão entediante. Entreguei-o a Bruce e li a crítica do show de uma banda da qual nunca havia ouvido falar.

Naquela noite, enquanto fazíamos o lótus (a pedido meu), Fran ficou completamente paralisada diante de Elizabeth, que estava perfeita na postura, o cabelo louro caindo em cachos em volta do rosto, de olhos fechados. Tinha uma ótima aparência: serena, suavemente iluminada, dobrada à la Buda, se Buda fosse uma advogada de grandes corporações que corresse maratonas. Ninguém deve ficar olhando os outros durante a aula. A ioga e minha avó concordam em pelo menos uma coisa: comparações são terríveis. Mas eu sempre me pegava lançando olhares furtivos para o lado, e dessa vez meu olhar atingiu Elizabeth, que parecia tão esguia e forte quanto a deusa Artemis e seu arco.

Fran fechou os olhos, como ela fazia quando estava pensando.

– Lótus é uma postura perigosa – disse ela, lentamente. – Porque é a perfeita postura da ioga. É a posição que passa na cabeça das pessoas que não praticam ioga quando pensam em ioga. Se é que vocês me entendem.

Ela sorriu e os dentes brancos reluziram; os cílios escuros continuavam cerrados sobre as bochechas. Fran tinha o mais devorador dos sorrisos, como se estivesse comendo ar.

– É perigoso fazer com que nossos corpos se adaptem a uma ideia. Paramos de sentir por dentro e passamos a buscar pistas sobre o que devemos fazer do lado de fora. Isso pode provocar lesões ou, o que é pior, gerar insatisfação.

Sentada na posição de lótus com o tornozelo retorcido, o quadril preso e a testa enrugada, tentei ouvir o que Fran dizia, apesar de aquilo não fazer sentido para mim. Verifiquei meu reflexo no espelho. Queria ver se estava parecida com Elizabeth. Gostei do que vi; eu estava com um ar bem iogue, para falar a verdade.

– Fechem os olhos – disse Fran. – Parem de olhar para o espelho. Simplesmente sintam a posição. – Droga! Como ela sabia que eu estava me olhando no espelho? – Um dos oito pilares da ioga é a pratyahara. A introspecção, a contemplação. O outono é uma ótima época para se praticar a pratyahara, pois o ano está morrendo.

– Já mencionei que Fran gostava mesmo desse papo sobre as estações? – Enquanto fizerem as outras posturas hoje e, depois, quando voltarem ao mundo, pratiquem a pratyahara. Tentem sentir por dentro, em vez de julgar e olhar o que está por fora. Experimentem.

Minha atitude para com Fran era basicamente a seguinte: se é isso que você diz, tudo bem. Ela era minha professora, engraçada, inteligente, bonita, e podia fazer um espacate com perfeição. Por isso eu confiava nela. Suas palavras sobre introspecção eram tão incompreensíveis para mim quanto moedas estrangeiras. A moeda que Fran me entregava podia ser etrusca ou finlandesa. Eu não tinha a menor ideia de como usá-la. Mas imaginava que tinha valor, que podia comprar alguma coisa em algum lugar.

Enquanto isso, eu ia fingir.

CORVO

– Vocês levam tudo a sério demais – disse minha mãe. – Tornam as coisas mais complicadas do que deveriam ser. Quando nossos filhos eram pequenos, não nos preocupávamos tanto. A gente gostava de se divertir.

Eu preparava um bolo de banana para Lucy, que completaria um ano no dia seguinte. Para mim, um bolo caseiro era mais saudável do que um bolo comprado pronto; e um bolo de banana, mais saudável do que um de chocolate. Mamãe estava sentada à mesa da cozinha, bebericando uma taça de vinho.

– Claro que você gostava de se divertir – disse eu, amassando banana no fundo de uma grande tigela. Um cheiro estranhamente agradável de lancheira escolar encheu o aposento. – Você era muito nova quando a gente nasceu. Ia a festas, ficava bêbada e coisas do gênero porque é o que se costuma fazer quando se é jovem. Eu sou velha.

Mamãe teve meu irmão com 24 anos e a mim, com 26. Por outro lado, eu tinha completado 30 no ano anterior. E sentia o peso disso.

Eu estava começando a perceber que discordava de todas as coisas que minha mãe dizia, como se tivesse voltado à adolescência.

Ela insistiu:

– Não estou dizendo que a gente se divertia o tempo todo. Estou querendo que você entenda que a gente não levava tudo tão a sério.

– Não levo tudo tão a sério – rebati, contrariada.

Lucy se aproximou e nos olhou com expectativa.

– Quer ajudar? – perguntei. – É o seu bolo. Para o seu aniversário, amanhã!

Sentei-a numa cadeira e ela bateu na massa com a colher de pau.

– Muito bem, Lucy – disse minha mãe, com sua complacente voz de avó. – Vá em frente! – Ela contemplava Lucy com olhos brilhantes e doces. Parecia uma bruxa prestes a devorar minha deliciosa e rechonchuda filha.

– Mamãe, não fique elogiando o tempo todo. Ela vai ficar mimada.

– O.k. – disse minha mãe. – Mas você também a elogia o tempo inteiro, querida.

– Bem... – Comecei a rir. – Ela é realmente ótima.

– A melhor de todas.

Vimos Lucy misturar a massa por algum tempo, mas logo minha impaciência natural tomou conta de mim. Tirei a colher da mão dela e terminei o bolo. Mamãe ficou sentada no chão com Lucy e tagarelava com ela enquanto brincavam com alguns blocos.

Olhei para a porta, aflita. Esperava que Bruce não entrasse. Ultimamente, eu vinha experimentando uma dissonância cognitiva sempre que mamãe e meu marido estavam juntos. Era como se eu tivesse dividido minha lealdade. Não sabia a qual família pertencia.

Naqueles dias, Bruce parecia menos tolerante com minha família, mais irritadiço com minha mãe. Aliás, menos tolerante e mais irratadiço de maneira geral. Todo mundo que atravessava a porta parecia invadir seu tempo reservado ao trabalho.

Sentei no chão com o jornal e li ao mesmo tempo que observava, sem muita atenção, mamãe brincando com minha filha. Ela parecia se exibir com Lucy, como se soubesse o que deveria ser feito e achasse que eu deveria observar. Mas provavelmente isso era apenas fruto da minha imaginação.

Um pensamento indesejado me passou pela cabeça enquanto as duas construíam uma torre com blocos de madeira pintados de azul: Você não foi tão perfeita assim.

Há um retrato de minha mãe na sala de estar de nossa casa em Laurelhurst. O cabelo escuro está preso em um rabo de cavalo. Alguns anos depois, ela começou a clareá-lo. Os óculos são negros e pesados, equilibrados na ponta do nariz. É 1969. Ela está em primeiro plano, fazendo o corvo.

O corvo é uma posição bela, espantosa. O corpo se transforma em um peso pousado sobre um ponto de equilíbrio que se alterna. É preciso algum esforço para começar. Podemos presumir que minha mãe fez estas coisas para entrar na postura: agachou, apoiou as mãos no chão diante de si. Dobrou os cotovelos e encaixou os joelhos nos antebraços. Transferiu o peso dos pés para os braços. Ergueu os pés. E conseguiu! Está voando. Seu rosto está triunfante, talvez até um pouquinho presunçoso. Se você visse apenas o rosto na fotografia, talvez pensasse que ela era uma trapaceira que tinha acabado de roubar num jogo de cartas.

No segundo plano da foto, meu pai alto e magrela se apoia numa mesa, braços cruzados, pernas esticadas. Aparenta boa índole, mas não parece impressionado. E, com certeza, não vai experimentar aquilo.

A foto diz tudo que se precisa saber sobre minha vida nos anos 1970. Minha mãe levanta voo. Meu pai não a acompanha.

Quando eu era pequena, as mães começaram a debandar. A mãe de Gretchen arranjou um tailleur e um emprego que combinava com ele. A mãe de Jenny começou a beber um bocado de vinho branco e a deixar Jennie e Pete por fins de semana inteiros com uma babá de cabelos sedosos e tamancos. A mãe de Natalie, apesar de naquela época considerarmos sua idade já avançada, se envolveu com um estudante de pós-graduação.

Minha mãe, pronta para o voo na postura do corvo, começou a decolar para valer durante um churrasco de leitão. Assar leitão era uma onda nos anos 1970. Fomos a esse evento porque todo mundo ia. Vivíamos numa espécie de massa fervilhante, cheia de gente que minha mãe conhecia desde a infância, em sua paróquia no norte de Seattle. Era um grupo que não parava de crescer, de ter filhos, de fazer novos amigos, de arrastar para casa colegas para participarem de maratonas de vinho de garrafão. Os católicos se espalhavam, abarcando mais e mais bocados da humanidade de uma forma alegre e descuidada que acho que tem alguma relação com o fato de terem origem irlandesa.

O marido da amiga da minha mãe cuidava de uma empresa que fabricava esquis aquáticos e o gerente da loja tinha organizado a festa do porco assado. Por isso fomos lá, meu irmão, minha mãe e eu. Meu pai hoje diz que se lembra de ter ido à festa também. Não me lembro dele lá; talvez porque eu tenha escolhido não lembrar. Talvez seja algo difícil demais de se enfrentar.

Disseram para mim e para meu irmão que iríamos a uma festa hippie. Nós adorávamos os hippies. Eles se aglomeravam na Fifteenth Avenue, num pequeno gramado que circundava a Universidade de Washington, e sempre implorávamos para passar de carro por ali. Era divertido olhar para eles, com seus cabelos longos e suas roupas geralmente púrpura. "Hippie!", exclamávamos ao encontrar um deles, como se tivéssemos acabado de ver uma ave rara. E agora íamos a uma festa de hippies. Finalmente estaríamos entre eles!

A festa ia acontecer numa praia, longe da cidade. Pegamos a balsa para atravessar o estreito de Puget, com as narinas cheias do cheiro de sal e combustível. Dirigimos por estradas sinuosas e depois entramos em uma estrada de terra que atravessava uma floresta. Samambaias gigantescas esbarravam no carro. Não sabíamos que estávamos nos dirigindo para uma nova vida. Acho que ninguém sabe disso de antemão.

Estacionamos o carro e fomos até o fosso onde o porco estava sendo assado.

– Olá – disse um rapaz de cabelo longo e castanho, barba espessa que ainda assim não cobria completamente suas bochechas rosadas e gorduchas. Na realidade, todo mundo ali parecia um tanto... não exatamente gordo, mas bem alimentado. Robusto. Uma coisa era de vez em quando ver um hippie pela cidade. Outra era ver um monte deles reunidos em um só lugar. Era algo mais cabeludo. Três homens sem camisa e uma garota de aparência durona com longas tranças estavam perto do espeto, girando-o lentamente e bebendo cerveja do gargalo das garrafas.

Minha mãe, sempre muito educada, perguntou pelo anfitrião e foi informada de que ele estava de cama. Ela foi cumprimentá-lo e Dave e eu encontramos alguns dos nossos amigos da diáspora católica. Corremos para a praia para fazer o que costumávamos fazer: caminhar sobre galhos de árvores, molhar as calças, bater nas rochas com pedaços de madeira, implicar com Freddy O'Brien. Nenhum de nós gostou da cara do porco, brilhante e desnudo. Parecia um monstro girando no meio do dia.

Não havia sinal de minha mãe. Foi perfeito. Passamos o dia no mato e na praia, como pequenos selvagens. Nosso objetivo principal era não comer o porco. Finalmente, exausta e faminta, fui procurá-la. Vi as outras mães, Rita, Margaret e Patty, perto da fogueira, ocupadas em conhecer seus novos amigos hippies. Mesas compridas tinham sido arrumadas em volta, cobertas com velhos lençóis floridos. Tigelas cheias, feitas em cerâmica irregular e metal brilhante, formavam uma constelação. A comida guardada ali não me interessava. Cinco tipos de salada de batata, salada verde e algum tipo de salada de arroz – salada, a coisa mais sem graça do mundo dos alimentos, na opinião das crianças.

– Onde está a mamãe? – perguntei.

As pessoas olharam para mim, por cima de suas canecas de vinho.

– Alguém viu a Donna? – perguntou Margaret com seu jeitão meio desligado. Ela me pegou no colo. Encostei nela e distraidamente acariciei seu cabelo arrepiado.

Fiquei ali por um tempo. Don, o marido de Margaret, estava tocando canções de Bob Dylan no violão e as pessoas cantarolavam. O sol descia atrás das árvores na baía. Finalmente, Rita entrou na casa para procurar mais vinho e pôs a cabeça para fora da porta:

– Claire! Sua mãe está aqui.

Entrei. Os últimos raios de sol batiam em um quarto grande,

revestido de madeira. Uma cama-plataforma ficava no canto. Minha mãe estava sentada na beirada, conversando animadamente. A cama era uma tremenda confusão de lençóis. Lá em casa, os lençóis eram brancos, passados, arrumados. Esses eram uma confusão de cores berrantes: laranja, azul esverdeado, verde.

Havia uma pessoa nos lençóis, queimada pelo sol, com um espesso bigode. A atenção de minha mãe se desviou de mim e dirigiu-se a ele, como uma planta ocupadíssima em fazer a fotossíntese.

– Meu bem, este aqui é o Larry. Foi ele quem nos convidou – disse minha mãe em uma voz que dava a entender que eu deveria fazer alguma coisa.

Eu disse "oi". Ele também disse oi. O bigode era assustador; seus olhos, verdes. Saí de novo e fui para junto das outras mães. Pareceu levar uma eternidade até que minha mãe saísse da casa.

Vesti Lucy com o vestido de aniversário de tafetá xadrez preto e branco. Seus bracinhos gordinhos estavam de fora. Cachos louros batiam no seu pescoço. Ela cumprimentava o público na porta da frente.

Lisa estava lá com os quatro filhos e Steve, o marido bonitão e descolado. Isabel e o marido estavam lá. Ruthie, seu marido Henry, e James. Os pais de Bruce. E, naturalmente, mamãe, Larry, papai, meu irmão, sua esposa e o bebê. Todo mundo tem o seu "todo mundo" a quem se refere quando diz que "Todo mundo estava lá". Esse era o meu "todo mundo".

Observei meus pais circulando pela sala. Eram pessoas realmente simpáticas. Sentaram-se ao lado dos sem graça, dos aborrecidos e dos difíceis, ouviram e conversaram. Larry serviu vinho e riu das piadas dos outros. Minha mãe falou até cansar. Meu pai rodava de um lado para outro, lacônico e adorável, absolutamente fiel a si mesmo, sem dar a mínima para o que pensavam dele. (É claro que todos os meus amigos o idolatravam.)

Meu irmão se sentou num pufe de couro com os cotovelos apoiados no joelho e conversou com Isabel sobre sua arte. Ele estava vestido com um belo suéter de caxemira. Em algum momento, havia se tornado um homem bonito. Tinha traços fortes e elegantes e cachinhos louros no cabelo. Eu o conhecia como a palma da minha mão.

Meu irmão e eu tínhamos atravessado juntos os mais importantes acontecimentos da nossa infância. Alternamos temporadas com nossos pais, mas sempre unidos. Ele era poucos anos mais velho do que eu e, mesmo quando pequeno, tinha uma personalidade que combinava seriedade e espírito brincalhão. Levava a si mesmo a sério, mas não demais. A atenção dele era essencial para mim – tão necessária quanto as outras coisas de que eu precisava me lembrar para viajar do ponto A ao ponto B. Roupas de baixo, livros da biblioteca, trabalho de casa, irmão.

Nos últimos tempos, comecei a me perguntar: O que teria acontecido? Não foram só meu pai e minha mãe que se separaram. Parecia que naquela época, no início dos anos 1970, os pais de todo mundo se separaram.

E foram as mulheres que partiram. Ao olhar para trás, vejo um desfile de partidas. Mulheres fugindo de bermudas jeans, tailleurs, batas africanas, vestidos de noiva e camisetas regata. Para onde iam? Algumas iam a uma festa. Algumas iam trabalhar. Algumas iam viver em comunidades. Algumas se mudavam para outra casa, não muito diferente daquela de onde tinham saído, com um pequeno detalhe: um novo homem.

Por que partiram? Por que todas foram embora ao mesmo tempo? Entre 1967 e 1977, o índice de divórcios nos Estados Unidos dobrou. Obviamente, algumas das pessoas que partiam eram homens. Mas os homens sempre foram embora. Agora as mulheres também partiam.

Algumas pessoas simplesmente nasceram na hora errada – tarde demais para uma coisa e cedo demais para outra. Ser uma jovem mãe no final dos anos 1960 e início dos 1970 significava ter perdido tudo. Essas jovens foram jogadas no banco de areia do casamento, enquanto em volta delas a maré trazia uma corrente desconhecida. As feministas, os hippies, os manifestantes, a elite cultural, todos diziam: não há problema em abandonar o barco. Você sabe que quer fazer isso. Tudo bem se você fizer. E, Deus, como elas queriam. Como todo mundo, elas buscavam diversão, liberdade e sentido.

A liberação era a base do movimento. A ideia era ir a algum lugar. O problema eram os filhos. Como resolver isso? Se você fosse para São Francisco ou Marrakesh ou um daqueles lugares que sempre apareciam nas letras das músicas, os filhos iam junto? Ou eram deixados para trás? Você deveria levar uma babá? O que acontecia?

Esta era uma pergunta que parecia boba, até mesquinha: o que fazer com os filhos? Mas ela acabou assumindo suprema importância. As jovens mães responderam-na da melhor forma que puderam. Deixaram os maridos e levaram as crianças. Partiram com namorados barbudos e malcheirosos. Ficaram em casa, preparando o jantar, bebendo vinho em excesso e imaginando as festas que estavam perdendo. Por vezes, as soluções que encontravam as deixavam frustradas.

Ser uma dessas crianças significava crescer em meio a concessões, decepções, experiências e homens desconhecidos. Era uma atmosfera de um otimismo esquisito, até mesmo grosseiro. As jovens mães tinham ouvido a canção da liberdade e estavam tentando dançar.

Não consigo deixar de me perguntar. O que acontece com uma geração de crianças que cresce com todas essas idas e vindas? A natureza voluntária da revolta e dos deslocamentos de nossos pais tornava a situação ainda mais confusa sob o ponto de vista de uma criança. Nossos pais escolheram essa mudança radical, ela não lhes foi imposta, como aconteceu na época da guerra, por exemplo. Apesar disso, quase paradoxalmente, para os filhos, faltava o fator de escolha. Não pedimos para nascer. As crianças são conservadoras. Se tivessem opção, não iriam a lugar nenhum. Jamais optariam por uma mudança.

Então o que aconteceu a nós, os filhos da primeira geração de divórcio em massa?

Claro que não sou a primeira a formular essa pergunta. No início dos anos 2000, foram divulgadas duas pesquisas feitas com filhos da primeira geração do divórcio. Inicialmente saiu o livro de Judith Wallerstein, *Filhos do divórcio*. O universo de pesquisa de Wallerstein abrangia 131 crianças e suas famílias, residentes de Marin County, na Califórnia, lugar mais conhecido por quebrar normas sociais do que por aderir a elas. Mesmo assim, a pequena amostragem de Wallerstein, retirada de uma população nada típica, causou sensação. Adivinhe qual era a inesperada herança da separação dos pais? Crianças fracassadas!

Pelo menos foi assim que a história chegou à imprensa. Wallerstein descobriu que filhos de famílias desconstruídas tinham mais dificuldade em manter relacionamentos íntimos, mais problemas com álcool e drogas e, quando adultos, se divorciavam com mais frequência. O resultado de seu trabalho foi reduzido a sete palavras: O DIVÓRCIO É RUIM PARA AS CRIANÇAS. E o livro se tornou um best-seller. Grupos de direita fizeram campanha com as constatações de Wallerstein e a conclusão do livro foi adotada como lema pelos conservadores. A esquerda se mostrou indiferente. Katha Pollit argumentou de forma convincente que o estudo de Wallerstein era "pseudociência".

Três anos depois, E. Mavis Hetherington, professora de psicologia da Universidade de Virgínia, lançou *For Better or For Worse* (Para o bem ou para o mal). O livro tratou de um estudo feito com um grupo ligeiramente maior, em uma área geográfica maior, durante um período mais longo, e descobriu basicamente o seguinte: O DIVÓRCIO NÃO É TÃO RUIM ASSIM.

Minhas observações eram menos quantitativas e mais qualitativas – mais narrativas, talvez. Eis o que vi: nossos pensamentos e sentimentos em relação ao divórcio baseavam-se em grande medida em nossas mães. Os pais, de alguma forma, ficaram à margem, sem participar da cena emocional. Alguns filhos ficaram furiosos com suas mães, outros, apenas confusos. Eu mesma vacilei entre as duas abordagens. Nossas mães fizeram o que queriam! Não podíamos acreditar naquilo. Essa ideia nos atordoava. Nossas mães desfizeram as famílias, abandonaram nossos pais e só pensaram em si mesmas. Era a história em que acreditávamos.

Então, quando meu irmão e eu tivemos filhos, encolhemos nossos horizontes e passamos a viver entre as paredes de nossos respectivos lares. Mamãe havia destroçado a família, coisa que jamais faríamos com nossos rebentos.

Meu irmão cresceu para se tornar um homem de uma única mulher. Sua esposa era uma garota que ele conhecia desde o ensino médio. Começaram a sair quando estavam entrando na casa dos 20 anos e se casaram alguns anos depois. Desde o início, eram dedicados um ao outro, o tipo de casal que saía mais cedo de uma festa para ir para casa e ficarem juntos, só os dois. Dave era o que poderia se chamar de um marido partidário: apoiava inteiramente a plataforma da mulher. Adorava a arte que ela produzia, seu modo de criar os filhos e seus sapatos. Era daqueles maridos que repetiam as piadas da esposa e daqueles pais que garantiam que tudo corresse da melhor maneira possível para os filhos. O que queria dizer que ele seguia as mesmas regras que eu, com mais empenho ainda. Fraldas de puro algodão e arrojados brinquedos de madeira trazidos da Europa. Tinha olheiras havia anos, por permitir que as filhas dormissem na cama do casal. Usava um *sling* cheio de orgulho. E, naturalmente, como se tratava de Dave, ele fazia tudo parecer bacana.

Assim como tantos filhos adultos de mães que deixaram o lar, eu e meu irmão resolvemos colocar nossas famílias em primeiro lugar. Nós ficaríamos em segundo plano. Seríamos bons o tempo todo. Permaneceríamos casados sob qualquer condição e beberíamos leite orgânico. Era assim que as coisas seriam. Meu irmão e eu nos transformamos em abelhas operárias da vida familiar.

Ele reivindicava com firmeza o divórcio definitivo de nossos pais. Desde que se casara, parecia mais incomodado com a estranha estrutura da nossa família. Ele e a esposa haviam criado um belo ninho. Agora, olhando para trás, ele via como nossa família era doida. Dois pais! E mamãe e papai ainda casados! Era uma loucura! Às vezes ele me telefonava pedindo ajuda para forçá-los a resolver essa situação, mas eu ficava em cima do muro. Queria apenas que todo mundo se desse bem. Essa necessidade era ainda mais intensa do que a vontade de fazer o que meu irmão queria.

A excentricidade da minha família, a estranha organização feita por minha mãe com o consentimento de Larry e de papai, não era questionada por mim. Eu tentava pensar no assunto quando meu irmão me ligava para me perturbar, do seu jeito calmo e racional. Mas de alguma forma meu cérebro travava quando pensava na infância. Experimentei um misterioso estado de "neblina cerebral". Eu não estava nem um pouco disposta a pensar sobre aquela época.

Agora, olhando para o meu irmão, eu podia perceber sua força latente. Ele estava com raiva, eu sabia. Mas não tinha nada a ver comigo. Então por que isso me deixava nervosa?

Chegou a hora de cantar parabéns. Ergui o delicioso peso de Lucy, coloquei-a em sua cadeira alta e fui buscar o bolo. Acendi a vela. Bruce começou a cantar e eu entrei na sala de jantar. A luz da vela cintilava um pouco em meus olhos.

Como estava minha família quando entrei na sala segurando o bolo? Não sei. Só via minha filha, com os olhinhos brilhando, as mãozinhas minúsculas batendo palmas.

Na aula de ioga, meu esforço não estava sendo recompensado. Eu gostava das posturas paradas, como estava implícito na própria palavra "postura". Gostava de ficar na posição da forma mais perfeita possível, pelo maior tempo que eu conseguisse. Fran nos disse que as posturas não deviam ser relacionadas à perfeição, mas a um processo. A essência da ioga, segundo ela, estava na tentativa. Aquilo me parecia ótimo e coisa e tal, mas eu tinha ficado viciada na sensação de concluir uma postura. Triângulo. Guerreiro. Lótus. Meia-lua. Desejava ser capaz de me manter naquele equilíbrio por mais tempo, por horas, preenchendo seus espaços como se fossem fôrmas e eu, massa de bolo.

Ao que parecia, não existia uma maneira de fazer o corvo corretamente. Quando Fran avisava que íamos fazer essa postura, eu atravessava o estúdio até a pilha de cobertores e depositava alguns sobre meu tapete, para que ficasse mais macio caso eu caísse. Morria de medo de cair. Na entanto, não havia a menor possibilidade de isso acontecer, pois eu nunca tinha coragem suficiente para me erguer na posição.

– O corvo não é uma postura de imobilidade – lembrava-nos Fran. – O corvo demanda um equilíbrio delicado. É como se fosse um jogo.

Um jogo. Muito bem. Eu olhava em volta. As pessoas estavam subindo e caindo, rindo, ficando com o rosto vermelho. Eu fazia tudo bonitinho: arrumava os cobertores, agachava no tapete, com as costas retas como um bastão. Apoiava as mãos no tapete, separando os dedos e distribuindo o peso igualmente sobre cada um deles. Esta era a forma correta de se abrir as mãos para uma inversão ou um exercício de equilíbrio, até mesmo para o cachorro olhando para baixo: colocar a mesma pressão em todas as partes da mão. Algo surpreendentemente difícil, por isso eu me concentrava e fazia tudo da forma certa. Jogava meu peso para a frente, encostava os joelhos nos cotovelos. E...

Esse era o momento em que meus pés deveriam deixar o tapete, mas eles se mantinham no lugar. Eu não conseguia erguê-los nem um centímetro sequer. Para falar a verdade, eu não queria. Meu lugar era no chão.

No entanto, minha mãe havia voado. Quando criança, acho que tive um pouco de medo de que ela acabasse alçando voo e desaparecendo para sempre.

POMBO

Eu estava toda torta. Com a perna esquerda esticada para trás e a direita dobrada na frente, curvei-me sobre meu abdomen. Pernas não foram feitas para ficar nessa posição. Foram feitas para caminhar, para serem cruzadas com classe, para vestirem meias-calças elegantes ou dançarem um *jig* irlandês. Foram feitas para qualquer coisa, menos para isso.

É assim mesmo?, pensei em perguntar a Fran na primeira vez que fizemos o pombo. Tem certeza?

Mas, a essa altura, eu já vinha praticando a postura havia um mês ou dois e minha atitude tinha mudado. Percebi que aquilo não era uma postura; estava mais para uma expedição de mineração. Eu estava escavando e descobrindo coisas. Cada vez que fazia a postura, eu penetrava um pouco mais nos músculos do meu quadril. Parecia partir do ponto em que havia parado na vez anterior e seguir adiante na expedição, numa exploração um pouco mais profunda.

A concepção que eu tinha do meu corpo havia mudado. Meus quadris pareciam uma grande área sombria e inexplorada. Naturalmente, muita coisa acontecia por ali, eu é que não havia notado. Sempre me mantive dissociada de meus quadris. Mas desde que me tornei mãe e comecei a segurar um bebê o dia inteiro, eles sofreram um impacto tremendo.

Fran havia avisado que esperava que a gente mantivesse a posição por um bom tempo. Enquanto permanecíamos ali, naquela pose estranha, ela falou de forma bem misteriosa sobre alguma coisa chamada koshas.

– Nosso ego é coberto de camadas que os iogues chamam de koshas – disse Fran. – Podemos pensar nelas como invólucros. Vou descrevê-las e, enquanto falo, quero que vocês as examinem comigo. Vejam se conseguem localizar essas diferentes partes de vocês. Pensem se elas podem ajudá-los a fazer esta postura ou se esta postura pode ajudá-los a encontrá-las.

Fran fez uma pausa antes de começar a enumerar os cinco koshas.

– O primeiro invólucro, ou camada, é annamayakosha. Significa "invólucro da alimentação". É a nossa parte visível. A seguinte é pranamayakosha, o invólucro da respiração. Ou, se pensarem em "prana" como energia, o invólucro da energia.

Aqueles que odiavam o pombo (e existe uma legião deles) começavam a se mexer e a franzir a testa. Fran continuou a falar.

– A camada seguinte é manomayakosha. É o invólucro do indivíduo, da identidade. E também da nossa vida emocional. A seguir vem vijnamayakosha. Relaciona-se com o intelecto, o julgamento, a sabedoria. Nós muitas vezes acreditamos que essas duas camadas sejam nosso eu mais profundo, principalmente aqui no Ocidente. Mas existe mais uma camada: anandamayakosha. O invólucro da felicidade.

O invólucro da felicidade. Eu guardei aquilo como um esquilo guarda uma noz em sua bochecha, para roer mais tarde. Fran prosseguiu.

– O invólucro da felicidade é o eu mais verdadeiro, aquele mais conectado com o divino. Está sempre presente em nós, tornando-se mais ativo durante o sono. A prática de todos os pilares da ioga nos aproxima dele. Soltem o pombo.

Ao libertar minha perna do pombo, pensei no que Fran havia dito. Parecia inteiramente verdadeiro e inteiramente falso. Fazia algum sentido essa ideia de que existia uma camada de felicidade e de divindade em cada pessoa. Acreditei nisso, ainda que fosse apenas uma metáfora bela e boba. Mas era impossível que tal coisa existisse dentro de mim. Com certeza isso só era realidade para algumas pessoas, como ter bolsas Louis Vuitton ou uma prateleira de temperos organizada.

– Deem uma olhada nos sutras – disse ela, não pela primeira vez. – Não são muito fáceis de ler. Mas talvez descubram alguma coisa interessante neles.

Um dos problemas da ioga é que não havia uma bíblia. Nenhuma versão definitiva. Nenhuma palavra de deus. Na verdade, é porque a ioga é uma técnica para se conhecer deus ou até mesmo se tornar um. Uma técnica não pode ter uma bíblia, e sim um manual. Ou vários manuais.

Comecei a explorar os sutras cheia de expectativas. Fiz várias buscas na internet, me apoiando basicamente na Wikipedia, lamento dizer. A Wikipedia é como a revista *People* da pesquisa. Todo mundo olha, mas ninguém assume. De qualquer maneira, aprendi que os sutras foram compilados por alguém chamado Patanjali no século II. Formam um compêndio de conhecimentos desenvolvidos pelos iogues até aquele momento, escrito em aforismos. Maravilhoso, pensei. Aforismos. Saí com Lucy para comprar um exemplar.

Passei em frente ao Café Allegro, a mais antiga cafeteria de Seattle. A Magus Books ficava do outro lado da rua.

Uma vez ouvi uma roteirista falar sobre "lentes sépia". Ela disse que alguns filmes davam a impressão de terem sido rodados através de uma lente sépia. Era como a vida parecia naquele lugar. Tudo era antigo, gasto, em tons de âmbar.

Resolvi entrar no Allegro. Anos antes, o restaurante chinês que fica algumas portas adiante havia derramado um tonel de gordura de galinha na rua. De alguma forma, o cheiro havia se fixado sob o sol e agora o Allegro sempre tinha um odor rançoso, animal. O que era perfeito, porque a cafeteria era deprimente. As garçonetes mal olhavam para a cara dos clientes. Minha mãe dizia que podia sentir o desapontamento no ar todas as vezes que cruzava a porta. Meu amigo Scott dizia que era a cafeteria com o nome mais inadequado de todos – deveria se chamar Café Triste. Eu adorava aquilo. Era um alívio para a gentileza onipresente em minha vida.

Fiz meu pedido. As garçonetes ignoraram a linda garota sentada no meu colo. Depois de tomar o café, dobrei a esquina até a Magus. Empurrei a porta de vidro e entrei numa sala com o pé-direito enorme. As prateleiras de livros subiam, subiam e subiam por mais de três metros. Acima delas havia mais espaço livre até o teto, preenchido com partículas de poeira como se fosse o material que constitui o pensamento. Era como se os livros estivessem sonhando e aqueles sonhos flutuassem no ar, lá em cima, praticamente invisíveis.

Dei uma voltinha pela ficção, que era a minha praia. Ficava na parede dos fundos. Eu não pertencia à seção de Religiões Orientais, ou seja lá onde ficavam os sutras da ioga. Talvez em autoajuda? Ou em boa forma? (O eterno enigma da ioga.) Não era o tipo de livro que eu lia. Quando precisava de informações, buscava nos romances. É onde os sentimentos ficam guardados. A religião e a autoajuda não passavam de diagramas. Os romances eram retratos completos.

Relutantemente, dirigi-me aos vastos domínios da não ficção. Para alcançar a seção de Espiritualidade Oriental, na metade de uma alta estante no meio da sala, eu precisava da ajuda de uma daquelas escadinhas cilíndricas de metal, saídas dos anos 1950. Coloquei Lucy no chão ao lado de uma pilha de livros. *Bhagavad Gita*, *O Profeta*, de Kahlil Gibran, *Tao Te Ching*, *Upanishadas*. Nenhum *Yoga sutras*. Olhei a prateleira mais baixa. Havia um panfleto ali, mais parecido com um conjunto de páginas grampeadas do que com um livro. Peguei-o. O papel era grosso e amarelado e o tipo de impressão sugeria que não havia sido feito nos Estados Unidos. Verifiquei o *copyright*: Bangalore, Índia, 1972.

Não havia introdução, apresentação nem prefácio. Apenas os sutras, numerados. Afinal de contas, o que era mesmo um sutra?

Número 1: “Agora, os ensinamentos da ioga.” Aquilo me fez rir um pouco. Parecia um locutor de TV anunciando a próxima atração. Continuei a leitura.

Número 2: "A ioga é a imobilização das flutuações da consciência." Compreendi aquilo graças à prática de ásanas com Fran. A ideia é que quando você apresenta uma série de movimentos desafiadores para o corpo, também está treinando a mente para ficar tranquila e para suportar e superar situações difíceis.

Segui para o Número 3. "Então a consciência pura pode habitar sua própria natureza." Isso parecia improvável, e as coisas foram ficando cada vez mais duvidosas dali em diante.

Quanto mais eu lia, mais empoeirado parecia o *Yoga sutras* de Pantajali. As palavras se tornavam tão dissociadas do mundo e de um significado concreto que nem mesmo pareciam palavras. Era como ler Kant. Folheei o livreto, procurando alguma coisa que saltasse aos meus olhos e explicasse para mim mesma quem eu era.

Queria que os sutras me envolvessem emocionalmente como um romance e traduzissem o mundo com delicadeza, por meio de exemplos. Eu queria escapar através deles como se vivesse a fantasia de outra vida.

Mas não era esse tipo de livro. Não era um romance. Não era uma fuga. Diabo, mal era um livro. Era um tratado e boa parte dele parecia maluquice. Por exemplo, o sutra 3.40: "Ao dominar o fluxo de energia na cabeça e no pescoço, é possível caminhar sobre a água, a lama, os espinhos e outros obstáculos, sem tocá-los, e sim pela levitação." Se eu quisesse poesia, iria procurá-la em outra seção.

Eram breves, é verdade, e lembravam aforismos, sim, mas não era a mesma coisa que ler Oscar Wilde. Era como tentar ler pão ou grama. Impossível.

Mesmo assim, continuei folheando por algum tempo, procurando palavras que talvez fizessem sentido para meus olhos. A filosofia da ioga parecia uma série de boatos. Enquanto virava as páginas, encontrei expressões como os oito pilares, um termo que ouvia repetidamente, mas que às vezes confundia com o caminho óctuplo do budismo. Parei nos oito pilares, achando que pudessem conter as recomendações objetivas que eu procurava. Pareciam mais concretos. Peguei um biscoito na bolsa e entreguei-o a Lucy.

O primeiro pilar era composto pelos yamas, os princípios éticos da ioga: não prejudicar, não mentir, não roubar, não dissipar a energia sexual, não cobiçar. Tudo parecia viável e razoável, a não ser pela única coisa obviamente fora de questão. Fiz um momento de pausa – por que deveria explorar uma religião que me pedia que fizesse algo que eu nunca faria?

O segundo pilar eram os niyamas, mais ligados à devoção: pureza, satisfação, superação, autoconhecimento e entrega ao deus. O terceiro eram os ásanas, as posturas. O quarto, pranayama, respiração. O quinto, pratyahara, a introspecção que Fran havia tentado me ensinar. O sexto, dharana, ou concentração. O sétimo, meditação. E o oitavo, samadhi, ou êxtase.

Agora que as instruções estavam diante de mim, eu não tinha a menor intenção de segui-las. Quer dizer, uma coisa era ler sobre a imobilização das flutuações da consciência, mas outra, muito diferente, era praticá-la. Além do mais, eu gostava das flutuações da consciência. Ganhava a vida com elas. Não queria me tornar menos consciente. Queria ser mais esperta e ter uma faxineira. A inconsciência não ia colaborar para que eu conseguisse nem uma coisa nem outra.

Como sempre acontece com a ioga, havia uma estranha inconsistência. Pareciam regras, mas eram impossíveis de seguir. Os oito pilares exigiam que você não apenas os lesse, mas os estudasse; não apenas os estudasse, mas os vivesse.

De qualquer maneira, comprei o livro. Voltei para pegar o café que havia deixado na prateleira. Seu gosto era amargo e muito reconfortante. Transferi Lucy para o outro lado do quadril e parti.

Eu estava perturbada pela minha maneira insincera de praticar ioga. Tinha a sensação de que ao fazer uma aula sem conhecer suas implicações históricas e filosóficas, eu me transformava numa espécie de canalha. Percebi que me sentia culpada sempre que encontrava alguém de origem indiana.

Bem, eu era uma crítica literária e precisava buscar mais informações na palavra impressa, que era meu meio preferido.

Li mais sobre Patanjali, de quem não se sabia muita coisa. Geralmente referem-se a ele como sábio, o que o faz parecer um avatar de um jogo de RPG. Seus escritos compõem a mais antiga compilação dos ensinamentos da ioga e datam de quase dois mil anos atrás. Longe de inventar a ioga, ele simplesmente reuniu a sabedoria que já era antiga. O *Yoga sutras* deu origem àquilo que às vezes é chamado de ioga clássica e, outras vezes, de raja yoga. De qualquer forma, é o único texto considerado ortodoxo pelos estudiosos.

Patanjali se inspirou em centenas de anos de histórias e mitologias que lentamente se aglutinaram para criar a tradição que ele codificou. Esses textos não foram, de forma alguma, identificados como "ioga". Simplesmente faziam parte da volumosa literatura que compõe a ancestral cultura indiana.

Graças a uma breve pesquisa, descobri que os mais antigos textos com referências à ioga estavam no *Bhagavad Gita*. O *Gita* – como os iniciados chamam – é apenas uma parte do gigantesco *Mahabharata*, que se acredita ser o mais longo épico jamais escrito, embora isso pareça difícil de provar. Tenho certeza de que algum maluco candidato a homem-bomba em Wyoming ou um morador dos confins da Groenlândia deve ter escrito algo maior ainda.

O *Bhagavad Gita* foi fácil de encontrar. Era como os livros de James Patterson. Não que você realmente tenha vontade de ler, mas, quando bate os olhos nele pela primeira vez, começa a vê-lo por todo lado. Eu mesma tinha um exemplar na estante da minha casa. Como aquilo tinha ido parar lá?

O *Mahabharata* conta a história de Arjuna, guerreiro que tem grande dificuldade de matar alguém. Krishna, que é ao mesmo tempo o condutor da carruagem de Arjuna e seu deus, tem uma longa conversa com Arjuna sobre como servir a deus. O *Bhagavad Gita* é a tal conversa. É também a primeira vez que a ioga é explicada de uma forma compreensível, no formato de texto.

Krishna explica a Arjuna que ioga é uma questão de devoção e que talvez ele sirva a deus matando, desde que esteja praticando o karma, ou a ioga da ação.

Se lhe parece confuso que a ioga, com seus princípios de não prejudicar ninguém, esteja promulgando o assassinato em seu texto original, bem, isso é bastante próprio dela. Quanto mais eu lia, mais infinita ela me parecia. Existiam vários estilos históricos de ioga: hatha yoga, karma yoga, raja yoga, bhakti yoga e por aí vai. Eu me sentia incrivelmente limitada pela minha falta de conhecimento da história da Índia. Parecia impossível navegar pelas ideias centrais da ioga sem isso. Mas não era a única a me sentir assim. Até Arjuna diz a Krishna: "Minha mente está confusa, pois encontro contradições em tuas palavras."

Li toda a conversa entre Krishna e Arjuna. Li como uma criança lê um romance para adultos, procurando as partes picantes. Esperava que falassem das posturas. Era a parte da ioga que eu conhecia e compreendia, o lugar onde poderia me inserir nessa história estranha e antiga. Não encontrei nada. Havia um trecho que falava sobre sentar e meditar – pelo menos nessa passagem eu conseguia entender o que estava sendo discutido. E também descobri elementos óbvios que eu podia compreender. Por exemplo: "Coloca teu coração no trabalho, nunca na recompensa. Não trabalhes pela recompensa, mas nunca cesses de fazer teu trabalho." Quer dizer, você podia fazer o pombo para sempre, procurando a suprema expressão da postura, mas qual seria realmente o objetivo disso? Não haveria algo a ser aprendido no próprio processo? E isso não seria o suficiente? Na verdade, isso não seria tudo? Se você esperava ter os quadris completamente soltos, esperava em vão. Esse era um horizonte que jamais iria atingir. No entanto, você nunca deve parar de tentar.

Como uma boa aluna, fui buscar outras fontes. As primeiras pesquisas me intimidaram. Achei que talvez alguns estudiosos ocidentais pudessem ter estudado a história da ioga de um ângulo que eu compreenderia mais facilmente.

Quando tentei descobrir quais eram os livros de ioga mais respeitáveis e importantes, dois nomes surgiram como sendo os principais estudiosos no ocidente: Mircea Eliade, historiador romeno, que estudou a ioga durante décadas na primeira metade do século XX, e Georg Feuerstein, pesquisador do hinduísmo absolutamente prolífico.

Eliade e Feuerstein me conduziram a vários estudiosos menos famosos e logo eu me encontrei envolvida até o pescoço pelas complicadas tramas da história da Índia e da filosofia hindu.

E eis o que aprendi com as minhas pesquisas: não pense que você está praticando ioga só porque faz as posturas. Na realidade, muitos historiadores ocidentais parecem extremamente contrariados com o espetáculo proporcionado por milhões de pessoas praticando ásanas e passam a maior parte do tempo tentando explicar que hatha yoga não é a mesma coisa que raja yoga.

A raja yoga é predominantemente praticada pelos hindus há séculos, com uma teologia ao mesmo tempo flexível e rigorosa, que não tem nada a ver com o que acontece em um estúdio. Raja yoga é simplesmente uma forma de tentar conhecer deus ou de viver em perfeita consciência. Mas quem é esse deus e o que é essa consciência? É difícil dizer.

Os conceitos de deus e indivíduo são mais simples nas religiões ocidentais, que são basicamente dualistas: existe Deus, existimos nós, e o melhor que podemos fazer é agradá-Lo.

Parecia haver alguma discordância em torno do papel do dualismo na ioga. Por um lado, a ioga não é dualista, porque deus não está ali. Mas, ao mesmo tempo, ele está aqui e em tudo o que existe.

Existem muitos tipos de ioga para se explicar como o dualismo funciona em cada um. Mas, no caso da ioga de Patanjali, ou ioga clássica, há alguns detalhes interessantes. O dualismo, de fato, existe: é a distinção entre matéria e espírito. Parece simples, mas a ideia se torna complicada quando você descobre que a "matéria" inclui a consciência. O pensamento. O ego. A mente. Seja lá como você chame isso. O pensamento pertence à mesma categoria que a matéria. Para a ioga, matéria é qualquer objeto em que a pura consciência pode se basear.

O próprio pensamento é algo que pode ser observado, algo do qual se deve tomar consciência. Nesse sentido, ele representa o mesmo papel que um cão ou uma xícara. Deve-se transcender o pensamento através da prática, como se faz com qualquer outra coisa. A transcendência é o objetivo do iogue. É isso que significa conhecer deus.

Ao mesmo tempo, o pensamento é potencialmente mais perturbador para a transcendência do que um cão ou uma xícara. O pensamento é o filho problemático da ioga. Ele pode obstruir o caminho. Os ocidentais costumam usar a mente para compreender Deus. A ioga mostra como a mente pode nos impedir de conhecê-Lo.

Os textos de ioga estão cheios de categorias e explicações para a forma como a mente e seus hábitos afastam o praticante da transcendência. Quando Patanjali diz que a ioga é a imobilidade da consciência, ele quer dizer que o pensamento não nos ajuda e talvez nos atrapalhe.

O que aprendi com minhas leituras foi o seguinte: eu não estava praticando ioga. Estava praticando ásanas. Segundo o que descobri, as origens dessa prática eram bem discutíveis. Li repetidas vezes que, na história da Índia, os estudantes da ioga clássica não executavam os ásanas, que eram um domínio de charlatães, aventureiros e exilados. As pessoas que se concentravam nos ásanas estavam se desviando do caminho original da ioga.

De volta ao tapetinho, dobrada na posição do pombo, eu me perguntava: o que estou fazendo, então, me esforçando neste estúdio de ioga? Pensei na voz de Krishna me mandando colocar o coração no trabalho. De certa forma, eu precisava acreditar que fazer algum trabalho, mesmo que do jeito errado, era melhor do que não fazer nada. Estava profundamente interessada em descobrir até onde eu conseguiria ir no pombo, quão profunda era a tensão e se eu poderia liberar uma parte dela. Eu ia seguir em frente.

Eu não sabia disso naquela época, mas foi no momento em que decidi não me esforçar para aprender a forma certa de fazer ioga e simplesmente praticá-la – seguindo minha professora e fazendo meu trabalho da melhor maneira possível – que comecei a colher seus frutos. Submissão, confiança, transmissão do mestre ao aluno, imperfeição, a libertação do ego. Essas coisas me salvariam de mim mesma, apesar de serem tão pouco familiares quanto o rosto azul de Krishna. Você não pode se aprofundar e saber o que está fazendo o tempo inteiro.

POSTURA DA CRIANÇA 1

Eu estava fazendo a postura da criança, uma posição que considerava muito estranha. Você se dobra, se fecha, se isola do mundo e fica totalmente autossuficiente. É o oposto da maneira como costumamos ver as crianças. Pensamos nelas como livres, agitadas e abertas. Imaginamos as crianças saltando, marchando, dançando, esticando os braços para nós. Minha própria filha fazia todas essas coisas, a não ser quando decidia não fazê-las.

Antes de nos casarmos, eu e meu marido nos apaixonamos por uma garotinha que conhecemos durante uma viagem ao Havaí. Estávamos hospedados em um complexo de antigos chalés de plantação em Kauai, um lugar tranquilo e sonolento. Você podia passar horas olhando para as ondas marrons e imaginando que o Japão estava em algum lugar lá longe. Encontrar uma folha gigante de palmeira era um grande acontecimento. O lugar era pequeno – um terreno salpicado de casinhas de madeira. A menininha, que devia ter uns 4 anos, e seus pais estavam no chalé em frente ao nosso. De manhã, ela saía de casa dançando e acenava para nós enquanto tomávamos café na varanda. Tinha cabelos castanhos compridos que caíam em cachos frouxos. Talvez ela tivesse roupas. Só a víamos de maiô.

Parecia ser o tipo de criança que os adultos desejam: ela dançava na grama, pendurava flores nas orelhas como brincos, queria ser uma sereia quando crescesse. Nós a chamávamos de "Fadinha".

Certa manhã, a Fadinha não saiu de casa dançando, como de costume. Talvez tivesse ido embora. Ficamos um pouco decepcionados, mas isso é o que acontece nas férias, essas despedidas não concretizadas. Depois de bebermos um bule inteiro de café, nos dirigimos à praia. Ao passar pelo chalé da Fadinha, vimos que ela estava esticada nos degraus da varanda. A cabeça pendia para o lado.

– Bom dia – disse meu marido.

Ela rolou dos degraus e nos olhou com frieza.

– Vão embora – disse ela. Lentamente, com tristeza, subiu os degraus da escada e se enrolou como uma bola.

Era a postura da criança.

A Fadinha não nos pareceu mais a mesma depois daquilo.

Queremos que as crianças sejam a personificação da leveza e da alegria, pois é assim que gostaríamos de nos lembrar da nossa própria infância. Nós realmente desejamos acreditar que nossa infância foi perfeita. Quando eu era pequena, os adultos queriam que eu fosse a Fadinha: animada, descomplicada e feliz. Acima de tudo, queriam que eu fosse feliz.

1973

Quando eu tinha 6 anos, nem eu nem minhas amigas Bridget e Marie tínhamos bicicleta. A mãe delas, Margaret, era a melhor amiga da minha mãe. Nossas avós – a mãe da minha mãe e a mãe de Margaret – também eram grandes amigas. Elas moravam em Northeast Eightieth Street, no que havia sido o epicentro dos católicos irlandeses do norte de Seattle. Depois os católicos de origem irlandesa passaram a ocupar a cidade inteira e se dirigiam para o bairro que quisessem. Ter origem irlandesa e ser católica não definia mais toda uma existência.

Apesar de ter seis filhos, Margaret tinha um colo sempre disponível. A casa dela e das filhas ficava a poucos quarteirões de distância de onde eu morava, num bairro arborizado, cheio de austeras casas no estilo Tudor, chalés bonitinhos de tijolos e grandes casarões com gramados elegantes. Vivíamos indo de um lado para o outro, procurando mais brinquedos e lanchinhos gostosos. Quando esgotávamos os recursos disponíveis numa das casas, íamos para a outra. Minha mãe podia estar aborrecida; a delas podia estar sobrecarregada; mas nós estávamos sempre pra lá e pra cá.

Quando eu estava com 4 ou 5 anos, costumávamos passear pela Condie's, uma loja de doces que tinha uma placa: PEGOU, LEVOU. Marie era alguns anos mais velha que eu e Bridget, por isso estava no comando.

Sempre usávamos um atalho para atravessar o parque que havia entre nossas casas e a loja. Era um grande gramado com vários lagos, cercado por árvores onde os meninos mais velhos abandonavam seus exemplares da *Playboy*.

Caminhávamos sob o sol quente. Marie pensava, pensava, pensava sem parar, do jeito que fazem as crianças mais velhas do que você. Ela era sempre cheia de ideias e planos. Ao lado desses exemplos de engenhosidade e sofisticação, você, a criança mais nova, parecia estúpida como uma pedra.

Estava na hora de escolher nossas bicicletas, disse Marie.

Como ela era a mais velha, tinha direito a escolher primeiro.

– A minha é roxa com faíscas e um selim alongado.

Bridget se manifestou depressa.

– A minha é vermelha-branca-e-azul – nos anos 1970, isso era uma única cor – com estrelinhas no selim. Ah, e selim alongado – acrescentou ela apressadamente.

Aquelas eram as duas bicicletas mais cobiçadas. Eu tive de pensar por muito tempo.

– Azul-celeste. Faíscas. Selim alongado. Cesta com flores.

Era uma escolha um tanto pobre, mas o que eu podia fazer? A roxa e a vermelha-branca-e-azul já tinham sido escolhidas. O resto era porcaria.

Hoje em dia, todas as crianças de classe média têm bicicletas. Naquele tempo, você precisava esperar que seu irmão mais velho ficasse grande demais para usar a dele para então herdá-la.

Caminhávamos em ladeiras, por isso, em vez de pedalar em nossas bicicletas inventadas, nós as empurrávamos. Nossos pais estavam fora, trabalhando. Nossas mães estavam em casa, fumando. Nossos irmãos estavam no bosque, vendo revistas pornográficas encharcadas. Achávamos que seria assim para sempre.

É disto que me lembro: um dia, meu pai estava ali, pintando as portas duplas da sala de televisão. Era uma tarde ensolarada de sábado, o tipo de dia feito para ser desperdiçado no sofá, lendo quadrinhos do *Archie*. Ele usava seu chapéu de pescaria, gasto e manchado, e minha mãe estava encostada na porta da cozinha, esperando um beijo. Olhando para trás, acho que esse beijo deve ter sido uma coisa pouco comum, porque meu coração deu um saltinho de alegria ao pensar nisso. Um beijo. Para mim, pareceu uma coisa importante e notável.

Não sei quanto tempo se passou – podem ter sido anos ou dias – mas, de repente, meu pai não estava mais lá. Havia sido tirado de mim. Ele não estava mais ali para me chamar de "Rainha dos Laticínios", quando eu comia manteiga pura direto da manteigueira. Tinha ido para outro lugar com seu corpo alto e esguio, sua delicadeza, sua altura, sua timidez, seu sorriso; qualidades que pareciam tão essenciais a nosso lar. Eram como leite ou roupas lavadas e dobradas: coisas de que eu precisava, mas das quais nunca havia imaginado ser privada.

Ele me telefonou. Assim como o beijo de mamãe, isso era incrivelmente inédito. Meu pai, ao telefone. Não era ali que ele deveria estar. Sentei-me na mesinha de madeira da cozinha e atendi à ligação como se fosse adulta.

– Onde você está? – perguntei.

– Vou passar um tempo num hotel – respondeu ele, com a voz calma e ligeiramente rouca.

– Ah. – Não me ocorreu dizer que eu sentia saudades.

Mas ocorreu a ele.

– Estou com saudades.

Pensei por um minuto e perguntei:

– O que você comeu no almoço?

Antes, quando ele morava conosco e era um pai como todos os outros, eu sempre perguntava a ele, na hora do jantar, o que havia almoçado enquanto estava no escritório, no centro da cidade. Ele sempre inventava uma historinha. Tinha ido a um restaurante chique com o presidente da sua empresa de relações públicas. Comera um sanduíche de presunto e um biscoito sem sair da sua mesa. Havia descoberto um lugar novo que fazia hambúrgueres. Ele era o tipo de pessoa que sempre tinha uma resposta. Talvez tenha sido por isso que minha mãe o deixou. Ou foi ele quem a deixou? Não ficou claro. De qualquer maneira, eu queria saber o que ele tinha comido no almoço.

– Saí para almoçar com um cliente e comi frango.

– Tudo bem.

Dissemos "eu te amo" – o primeiro de centenas de "eu te amo" trocados ao telefone – e desligamos.

O único hotel que eu conseguia imaginar ficava na saída da Highway 99, perto do túnel de Battery Street. Tinha uma palmeira em néon que piscava e ficava cercado por prédios de tijolinhos. Parecia furreca até para mim. Isso me preocupava.

Meu pai não voltou para casa como eu havia desejado nada secretamente.

Então chegou o verão e, como fazíamos todos os anos, alugamos uma casa junto com a enorme família de Bridget e Marie e um contingente de agregados. Na versão da minha memória, todo mundo, até as criancinhas de 2 anos de idade, parecia segurar uma caneca de vinho. Cada ano íamos para um lugar diferente. Os detalhes mudavam, mas os aspectos gerais eram sempre os mesmos: um único quarto cheio de beliches para as crianças; muito vinho e cantoria para os adultos; uma fogueira todas as noites; uma discussão caótica sobre quem ia ficar com o brinquedo que vinha dentro da caixa de cereal; dias inteiros passados sobre boias na água gelada. Sempre inventávamos um desafio e conseguir executá-lo ou não era o que determinava como seriam suas lembranças daquele verão. No ano anterior, o desafio era se equilibrar e caminhar na grade da varanda, que era bem alta. Bridget era boa nesse tipo de coisa. Também era ótima em dar socos nos meninos. O irmão mais velho a chamava de "Martelinho".

Naquele ano, fomos para Bainbridge Island. Ficamos numa casa que chamávamos de "Madeiras Geladas" sem nenhum motivo especial que eu consiga lembrar. A música "Kodachrome", de Paul Simon, estava tocando direto na época, e Bridget, Marie e eu passamos um tempão de pé sob um enorme cedro no gramado cantando com os braços em volta dos ombros umas das outras. Bridget e Marie bem que poderiam ser extensões do meu próprio corpo.

Descobrimos um dique enorme e pulamos dele. Foi nosso desafio de verão. Meu pai apareceu e tirou um retrato meu voando sob a luz prateada do sol, o cabelo levantado pela velocidade.

No meio do verão, fomos de carro até Port Gamble visitar o homem de olhos verdes e bigodes que havíamos conhecido na festa do porco. Larry. Ele tinha 24 anos. Minha mãe, 32, era uma mulher casada, com uma casa grande, um gramado e uma faxineira irlandesa que bebia às escondidas das garrafas da dispensa. Meu pai estava com 40 anos. Os três, em suas idades variadas, estavam alinhados como peças de dominó prontas para despencar. Larry era gentil e tranquilo. Sua casa não vivia cheia de hippies. Havia apenas um: ele. Prometeu que "da próxima vez" – próxima vez? – ele nos levaria ao drive-in Crazy Eric. Ia ser ótimo. Os melhores milk-shakes. As batatas fritas mais gordurosas do mundo.

Minha mãe nos levou a uma feira (uma alegoria dos anos 1970: minha infância foi repleta de feiras de rua) e fiquei doida por uma gatinha preta e branca que estava sendo doada na porta do mercado local. Implorei para ficar com ela. Eu a batizei de Daisy. Era o pior gato do mundo. Ao longo dos anos percebi o seguinte: se sua mãe deixa você ter um gato, é porque seus pais estão mesmo se separando.

Daisy comia abelhas e arranhava meus braços. Era muito malvada.

Larry veio nos pegar com seu pequeno Porsche. (Outro lugar-comum dos anos 1970: carros esportivos eram o símbolo máximo da liberdade. O motivo? Não havia lugar para crianças.) Ele estava usando colar de miçangas! Íamos ao Crazy Eric. Certamente ninguém vai se surpreender quando eu disser que comi batatas fritas em excesso e vomitei o carro inteiro.

POSTURA DO SAPATEIRO

Lucy estava sentada na cadeira alta, mastigando um pedaço de maçã. Ela batia com os pés na cadeira e tagarelava. Pedacinhos de fruta manchavam a camiseta. Mais uma vez, eu não tinha conseguido encontrar um babador limpo. Uma secreção verde escorria de suas narinas e ela tossia de vez em quando, enquanto comia e balbuciava. Era uma tarde de outubro, não estava ainda completamente escuro. Chovia. Bruce trabalhava no escritório. Eu o via pela janela, debruçado sobre o computador, as sobrancelhas negras movimentando-se rapidamente. Fui até a varanda dos fundos e acenei de forma exagerada: hora de deixar o trabalho e voltar para casa.

Deixei Bruce e Lucy na minúscula e aconchegante cozinha com piso vermelho de Marmoleum, que colocamos porque o material era atóxico e sustentável.

Pela hora, eu já tinha perdido a aula de Fran, então fui para a revigorante aula noturna de Jonathan. Tudo estava às escuras e o ar no estúdio parecia parado. Ele gostava de deixar as luzes baixas quando dava aula à noite.

Executamos os movimentos de aquecimento, depois, bem devagar, fizemos uma série de posturas: o guerreiro I e II, investida alta e investida baixa, pinça. Fizemos uma versão mais suave da ponte, levantando um pouco do chão e fazendo um pequeno arco com as costas. O movimento era bom. Não o encarava como uma válvula de escape. Apenas me sentia aliviada por estar me mexendo, e não pensando. Além disso, havia outro grande alívio: aquele era um aposento que eu não precisava limpar. Era como passar uma hora e quinze minutos num hotel. Nunca vou precisar passar aspirador neste chão. Nunca vou precisar tirar a poeira destas tábuas. Nunca.

Quase no fim da aula, Jonathan pediu que sentássemos na postura do sapateiro. Ele disse o nome em sânscrito: baddha konasana. A posição é muito simples. Você se senta com os joelhos para fora e as solas dos pés unidas. Era bom sentir a sola de um pé encostada na outra, fazia umas cócegas engraçadas.

– Esta era uma das posturas que os iogues usavam para meditar. Esta ou a do lótus. A prática dos demais ásanas tinha como objetivo alongar e fortalecer o corpo para que pudessem se sentar e meditar por longos períodos.

Jonathan se levantou de um salto e atravessou a sala até o interruptor. No final da aula, ele gostava de diminuir ainda mais as luzes até que se tornassem simples pontinhos amarelados. Era um tanto assustador. Quando deitávamos na posição do cadáver, as sombras pareciam ganhar vida. Ficava um silêncio sepulcral. Qualquer pessoa que já viu um filme de terror sabe que, quando tudo fica tranquilo demais, não se pode esperar nada de bom. Às vezes, quando ficávamos sentados ali na semiescuridão silenciosa, eu tinha a impressão de estar meditando debaixo da cama, onde os monstros se escondem.

Quando deixou as luzes mais ou menos no nível usado em uma taberna medieval, Jonathan voltou a se sentar e disse:

– Hoje, em vez de nos deitarmos e fazermos savasana, vamos tentar ficar sentados como os iogues. Permaneçam na postura do sapateiro. Quem não conseguir manter essa postura, simplesmente fique sentado em qualquer posição que seja confortável.

Todos se mexeram um pouco até encontrar uma posição razoavelmente confortável.

Quando paramos de nos ajeitar, Jonathan disse:

– Ficar parado talvez seja a coisa mais difícil de se fazer na ioga. Se perceber que sua mente disparou, simplesmente volte a atenção para a respiração. Não precisa respirar de nenhuma forma especial, apenas observar a respiração. Não tente controlá-la. Não tente aprofundá-la. Simplesmente observe o ar entrar e sair e veja se isso ajuda sua mente a se acalmar.

Aquilo me irritou. Eu estava ali para me exercitar. Queria me aprimorar. E, com toda a certeza, isso não aconteceria enquanto eu ficasse ali à toa.

Permanecemos sentados por um tempo – o suficiente para que eu entendesse o que Jonathan queria dizer. Sentar era difícil. Captei. Dei uma olhada no relógio. Ainda faltavam uns dez minutos até o fim da aula. Ele esperava que a gente ficasse sentada ali todo esse tempo? O próprio Jonathan estava sentado com uma serenidade exibicionista, como se pudesse meditar a noite toda. Obriguei-me a fechar os olhos novamente.

A falação incessante de Jonathan havia mantido sob controle as sombras assustadoras durante a aula, mas quanto mais eu ficava sentada ali, silenciosa, mais elas se aproximavam.

Tentei respirar, tentei me lembrar das coisas que você supostamente deve lembrar enquanto medita. Mas algo estava vindo à tona.

Antes que eu percebesse, estava chorando. Lágrimas escorriam silenciosamente pelo meu rosto. Eu estava perdendo o controle.

Meu Deus. Abri um olho. Ninguém me olhava.

Qual era o problema? Eu não conseguia compreender por que estava chorando. Chorei e fiquei nessa viagem por algum tempo. Então uma imagem passou pela minha cabeça: Lucy, com o narizinho entupido e o resfriado bobo. Chorei ainda mais. Todas as vezes que ela fungava, sempre que eu limpava seu nariz, me lembrava do seu nascimento catastrófico e dos meses terríveis que se seguiram a ele.

Era uma manhã cinzenta de dezembro e o clima era o pior possível: o sol não brilhava, a chuva não caía e havia uma luminosidade intensa, de dar dor de cabeça. Eu estava com nove meses de gravidez. Era o dia anterior à data prevista para o parto. Acordei, vesti uma roupa que parecia uma tenda, bebi uma única xícara de café. Bruce e eu estávamos à mesa lendo o *The New York Times* quando senti aquela tão bem documentada vontade irresistível de ir ao banheiro. Liguei para meu médico, Chick. É ótimo ter um médico a quem você se dirige pelo apelido. Chick foi meu baby-sitter quando eu era pequena e se tornou meu médico quando completei 15 anos. Naquele momento, ele me disse com sua voz rouca, calma e baixa que era melhor a gente ir para o hospital. Desliguei e disse a Bruce que estava na hora.

Lemos os seguintes números no oxímetro da bebê:

72
69
88
77
80
62

A bebê, ainda sem nome, provavelmente não viveria, pois tinha entrado em sofrimento no útero e aspirado muito mecônio. Em outras palavras, seus pulmões se encheram com suas próprias fezes enquanto ainda estava no ventre materno. O nascimento, uma cesariana, tinha sido... havia quantos dias? Dois, três?

Estávamos levando aquela vida secreta que acontece à nossa volta diariamente, a vida do hospital. Ficávamos sentados na UTI neonatal e víamos nossa neném lutar com dificuldade para respirar, trazendo ar para dentro da pequena parte do pulmão que não estava entupida. Era uma máquina imperfeita que tinha apenas uma função: respirar. Ela vacilava na tarefa, mas não falhava completamente.

Os números eram ruins. A gente esperava que o oxímetro mostrasse 90, ou, em nossos sonhos mais loucos, 95, o que as enfermeiras diziam ser o nível mínimo de oxigenação normal. Não parávamos de ler 82. E 77. Subiu para 87 e eu chamei a enfermeira, empolgada. Ela disse em voz baixa: "Ainda não é o suficiente." Ela pousou a mão no meu ombro.

Nossos olhos iam da bebê para a máquina. Mas ninguém dizia as palavras que queríamos ouvir: "Ela vai viver."

Estava deitada na incubadora, dando minúsculos suspiros, sacudindo o punho no ar. Começamos a chamá-la de Coração Valente. Praticamente dava para ver a vontade de viver correndo dentro dela. Dava para sentir que, se tivesse uma bandeira, ela a sacudiria. A imagem dela era a prova de uma coisa que parecia impossível de provar: a existência da força da vida.

O tempo era algo tão vasto quanto um continente. Em algum momento da manhã do segundo dia, minha mãe veio ao quarto de hospital e me encontrou sentada no chão do banheiro, batendo a cabeça na parede e repetindo sem parar: "Estou com tanto medo." Ou foi ela quem disse isso? Não me lembro direito. Minha memória é manchada, cheia de falhas. Em algum momento do interminável terceiro dia, Bruce pegou uma caneta e escreveu "Lucy" na etiqueta ainda em branco, reservada para o Nome do Bebê, que ficava no berço de plástico transparente.

Bruce e eu nos unimos furiosamente. Quando outras pessoas falavam sobre a bebê, era como ouvir um cover mal cantado: desafinado, deprimente, errado. Só Bruce e eu estávamos ao mesmo tempo esperançosos e sem esperanças. Compartilhávamos aquele conhecimento terrível, aquela certeza de que Lucy certamente sobreviveria e de que provavelmente morreria.

Para minha tristeza, tive alta do hospital. Ia precisar dormir do outro lado da cidade, longe da minha filha. Bruce e meus amigos haviam transformado o quarto num abrigo para mim: lindos lençóis na cama, flores, tudo novo e limpo.

Em casa, comecei a trabalhar em uma nova tarefa: bombear leite. No hospital, uma enfermeira havia aparecido como uma assombração para me dizer que eu precisava tirar leite a cada três horas, ou ele secaria. Foi o que fiz. Ganhei uma bombinha elétrica na maternidade e bombeava o leite religiosamente. Era a única coisa que eu podia fazer por Lucy e decidi que faria com perfeição. Se mamasse o meu leite, talvez ela sobrevivesse. Não queria arriscar.

Minha mãe me acompanhava enquanto eu tirava leite. Por ser uma mulher que se cuidava exageradamente, ela tinha um fascínio anormal pelas funções corporais. Era a única pessoa da casa que se sentia à vontade enquanto eu tirava leite do peito. Eu mesma sentia um certo nervoso. Ela conversava comigo enquanto o líquido fluía, depois levava os cilindros cheios para o freezer e garantia que chegassem ao hospital na hora em que a bebê poderia querer mamar. Ela vibrava quando eu produzia em grande quantidade, reparava na diminuição do colostro com o passar do tempo. Ao observar e comparar a produção dos meus dois seios, declarou: "O direito é o campeão!"

Domingo depois do nascimento. O oxímetro mostrava:

88
77
89
90
91
91
92
95
95
95

– Ela vai conseguir – disse uma enfermeira ruiva, que naquele momento se transformou na minha favorita.

Finalmente dei de mamar, sentada numa cadeira de balanço atrás de uma cortina na UTI neonatal. Naquela noite, assei biscoitos de chocolate para as enfermeiras da UTI.

Quando um bebê fica tanto tempo num hospital, como era o caso de Lucy, você não pode simplesmente levá-lo para casa. É preciso participar de uma reunião antes. Fomos para a reunião em uma sala sem janelas junto com um punhado de outros pais apavorados que se preparavam para levar seus bebês para casa depois da temporada na incubadora.

A enfermeira que conduzia o encontro falou um pouco sobre os cuidados com nossos bebezinhos esquisitos. Ao falar sobre amamentação, ela parou e lançou um olhar para mim e Bruce.

– São vocês que vão para casa com o tubo de oxigênio?

– Hein? Não. Acho que não – falei. Queria acabar com aquela conversa imediatamente.

A enfermeira olhou para uma prancheta e voltou-se para a gente.

– Sua filha não é a Lucy?

– É ela, sim.

– Vocês vão precisar ficar aqui depois da reunião. Tenho que explicar alguns detalhes.

Todos na sala cinzenta voltaram seus rostos tristes para olhar para nós, aqueles que iam voltar para casa com um tubo de oxigênio.

Minha mente flutuava. Ela ia precisar ficar o tempo todo com o tubo de oxigênio? Havia alguma coisa errada que não tinham nos contado? Os pulmões tinham ficado permanentemente prejudicados?

A enfermeira nos garantiu que seria só por algum tempo, só por segurança. O que era "algum tempo"? E segurança contra o quê?

Levamos Lucy para casa com a sensação de que a estávamos raptando. Ela trazia uma cânula presa no nariz. A cânula ficava ligada ao tubo de oxigênio, que a seguia como se fosse seu espírito protetor.

Nós achávamos a cânula adorável. Achávamos o tanque de oxigênio lindo. Estávamos em casa, felizes, apavorados e apaixonados.

Tínhamos recebido instruções rígidas: deveríamos mantê-la em quarentena por, pelo menos, cinco meses. Era temporada de gripe e ela não podia pegar um resfriado de forma alguma. Não podíamos levá-la a lugar algum.

No primeiro dia que ela passou em casa fazia um calor pouco habitual para dezembro. Mamãe veio nos visitar e a segurou no colo, ficou olhando enquanto eu dava banho numa banheirinha de plástico, primeiro removendo cuidadosamente a cânula do narizinho dela e depois recolocando quando Lucy já estava seca.

Mais tarde, meus amigos chegaram com comida, crianças e flores. Nossa velha casa encheu-se de sol. Abrimos a porta da frente e deixamos que os odores lá de fora entrassem. A lareira estava acesa, o brilho da chama se somava ao do sol, numa explosão de luzes.

Chick passou para ver como eu estava. Andou pela casa absorvendo toda a cena: a agitação dos amigos, as belas criancinhas, o fogo na lareira, a porta aberta. Ele me puxou para um canto e disse: "Não é exatamente isso que chamamos de quarentena." Eu tinha imaginado a quarentena como seis meses de festas em casa, mas não ia ser assim.

Os avós tinham permissão de aparecer, bem como um ou dois amigos, sem os filhos. Não podíamos sair com ela, a não ser para caminhadas. Ele mandou todo mundo embora e assim começou o nosso período de isolamento.

Quando levaram o tanque de oxigênio embora foi tão bom quanto o dia em que ela nasceu – ou até melhor.

Quando me deitava para dormir, colocava o cesto onde ela dormia no lado da cama que ficava mais distante da porta. Se algo ou alguém entrasse para levá-la (de novo), teria que passar por mim primeiro.

Quando as pessoas vinham vê-la, nós a segurávamos diante da janela da sala.

Nos momentos em que eu não suportava mais ficar dentro de casa, saíamos para longas caminhadas. Não havia muitos quarteirões desconhecidos para mim nos arredores, mas eu os encontrei e passeamos por lá durante horas. Emagreci. Ela engordou.

A quarentena terminou. Lentamente, comecei a me esquecer.

Jonathan chamou a atenção da turma. Sequei minhas lágrimas em silêncio.

Enquanto todos juntavam os joelhos, permaneci na posição. Pensei na quarentena de Lucy. Pensei no que aquilo havia ensinado a mim e a Bruce. Eu tinha sido treinada para fazer tudo da forma mais perfeita possível. Mais do que minhas amigas, eu tinha uma razão real para tentar seguir todas as regras. Achava que tinha feito uma espécie de acordo com a vida enquanto olhava o oxímetro, bombeava leite a cada três horas e passava todos os meus minutos no hospital. O acordo era o seguinte: vou fazer tudo com perfeição e evitar o desastre. Meu conceito de maternidade se desenvolveu a partir disso.

Aquilo tinha acontecido um ano antes. E agora eu tinha essa pessoazinha morando na minha casa, não mais um bebê. Não estava mais presa ao meu peito. E tinha um resfriado que me deixava confusa: deveria sentir medo? Quanto medo? Dia após dia, mantive os fantasmas do nascimento dela sob controle – eu não conseguiria seguir em frente de outro jeito. Mas só precisei de 10 minutos de silêncio, numa sala cheia de estranhos, para reviver tudo. Temia por minha filha quando ela espirrava. Quando ela fungava. Quando ela respirava. Ficava com tanto medo que às vezes eu mesma me esquecia de respirar.

Enquanto permaneci sentada naquela sala escura, lembrando-me de respirar, reconheci uma falta de sinceridade em relação à minha função de mãe. Eu era decidida e animada. Mas sentia medo o tempo todo. A forma como eu agia não tinha nada a ver com a forma como me sentia.

Está vendo só? É por isso que as pessoas não gostam de meditar. É por isso que em nossa cultura não nos sentamos em silêncio. Quem sabe o que se pode encontrar?

Eu tinha lido no *Bhagavad Gita*: "Pois a concentração é melhor do que a simples prática, e a meditação é melhor do que a concentração. Mas superior à meditação é a entrega por amor ao fruto da ação de alguém, pois a paz se segue."

Eu não conseguia me concentrar nem meditar e, com toda a certeza, não conseguia me entregar. Ao contrário, a vigilância constante era meu lema. Meu estado natural era o oposto da entrega. Os sutras ensinam que, na meditação, a percepção se prende a um objeto e a pessoa é absorvida e entra em uma espécie de fluxo. Mas, na verdade, eu não conseguia me entregar à concentração por causa da tristeza e do medo que me rondavam. Quando tudo ficou quieto, meus temores vieram à tona como um gigantesco peixe-boi. Era chocante pensar que essa fera estava o tempo todo ali à espreita, abaixo da superfície.

Lentamente, juntei os joelhos, com dor na virilha por me sentar tanto tempo com as pernas abertas.

– Namaste – falei para Jonathan, que sorriu para mim. Ele gostava quando as pessoas não seguiam as regras, eu já havia reparado.

Fui para casa e Bruce me encontrou na porta. Lucy estava sentada atrás dele, no chão da sala de estar.

– Oi! – disse ele. – Como foi?

– Foi esquisito. Fiquei obcecada com o nascimento de Lucy e chorei no meio do estúdio.

Ergui Lucy em meus braços.

– Ah. Você ainda pensa muito naquilo?

– Acho que sim. Ainda fico nervosa achando que alguém vai roubá-la de nós.

– Que maluco pensaria em roubar um bebê? Tem um pouco de espaguete no fogão, se você quiser.

Respirei fundo. Eu desaprovava sua forma pouco eficaz de manter o macarrão quente, que era colocar a massa cozida em um escorredor apoiado numa grande panela.

Havíamos começado a vida praticamente fundidos, unidos por um gigantesco pavor. Pensava que iríamos continuar daquele jeito, mas eu era a única que continuava apavorada.

Comi um pouco de espaguete, colocando-o no micro-ondas para aquecê-lo adequadamente. E depois voltei a vestir o manto da animação. Era fácil, porque Lucy usava pijamas com pezinhos lilases. Era difícil, porque eu me lembrava do meu medo.

Sentei-me na cadeira de balanço do seu quartinho e li para ela até a hora de dormir.

INVERSÃO SOBRE A CABEÇA

No dia de Ação de Graças, Bruce, Lucy e eu fomos para a casa da minha mãe, junto com um punhado de primos. Eu tinha tantos primos-irmãos que não dava para contá-los nos dedos das mãos. Precisaria usar os dedos dos pés também. Eles me cercavam com uma gigantesca rede de utilidades: um defensor público, um laçador de cães, um bombeiro, um instalador de pisos, um banqueiro e assim por diante. Se você precisasse de alguma coisa, um dos meus primos certamente poderia ajudar. Eles sempre me faziam rir. Pela minha experiência, a relação entre primos é a mais perfeita que existe. Assim como os irmãos, os primos vão estar sempre com você, sob todas as condições. Mas, ao contrário dos irmãos, os primos se adoram e sempre se perdoam, sob todas as condições.

Enfim, eu estava contando para meu primo Brad, o bombeiro, que tinha começado a fazer ioga. Com a franqueza de um parente próximo cheio de cerveja, ele disse:

– Ioga é só ginástica para gente sem coordenação.

– Você diz isso como se fosse uma coisa ruim.

Na realidade, ele havia tocado numa questão complicada. Eu ainda me perguntava o que vinha a ser ioga, exatamente. Seria apenas uma forma delicada de gente desajeitada como eu entrar em forma? Essas posturas, aperfeiçoadas ao longo de milhares de anos, eram um porto seguro. Eu não sabia o que era a ioga de fato, mas sabia que, para pessoas sem coordenação, era uma maravilha.

Pelo menos era o que eu pensava até Fran anunciar que faríamos a inversão sobre a cabeça. Fui tomada por um terror tão completo que uma espécie de véu da ignorância me cobriu. Como um zumbi, me movimentei pela sala, arrastando o tapetinho até a parede, preparando-me para fazer a postura como se estivesse me dirigindo para minha própria execução. Tinha certeza de que iria quebrar o pescoço.

Assim que os tapetinhos foram arrumados, Fran nos mostrou como apoiar os antebraços no chão, com os cotovelos na linha dos ombros, e unir as mãos. O ângulo criado com os antebraços tinha o objetivo de formar uma base. Em seguida, deveríamos elevar nossos traseiros como se fôssemos fazer o cachorro olhando para baixo e aproximar os pés das mãos. Depois, era só dar um impulso com as pernas.

Ainda envolvida pelo manto da insegurança, segui as instruções. A inversão sobre a cabeça não era uma postura como a do guerreiro, o triângulo ou o lótus, que faziam parte do mundo secreto dos estúdios de ioga. A inversão sobre a cabeça pertencia ao mundo, pertencia à escola primária, às garotinhas sem gordura na cintura que faziam acrobacias demoníacas na escada horizontal. O mais perto que cheguei desse brinquedo foi no gramado a alguns metros de distância, onde me sentava para escrever um poema ou ler um livro. Não gostava de ficar lá em cima. Preferia ficar aqui embaixo.

De qualquer maneira, eu ia experimentar. Ajoelhada no tapete, diante da parede, entrelacei as mãos e preparei os antebraços. Ergui o traseiro na posição do cachorro olhando para baixo e caminhei para frente, de modo que meu centro de gravidade ficou sobre os braços. Dei um coice. Minhas pernas pareciam pesar centenas de quilos cada uma. Voltei a chutar. Mas eu tinha um segredo: não queria que as pernas subissem.

– Claire... – Fran apareceu do meu lado, falando baixo. – Você consegue. Eu sei disso.

Era tão simples. Eu vinha esperando que ela me dissesse aquilo. Fran ficou ali, com as calças enroladas. Tinha o hábito de enrolar as calças quando ficava muito empolgada com o que estava acontecendo na aula. Sabe-se lá por quê. Sob os olhares da minha testemunha benevolente, voltei para a posição do cachorro olhando para baixo, aproximei os pés da parede e puxei a barriga para dentro para fortalecer minha coluna. Subi com facilidade para a postura.

– Mantenha a barriga para dentro – disse Fran, numa voz alegre. – Suba os pés. Não deixe que os quadris desabem. Relaxe o pescoço. Respire.

Fiz o que ela mandava e senti minhas pernas subindo até o céu, para um lugar onde nunca haviam estado antes.

Pode ser que meu primo tenha razão. Talvez a ioga seja um lugar seguro como o útero, onde os desengonçados do passado têm a chance de reaprender as lições da aula de educação física. Mas lá estava eu, uma pessoa diferente, uma pessoa que conseguia fazer a inversão sobre a cabeça. Parecia uma mudança significativa para mim. Não uma mudança enorme como casar ou ter um filho, mas talvez tão grande quanto ver meu nome numa página impressa pela primeira vez. Em um único momento, com o movimento de uma perna pesada. Diferente.

Vivíamos em um estranho estado de isolamento ocupado. Tínhamos incorporado a rotina comum das famílias americanas – o retiro entre quatro paredes, a falta de politização, o afastamento da vida urbana. Ficávamos em casa, cuidando do bebê e escrevendo.

Nossas famílias apareciam constantemente. Não havia um dia na semana em que um avô não passasse pela porta ou que nós não aparecêssemos em suas casas. De vez em quando tínhamos um dia de folga, mas o telefone não parava de tocar. Nossa vida era bem pública, pois outras pessoas estavam por perto o tempo todo, nos observando. Julgando? Talvez. Mas, ao mesmo tempo, era totalmente privada. Éramos criaturas domésticas: vivíamos no escritório do quintal e na cozinha.

Naquela semana, tivemos um dia típico em casa. Meu pai chegaria por volta de meio-dia. Eu gostava de preparar uma refeição para ele uma vez por semana.

Enquanto Lucy cochilava, eu tentava trabalhar um pouco e preparar o almoço de papai. O sono dela era leve, por isso eu abria e fechava suavemente as portas da geladeira e dos armários. Separei alguns peitos de frango para assar. Finalmente, me acomodei na mesa da cozinha com uma xícara de café e o livro que deveria resenhar para dali a dois dias. Senti vontade de ouvir um pouco de música, mas não ousaria ligar o som. Eu tinha uma hora. Estava na página 13 quando tocou a campainha. Corri pela casa e vi minha mãe lá fora. Abri a porta.

– Lucy está dormindo – sussurrei energicamente, sem sequer cumprimentá-la.

– Ops! Só queria entregar este envelope a você. Parecia importante. – Minha mãe ocasionalmente recebia cartas em meu nome, no seu endereço. – Você tem tempo para um café?

Olhei para a correspondência na sua mão. Era gentil da parte dela vir entregá-la.

– Claro. Papai vai chegar para o almoço daqui a uma hora.

Servi uma xícara de café para ela e nos sentamos na mesa da cozinha. Ela pegou meu livro.

– O que você está lendo?

– É para uma resenha.

– Ah. Seu jardim está ótimo. Já pensou em mudar a posição daquela malva? Parece estar tomando conta do jardim.

Ela estava louca? Eu estava tentando trabalhar e tinha uma filha de um ano. Não ia mudar a posição de planta alguma.

– Não vou mexer na malva.

– Bem, talvez você só precise podar. E o que acha de plantar mais uns pés de alecrim no canteiro da frente?

Fiquei pensando naquela injustiça. Ela achava que eu tinha tempo para essas coisas. Achava que tinha dinheiro para isso. Achava que, pelo fato de ela se importar com as plantas, eu deveria me importar também.

Falamos do jardim durante algum tempo e fofocamos sobre alguns primos. Obviamente, ela estava ali esperando que Lucy acordasse. Quando aconteceu, minha mãe partiu como um raio para retirá-la do berço.

Ela estava dando mamadeira para a neta na mesa da cozinha quando Bruce entrou para tomar café.

– Oi, Bruce – disse mamãe, com a voz que ela empregava para lidar com pessoas complicadas.

– Oi, Donna – disse Bruce, sem olhar para ela.

– Como vai o trabalho? – perguntou minha mãe.

– Vai bem, muito bem – respondeu ele, olhando a porta. Gesticulando com o polegar, ele indicou sua intenção de voltar para o escritório. – Preciso ir agora.

Mamãe fechou a cara, se perguntando: Por que ele não conversa comigo? Bruce dirigiu-se para a porta dos fundos respondendo silenciosamente: As pessoas esperam que eu seja simpático enquanto estou trabalhando! Tentando ganhar dinheiro! Não tenho tempo para isso.

Meus olhos viajavam nervosamente de um para o outro.

Minha mãe brincava com Lucy na sala de estar na hora em que papai chegou. Ela me devolveu a bebê e os dois foram conversar sobre uma reunião que teriam com alguém do mercado financeiro. Eles sempre conversavam sobre essas coisas.

Relutantemente, minha mãe foi embora. Coloquei Lucy na cadeira dela e meu pai e eu nos sentamos para almoçar. Ele estava perdendo a audição e, como costuma acontecer com os semissurdos, nossa conversa logo se transformou em um monólogo dele. Era mais simples assim. Ele me falou da sua última pescaria e das novidades da FIFA. Conversamos sobre o trabalho do meu irmão e um pouco sobre uma matéria que eu havia escrito recentemente. Meu pai exigia alguma atenção. Queria falar. Minha filha também exigia alguma atenção. Finalmente, pus os dois sentados no chão com alguns blocos de montar e fui cuidar da louça do almoço.

Meu pai foi embora pouco depois, levando consigo o resto da minha energia. Tentei fazer Lucy dormir, mas desisti e li para ela *Bibs and Boots*, que serei capaz de recitar até o dia da minha morte.

Enquanto líamos, o pai de Bruce chegou de caminhão. Ele havia pedido demissão do emprego poucos anos antes e começado um negócio de venda de doces em estádios de beisebol. Tinha trabalhado em um jogo e trazia uma caixa de balas para Lucy. Fiquei imediatamente aborrecida – que tipo de pessoa pensa em dar balas para uma criança de um ano?

Bruce entrou para pegar mais café e encontrou o pai na cozinha. Lancei um olhar furioso para ele. É o seu pai! Fale com ele! Não vou cuidar dele! Bruce me lançou um olhar furioso de volta: Estou no meio de um dia de trabalho! O problema não é meu! Preciso TRABALHAR! Hipoteca! Hipoteca!

Tagarelei um pouco com meu sogro – um homem muito bom – até que chegou a hora de preparar o jantar.

– Quer ficar para comer conosco? – perguntei.

– Não, não, obrigado. Mary está me esperando.

Ele deu um beijo em Lucy e, assim que saiu, o telefone tocou. Era Mary, a mãe de Bruce. Tinha comprado livros novos para a bebê – será que poderia passar para deixá-los amanhã? Claro, respondi, enquanto a encaixava, mentalmente, entre a creche, pela manhã, e a babá, à tarde. Seria bom ter alguns minutos de paz sozinha com Lucy, mas Mary não estava pedindo mundos e fundos, apenas alguns minutinhos com a neta.

Isso deveria ser bom – todos aqueles avós amorosos nos visitando. Parece idílico quando se conta deste jeito. Mas imagine isso acontecendo todos os dias. Todo santo dia. E acrescente os aniversários dos primos, o dia das mães para todas as mães da família e algumas caçadas ao ovo de Páscoa, e dois jantares de Ação de Graças, além de um jantar especial no dia de Saint Patrick, e a situação se transforma em um problema.

No dia seguinte, eu finalmente consegui trabalhar na resenha do livro.

Estava no escritório, tomando café, lendo meus e-mails e tentando me acomodar para escrever quando recebi uma ligação de Isabel.

Ela ligou para confirmar se eu sabia da abertura da sua exposição na quinta. Ia fazer uma individual.

– Claro que vou estar lá. Vamos todos. Lucy vai usar um vestido novo.

– Um vestido novo. É disso que estou precisando! Talvez possa pegar o dela emprestado. Bem, e você vai à cidade participar da manifestação contra a OMC hoje à tarde? Minha mãe vai e estou pensando em ir com ela.

Eu tinha ouvido falar disso no rádio. Não conseguia lembrar exatamente o que era a OMC ou por que eu deveria me opor a ela. No mês anterior, enquanto estava na banheira, eu havia lido um artigo inteiro do *New Yorker* sobre o assunto, mas a informação havia descido pelo ralo com a água do banho. Não deixe que ninguém diga que você vai ser a mesma mulher, com o mesmo cérebro, depois de ter um filho.

– Ah, sim, ouvi falar. Eu deveria ir. Sua mãe é tão esquerdista.

– Você deveria mesmo ir. Louisa – ela sempre chamava a mãe esquerdista pelo nome – diz que você deveria. – A mãe de Isabel era uma bibliotecária aposentada que havia desenvolvido um interesse um tanto obsessivo por mim desde que eu comecei a fazer resenhas de livros.

– Tenho um prazo a cumprir e a babá precisa ir embora.

– Então leve aquela menina gorduchinha com você. Ponha ela no carrinho – disse Isabel com o rude pragmatismo dos sem-filho. (Esse pragmatismo costuma estar certo. A gente deveria prestar mais atenção nele.)

– Talvez. Mas acho que não.

– Você vai se arrepender.

E me arrependi. Naquela noite, Bruce e eu nos sentamos na sala de televisão, que nunca chamávamos de sala de televisão, e assistimos às imagens da manifestação contra a OMC. Havia gente sendo jogada contra a parede, sendo presa. Era difícil entender exatamente o que haviam feito de errado. Seria porque estavam vestidos como tartarugas marinhas? Parecia que alguém tinha quebrado as vitrines da Gap e da Nike. Eu tinha de admitir que sentia certa simpatia pelos manifestantes, mesmo depois que o câmera deu um zoom presunçoso em um deles e mostrou que o arruaceiro hipócrita usava um tênis Nike. O que só me parecia provar seu ponto de vista.

Mas não tive a oportunidade de dividir minha opinião com ninguém, a não ser com Bruce. Estava em casa. Não estava fazendo baderna, nem assistindo, nem escrevendo. Eu assistia da mesma forma que outra pessoa faria em qualquer cidade do planeta, como se os manifestantes estivessem do outro lado do mundo. Mas estava acontecendo a apenas alguns quarteirões da minha casa, em ruas que eu conhecia de cor. E nós, dois jornalistas, não estávamos escrevendo sobre o assunto para o jornal local, não estávamos vivendo a situação, estávamos apenas assistindo a tudo pela TV.

Na manhã seguinte, por volta das 11h, Lucy almoçava: torrada, framboesas e frango. Eu lia *The New York Times* – era quarta-feira, dia de gastronomia – e olhava enquanto ela atirava as framboesas por toda parte. Bruce estava no escritório, trabalhando no artigo interminável sobre represas. Lisa apareceu na porta, magra e absurdamente bonita, o cabelo louro afastado do rosto. O *sling* em volta do pescoço segurava seu quarto filho. O bebê era uma gracinha, com um cabeção redondo e olhos verdes reluzentes. Os filhos mais velhos estavam na escola.

– Meu Deus, por que você sempre tranca a porta da frente? – perguntou, abrindo a porta dos fundos com um chute e entrando na minha pequena cozinha, onde ela mal parecia caber.

– Bruce fica nervoso quando a porta fica destrancada – disse.

– Nunca trancamos a nossa. Oi, Lucy. – Ela pegou um pedaço da torrada de Lucy e a comeu. Sam, o bebê, tentou alcançar a torrada, mas ela a afastou. – Você quer comer? Quer? Bem, vamos nos sentar. – Ela suspirou, sentou-se na minha frente, colocou o seio para fora da blusa e puxou a cabeça engraçada de Sam até ele. Tudo ficou em ordem quando Sam começou a mamar. O mundo simplesmente parou por alguns minutos.

Lisa olhou pela janela, mas não havia nada para se ver além das janelas da casa ao lado. Todo grupo de amigos tem uma Lisa, aquela que se casa primeiro, engravida primeiro e abre o caminho do cuidado com os filhos e da vida adulta. É uma tarefa estranha – as Lisas se tornam alternadamente deusas e monstras. Admirávamos Lisa, seu marido, Steve, e sua incrível sequência de filhos. Estávamos apaixonados pelas crianças. Eram todos lindos, com bracinhos e pernas firmes e rechonchudos e aqueles enormes olhos claros.

Ao mesmo tempo, a pessoa que vai na frente precisa aprender sozinha a fazer tudo. Tem que cometer todos os erros. Precisa aprender palavras horríveis como "ocitocina" e "mastite" e esperar anos até que esteja na hora de ensiná-las às amigas.

Esse papel caía muito bem nela. Lisa era a mais velha entre seus irmãos, e – com sua segurança, as declarações sinceras e o talento reprodutivo – havia se tornado uma irmã mais velha para o restante de nós.

Tirei Lucy da cadeira e comecei a limpar os vestígios de manteiga e framboesa. Não demorei muito limpando a cozinha. Era bem pequena. Lisa estava me contando sobre a discussão que tivera com a irmã, que estava prestes a se casar. Ela fez uma pausa no meio da história e suspirou enquanto me observava cuidar da limpeza.

– Meu Deus, esta casa tem tanta cara de casa de filho único!

Olhei aborrecida para ela, sem gostar da sugestão de que eu só conseguia manter a cozinha limpa por ter apenas uma filha. Palavras não ditas, perturbadoras, fluíam entre nós o tempo todo, como acontecia entre mim e todas as outras mães, para falar a verdade.

Eu fazia julgamentos sobre Lisa e sobre qualquer mãe que estivesse perto de mim. Os vizinhos do lado colocavam as crianças para dormir cedo demais. As pessoas a algumas casas de distância, tarde demais. A amiga que morava perto do lago Green se preocupava excessivamente com comida orgânica para o bebê. A amiga de Queen Anne Hill não se preocupava o suficiente. A amiga A vestia o bebê com roupas de grife, o que era ridículo. A amiga B deixava as crianças de qualquer jeito. Sentia que deveria existir um meio-termo saudável para os cuidados com os filhos e achava que eu era exatamente esse meio-termo. Qualquer coisa que outra pessoa fizesse e que eu não fazia me parecia exagerado ou absurdo. Minhas opiniões radicais sobre a educação das crianças eram uma espécie de carapaça bem elaborada e maluca que me protegia das minhas próprias inseguranças.

Bruce chamava aquilo de "desprezo pelas ligeiramente diferentes". Eu desprezava ou invejava aquelas que eram melhores do que eu. As mães que eram parecidas comigo, eu as odiava! Elas me enfureciam.

Bruce parecia não levar muito a sério meus esforços de mãe. Na realidade, ele não estava cumprindo o programa tão bem quanto eu desejava. Nem sempre comprava leite orgânico. Tinha vetado as fraldas de pano. E nem pensar em dividir a cama com o bebê. Para mim, essas eram posições políticas, morais e éticas. Para ele, eram atitudes inconvenientes.

A ideologia, para mim, sempre foi desligada da vida real. Os movimentos políticos e ativistas da minha juventude sempre foram um tanto abstratos na minha cabeça: apoiar os guerrilheiros da Nicarágua, acampamentos montados nos gramados da universidade para pressionar o governo a suspender os investimentos na África do Sul durante o Apartheid. Porém, por mais que essas questões fossem pertinentes, eu não tinha imaginação política (ou compaixão) suficiente para ligá-las aos meus próprios movimentos. Não afetavam o que eu comia, onde eu dormia, o que eu fazia o dia inteiro. Aqui está o que aprendi: a política é assunto para se falar. A política pode afetar a vida de pessoas que moram do outro lado do planeta, mas nunca, jamais, afeta você.

Até que você tem um filho. Aí, de repente, as ideias se transformam em ação. O plano pessoal se torna implacavelmente político, independentemente da sua vontade. Começa na gravidez. Você vai ao KFC ou come trigo búlgaro? Passa então pelo parto: você prefere parto normal ou vai marcar uma cesariana? Parto em casa ou no hospital? Circuncisão ou não? Amamentação ou mamadeira? Vai continuar trabalhando ou vai ficar em casa? Deixar o bebê "chorar à vontade" ou dormir na sua cama? Carrinho ou *sling*? Ver ou não ver TV?

A vida normal poucas vezes nos apresenta dicotomias, principalmente tão carregadas de implicações filosóficas. As escolhas podem ser avassaladoras. Um enorme número de pais que eu conheço confiava em uma única abordagem que resolvia todos os problemas e respondia a todas as perguntas referentes à educação dos filhos: a criação por apego. Existiam muitas ideias sobre como cuidar dos filhos, mas você não saberia disso se vivesse aqui.

A criação por apego – nome usado para o tipo de cuidados que envolvia dormir na mesma cama, amamentar a qualquer hora e carregar o bebê grudado no corpo – tinha arrebatado as mães e os pais do norte de Seattle. Mães exaustas, com cabelos oleosos e calçando tamancos tropeçavam com seus bebês grudados no peito, angustiadas por estarem prestes a tomar mais uma xícara de café – quanta cafeína vai parar no leite, afinal? Nenhuma delas dormia uma noite inteira havia anos. Esbarravam nas coisas. Fico surpresa por terem permissão para dirigir e, ao dirigir, não baterem umas nas outras o tempo todo. Era realmente uma crise.

A criação por apego era um lembrete constante de que as outras mães eram melhores. Por mais exaurida que eu estivesse, outras mães sempre estavam mais exaustas do que eu. Embora eu não praticasse a criação por apego, aquilo tinha um grande poder sobre mim. A ideia pairava como uma nuvem sobre a minha maneira de lidar com Lucy.

Até o nome era uma provocação. Significava que o restante de nós não se importava se as crianças iriam ou não desenvolver vínculos com a gente. (Na faculdade, um namorado meu se rebelou contra um grupo que se autodenominava Alunos Contra o Estupro. "Claramente, dá a entender que os outros são a favor!", dizia.) E por esse motivo eu odiava as mães do apego e suspeitava que elas me julgassem por isso.

A relação de Lisa com essa filosofia era uma das características que a definiam. Era uma mãe do apego por excelência. Só se salvava por não ter papas na língua. Sua franqueza era um refresco. Ela não me repreendia silenciosamente quando eu colocava Lucy no berço nem me olhou com desaprovação quando passei a dar mamadeira – não, ela dizia o que pensava: "Você está maluca? O bebê precisa dormir com os pais." "Bem, você sabe, eu nunca desmamaria um filho antes que ele completasse um ano, e, na verdade, acho que devem ser amamentados até os dois anos." E assim por diante.

O bebê de Lisa, entediado de ficar no colo da mãe, começou a chorar de um modo absolutamente estridente.

– Seu bobo – disse Lisa para o filho. – Seu bobinho bobão. – Ela se levantou e começou a mover o bebê suavemente por seu corpo, como um jogador de basquete que faz truques com a bola. Com seus membros longos de bailarina, Lisa parecia ter mais lugares para colocar um neném do que as outras pessoas. Tinha várias posições secretas: de cabeça para baixo para dar tapinhas, de costas para fazer carinho, ousadas suspensões sobre o ombro que podiam fazer qualquer bebê arrotar em segundos.

– Você ouviu falar que os tumultos ainda estão acontecendo? – perguntei.

– Que tumultos?

– Aquele negócio com a OMC.

– Ah, acho que ouvi alguma coisa no rádio hoje de manhã, quando estava levando as crianças para a escola.

– Você não tinha vontade de estar lá? Assim, para ver o que está acontecendo?

– Preciso pegar Sarah na pré-escola – limitou-se a responder.

– É. Acho que também não vou. Você pretende ir à abertura da exposição da Isabel, amanhã à noite?

– Não sei. Talvez, se for sozinha. Não quero levar as crianças até o centro, dá muito trabalho.

– Nós vamos, com certeza. Lucy tem um novo vestido listrado que é bem artístico.

– Lucy é ridícula – disse Lisa, beijando o alto dos cachinhos louros de Lucy. – A garotinha mais ridiculamente perfeita que conheço.

Bem, era verdade.

– Ei, quer ver uma coisa legal? – perguntei. Nervosamente, me abaixei. Juntei as mãos perto da parede e separei os cotovelos apoiados no chão. Com um nó no estômago, ergui o traseiro na posição do cachorro olhando para baixo. Levei meus pés para a frente e cheguei ao momento crucial. Dei um coice e desabei. Dei outro impulso e fiquei espantada ao ver que me equilibrava no alto. Mantive a inversão sobre a cabeça enquanto Lisa aplaudia.

Desci e recebi um olhar de aprovação.

– Deixa eu tentar.

Ela me entregou o bebê e, sem hesitar, apoiou os antebraços no chão, prendeu as mãos e deu um coice contra a parede.

– Uau! – disse ela. – É divertido.

O centro da cidade estava interditado – quem diria que podiam fazer uma coisa dessas? O prefeito havia ordenado que o centro fosse isolado. Na TV, ele mandou que os cidadãos ficassem longe.

Dirigimos nervosos por Bell Street, com a bebê no banco de trás do Volvo, e estacionamos do outro lado dos frágeis cordões amarelos de isolamento policial. Parecia maluquice passar com Lucy por ali, mas parecia uma maluquice maior ainda fechar o centro da cidade e perder o evento importante de uma amiga por causa de fitas plásticas amarelas.

Era início da noite, mas já estava bem escuro, do jeito que Seattle costuma ser em novembro. Nessa época do ano, a cidade reafirmava sua urbanidade. No verão, as esplêndidas paisagens e a beleza onipresente das árvores faziam as pessoas pensarem que se tratava de um lugar selvagem, ou pelo menos um tanto rural. Você podia se sentar sob uma árvore e esquecer que morava numa cidade. No inverno, você se lembrava. Seattle ficava ali na escuridão, prensada entre montanhas e água salgada, mas sem manter nenhuma relação com as duas. A cidade se transformava em uma série de estacionamentos gelados e mal iluminados.

Isso significa que não haveria a mínima graça no inverno de Seattle se não fosse pelo glamour. O inverno era a temporada das livrarias, dos shows de rock, dos filmes de arte, dos sobretudos de lã e das tardes chuvosas passadas nos fundos do Hattie's Hat, jogando baralho. Não dava para fazer nenhuma dessas coisas com um bebê, exceto, talvez, usar um sobretudo, mas sobretudos exigem lavagem a seco quando alguém baba nele, por isso é melhor esquecer.

Todo esse glamour acontecia à nossa volta, mas havíamos nos esquecido dele porque nunca saíamos de casa. Tiramos Lucy do banco traseiro do carro e a colocamos no carrinho, passamos pela fita amarela e entramos na noite escura e deserta do centro.

As paredes envidraçadas da galeria revelavam o charme urbano de inverno que havíamos esquecido. O salão estava cheio de gente com bochechas coradas, fazendo o máximo para criar um clima. Havia vestidos, botas de cano alto, ternos engraçados de risca de giz. Havia penteados elaborados e batom. Eram pessoas que estavam por aí, pelo mundo, e que combinavam perfeitamente com a ocasião.

Tirei Lucy do carrinho, segurei-a contra meu peito e entrei no salão. Rostos felizes me cumprimentavam enquanto eu rodava pelo aposento, olhando as obras.

Isabel havia produzido pinturas graciosas durante muitos anos, mas, subitamente, teve uma explosão minimalista, se é que isso é possível. Sua obra era austera, quase assustadora. Fazia linhas e mais linhas com lápis, tinta, elásticos e pedaços de fita adesiva. Essas linhas davam voltas e se cruzavam, parecendo mapas da paisagem do seu cérebro. Havia algo de alarmantemente nu naquelas peças. Eu não conseguia acreditar que ela estava expondo aquilo. Ao mesmo tempo, tinha inveja da forma como havia tornado público seu mundo particular.

Isabel me abraçou e abraçou Bruce, e o marido dela, o *punk rocker* alto e bonitão, abriu um sorriso iluminado. Saí pelo salão beijando as pessoas e sorrindo. Era ótimo estar fora de casa.

Encontrei a mãe de Isabel, a esquerdista.

– Oi, Louisa!

– Oi, Claire! – disse ela. Era uma mulher minúscula, com jeito de passarinho, olhos reluzentes e cabelos grisalhos esvoaçantes. Parecia uma bibliotecária de livro infantil: bondosa, mas rígida. – Puxa, sentimos sua falta na manifestação de quarta-feira. Foi um acontecimento e tanto. E como vai a pequena Lucy?

– Ela está ótima. – Olhei para Lucy. Seu rosto estava sobre o meu, como uma luazinha. Estava completamente segura, ali nos meus braços. O pai vagava silenciosamente, uma das poucas pessoas a admirar as obras de arte.

– Como foi lá na OMC? Presumo que você não tenha sido presa.

– Ah, foi bom ver as pessoas ali. Fez com que eu me sentisse melhor em relação ao mundo, aos jovens, sabe? Mas é claro que fui embora antes que a polícia chegasse. Entrei no ônibus e saí.

Tinha sido ridículo da minha parte pensar que seríamos recebidos no centro por jovens de uniforme ou tropas de choque. Louisa era mais corajosa que eu. Um pensamento estranho.

Olhei para Louisa, com seu lindo cabelo prateado. Pensei em Lisa, em casa, com o bebê no peito. E me senti estranhamente dividida entre as duas.

Tinha me parecido normal e correto me afastar da vida urbana e passar todo o tempo pensando em horários de alimentação e de sono e em babás. Meu mundo havia se reduzido aos poucos cômodos da minha casa e era dessa forma que deveria permanecer. Para mim, era certo gastar a energia pensando no lar, no jardim, na filha e no marido. Ou não era? Ao ver Louisa com os olhos tão cheios de vida, comecei a me questionar.

Fiquei ali ouvindo enquanto ela falava sobre a manifestação. Coloquei Lucy no chão e ela brincou com o cadarço dos meus sapatos e choramingou um pouco. Bruce se aproximou, se apoiou em mim e também ouviu Louisa contar sobre a caminhada por Pine Street, sobre ter visto os garotos tirarem a roupa, subirem nas paredes da Gap e escalarem os postes. Também nos contou que percebeu que a situação poderia ficar perigosa e tomou o ônibus para casa, sentindo que estava perdendo alguma coisa. E terminou dizendo que viu as prisões na TV, naquela noite, acometida pela culpa e pelo alívio.

Depois, fui para casa e me esqueci de tudo.

Lisa agora também se aventurava a sair de casa. Depois de fazer uma vez a inversão sobre a cabeça, ela foi procurar na academia uma turma de ioga. Voltou empolgada da primeira aula.

– Você não me contou como era divertido. É tão legal! Venha comigo! Tenho o melhor professor do mundo.

Era a cara da Lisa ter o melhor professor do mundo na sua academia vagabunda.

Fui com ela, me sentindo um tanto esnobe enquanto atravessávamos a floresta de equipamentos de musculação segurando nossos tapetinhos. Fomos para uma sala com janelas e uma porta de vidro. Fiquei com medo de que tipos atléticos e desdenhosos ficassem olhando nossa aula. Mas não apareceu ninguém assim. Fazer ioga na academia fez com que eu me sentisse afetada, como a menina inteligente que sempre levanta a mão na aula de estudos sociais. Como se eu fizesse parte da Pastoral da Igreja, enquanto o resto das pessoas se preparava para enfiar o pé na jaca.

A outra coisa que reparei na academia foi o olhar de desdém no rosto dos outros alunos. Seus olhares diziam o seguinte: ouvi falar de ioga. Estou experimentando. É uma maluquice. Muita surpresa e ironia verbalizada do tipo "Ah, tá, como se eu fosse capaz de fazer uma coisa dessas." É claro que chegavam pessoas novas no estúdio de ioga o tempo todo, mas elas não pareciam aborrecidas. Ficavam nervosas, constrangidas e empolgadas.

Lisa e alguns outros se mostravam animados por estarem ali. Eu não sabia que ela era capaz de tanta concentração. A professora era boa – delicada, detalhista e articulada. Lisa a olhava sem pestanejar.

Depois disso, Lisa parecia estar o tempo todo na ioga. "Na ioga." Uma curiosa locução. A ioga havia se transformado em um lugar para se ir, um destino. As crianças ficavam com Steve, com uma babá adolescente ou comigo, e Lisa fugia. Tinha encontrado um lugar para ir, ao qual não conseguia resistir.

Para mim, a ioga era uma tentativa de consertar algo que havia de errado comigo. Essa angústia que eu não compreendia, que parecia surgir do nada. Para Lisa, era uma fuga, uma forma de sair de casa e de estar no mundo. Lisa, com sua competência e seus filhos e sua coleção de livros de culinária, não era uma mãe quando estava na ioga. Era algo mais. Achou a experiência – de ser um corpo no espaço, de ser um personagem no drama de uma aula, de se tornar um iogue, palavra que usava livremente – irresistível. Como estar em casa poderia se comparar com estar na ioga?

POSTURA DA CRIANÇA 2

Em 1973, nossa vida subitamente se transformou numa série de travessias de balsa pelo estreito de Puget. As balsas deslizavam para cima e para baixo, para leste e para oeste. As imensas formas brancas e alongadas tinham uma estranha e encantadora falta de graça por fora, como se uma criança as tivesse feito com uma caixa de sapatos e colocado na água para flutuar. Por dentro, pareciam entediantes como os refeitórios de escola. Nada jamais acontecia ali. Era um lugar eterno, calmo e monótono. Lá fora, as condições climáticas podiam estar agitadas, com a empolgação dos ventos e os voos circulares das gaivotas, soltando gritos roucos e desesperados. Nuvens de tempestade podiam estar se reunindo diante dos prédios comerciais do centro da cidade. A balsa saía naquela confusão de ondas agitadas e espuma e você, na cabine, não sentia exatamente... nada. As raras ondas, que pareciam surgir a cada cinco anos, só eram capazes de fazer o iogurte deslizar sobre a mesa.

Quando o verão acabou, minha mãe decidiu que ela, meu irmão e eu ficaríamos em Bainbridge Island.

– Está tudo bem – mamãe nos disse. – Seu pai e eu nos separamos, mas não estamos divorciados. Continuamos sendo uma família. Só não vivemos mais juntos.

Mudamo-nos para uma casa cinzenta na cinzenta Manitou Beach. Não me lembro de ter visto o sol sair por lá. Minha mãe tentou tornar a casa aconchegante. Assávamos sementes de abóbora e nos sentávamos perto da janela da cozinha cinzenta, jogávamos cartas e olhávamos a baía cinzenta. Era possível ouvir o som de Seattle ao longe, e eu sabia que era ali o meu verdadeiro lar.

A Sra. Roberts, minha professora da primeira série, tinha cara de esquilo e usava os cabelos negros num corte moderninho, parecendo um capacete. Ela me deu – só para mim – carta branca na biblioteca, o que me fez pensar que as bibliotecas eram um privilégio e que eu era a única a merecê-lo.

Não estou exagerando quando digo que o momento de maior orgulho na minha infância foi quando a Sra. Roberts me escreveu um bilhete dizendo que eu era "animada".

Eu não entendia muito bem o que minha mãe queria dizer quando falava que ela e meu pai estavam separados, mas não divorciados. Eu não sabia o que significava ser uma família mas morar em casas diferentes. Não compreendia nada disso. Mas sabia de uma coisa: eu era animada. Talvez a Sra. Roberts não tivesse a mínima ideia de tudo isso. Ou talvez me enxergasse apenas como uma pobre criança vítima do divórcio. Nunca vou saber.

Quando a Sra. Roberts escreveu aquele bilhete, eu tinha 6 anos. Morava com meu irmão e minha mãe e não sabia onde meu pai estava. Precisávamos passar pelo asilo de idosos para chegar à escola. Os velhos, em sua maioria com uma aparência insana, vagavam pelo gramado de roupão. Tínhamos lugares marcados no ônibus. O meu ficava atrás de uma garota que nunca lavava o cabelo e o cheiro era tão azedo quanto meu estado de espírito.

Bridget, minha melhor amiga, foi passar uma noite lá em casa e decidimos tomar banho juntas. Enquanto a banheira se enchia com água morna, Bridget ficou sentada ali espalhando água e tagarelando. Tirei a roupa e fiquei em pé dentro da banheira. Comecei a fazer xixi.

Bridget berrou:

– *Clairesie*! – Esse era meu apelido, que eu odiava. – Isso é nojento! – Minha mãe entrou correndo. Não haveria nojeira enquanto ela estivesse por perto.

– Claire, pare com isso agora.

Fiquei ali e continuei a fazer xixi sem parar, um jato amarelo, seu calor descendo pelas minhas pernas. Parecia ótimo.

– Pare com isso!

Todo mundo estava furioso comigo, mas eu não estava morrendo de amores por ninguém.

Nos fins de semana, pegávamos a balsa até Seattle para ver meu pai. Minha mãe nos soltava no terminal de Bainbridge Island. Viajávamos sozinhos. Meu pai nos recebia do outro lado. Eles continuavam a dizer que permaneciam casados.

Minha mãe pôs a mesa perto da lareira para meu irmão e eu.

– Vamos jantar perto da lareira – disse, animada. – Vai ser divertido. Uma mudança de cenário vai nos fazer bem.

Espere aí, mas já não estávamos vivendo uma mudança de cenário?

Mamãe caminhou pela sala de estar, apagando quase todas as luzes. O fogo estava aceso e o jantar, bem-arrumado na mesa de centro. Sentamos no chão para comer. No chão! Para minha mãe, aquilo era algo radical.

Perto de nossos pratos havia um pirex com tomate cozido. Pelo menos, foi o que minha mãe disse. Parecia sangue coagulado.

– Só uma garfada – insistiu ela.

– Não.

– Uma bem pequenininha.

Peguei com o garfo um pedaço úmido e fibroso do suposto tomate, coloquei-o desajeitadamente nos lábios e vomitei em cima da lareira. Meu irmão também vomitou, como uma pessoa que responde a uma pergunta sem parar para pensar no assunto. Por um momento, aquilo virou uma cena de filme de terror: uma sala escura, fogo vermelho, vômito.

Quando terminamos de vomitar, nos sentimos ótimos! Escovamos os dentes no banheirinho apertado, nos abraçamos e gargalhamos enquanto mamãe limpava a lareira, lavava os pratos e colocava pão, manteiga e leite para nós na mesa da cozinha, como se fôssemos gatinhos. As ondas batiam no cais, um som cinzento na noite.

Essa história assumiu diferentes versões nas minhas lembranças. Por muito tempo, achei apenas que era engraçada. Botamos tudo para fora. Depois, se tornou uma história sobre como meu irmão e eu usamos nossos corpos para falar a verdade sobre nossos sentimentos, que poderiam ser descritos como angústia. Eu vomitara havia pouco tempo no carro de Larry e agora soltava tudo novamente. Eu precisava pôr algo para fora, de um jeito ou de outro. Não tínhamos permissão para falar sobre o divórcio de nossos pais, pois eles insistiam que tal coisa não estava acontecendo. Assim, escolhemos outra forma de manifestar o que sentíamos.

Mas há outra história também: minha mãe acendendo a lareira, arrumando a mesa, fazendo o jantar, apagando as luzes, convidando as crianças para a sala de estar para uma noite especial, para uma novidade. Quando penso nessa versão da história, mamãe na casa cinzenta de Manitou Beach tentando criar algo novo, agradável e divertido, sinto meu coração se partir um pouquinho.

Sentamos a uma mesa comprida, presa ao chão com parafusos, como todas as outras da balsa. O barco avançava com rapidez, silencioso e gigantesco como sempre. Dave montou um jogo de futebol: em cada extremidade da mesa colocou dois potes cilíndricos de creme, separados a uma distância de 15 centímetros. Eram as balizas. Então lançávamos outro recipiente para a frente e para trás na mesa, tentando fazer gols. Estávamos entediados, o tempo não passava e as condições climáticas eram ignoradas.

Minha mãe lia, fumava, tagarelava conosco ou se espantava diante da engenhosidade de meu irmão. Estávamos voltando para casa. A experiência em Manitou Beach tinha fracassado.

Ao voltarmos, Bridget e Marie haviam se mudado. Todos pareciam estar nos lugares errados. Apesar de estarmos de volta, nada mais era igual.

Espantosamente, meu pai se mudou para a casa de Manitou Beach, e depois mais para o oeste, Lemolo Bay, para uma casinha que ficava sob uma linda árvore, ao lado de uma praia mansinha. A lembrança dos meses que vivi em Manitou Beach se transformou em um punhado de imagens: a praia cinzenta onde o mar batia na amurada; a caminhada até o ônibus escolar com meu irmão, esperando que os velhos malucos não estivessem vagando pelo gramado naqueles roupões horríveis; o quentinho do xixi descendo pelas minhas pernas na banheira, a sensação de estar soltando algo que deveria ficar dentro de mim e a alegria ao deixar que escapasse.

Quando voltamos para casa, em Laurelhurst, Larry veio morar conosco. Ele dormia no sofá da sala de estar. (Que tipo de cuidado insano governava aquela gente? Que gradações bizarras de respeitabilidade guiam a cabeça de minha mãe? Por outro lado, eu mesma dormi naquele sofá e sei que é bem confortável.) Entendi o essencial: a forma como as coisas pareciam ser não era verdadeira. A verdade, para mim, era o que meu pai e minha mãe não paravam de repetir. Não estavam divorciados. Ainda éramos uma família.

Do outro lado da rua morava minha amiga Bobbi French. A cozinha da casa dela era estranhamente formal. Guardanapos de pano? Para um lanche? Um dia eu estava lá e comi uvas, explicando que não eram permitidas em minha casa por causa do boicote aos produtores. Eu passava bastante tempo com Bobbi, já que Bridget e Marie tinham saído da cidade.

Bobbi colocou uma uva na boca.

– Vamos pisar em formigas. – Ela era minha amiga mais destrutiva. Não tinha uma Barbie sequer que não fosse mutilada. Colocava umas botas brancas de vinil quando tinha vontade de pisar nas formigas da quadra de basquete atrás de sua casa.

– Vamos procurar o gato – sugeriu Bobbi. Não era uma boa notícia para o gato.

– Um segundo – respondi. Eu estava metodicamente acabando

com a tigela, despindo os pequenos galhos de uvas. Bobbi foi para o quarto dela.

– Quem é o homem que eu ando vendo na sua casa, querida? – perguntou a Sra. French.

– É o faz-tudo – respondi, sem hesitar, sem pensar, do jeito que meu irmão havia feito ao vomitar logo depois de mim. – Ele mora em cima garagem.

– Verdade? Não sabia que havia um quarto na garagem.

– É uma espécie de sótão. Ele dorme ali.

Eu praticamente havia liquidado as uvas.

Bobbi apareceu na porta da cozinha usando suas botas. Hora de dar uns coices por aí.

Assim foram os primeiros dias da nossa nova vida. Não era uma história incomum. Morávamos com minha mãe e o namorado dela. Meu pai nos pegava nos fins de semana a cada 15 dias e às quartas. E nas férias. Vivíamos como qualquer criança filha de pais divorciados. E tínhamos sorte, pois todos os três adultos nos queriam e nos amavam. Minha mãe, com paixão. Larry, do seu jeito meio distante, como um irmão mais velho. E meu pai. Ele realmente nos amava. Dizia isso sempre que falava conosco ao telefone, pouco antes de desligarmos.

1974

Fiz sete anos. As coisas não estavam ruins. Passávamos muito tempo em Port Gamble, na casa onde minha mãe originalmente adquirira Larry. Minha mãe ria muito quando estavam juntos. Na primavera, os trilliuns despontavam como estrelas no caminho arborizado. Larry nos ajudava a encontrar as flores.

Alguns hippies moravam por perto em um conjunto de casas localizadas num lugar em que ventava muito. Um dia, fomos visitar um casal.

– Vocês vão gostar deles – disse mamãe, enquanto viajávamos de carro pela península. – São Stan e Mimi. O cabelo de Mimi é tão longo que ela consegue se sentar sobre ele!

Minha mãe era genial para captar os melhores detalhes.

Estacionamos o carro e andamos por um bosque escuro. Fomos saudados por Stan, que tinha um rosto forte e risonho e uma massa comprida e crespa de cabelos, e sua namorada, Mimi, cujo cabelo sedoso era realmente muito longo. Virei a cabeça com o máximo de educação possível, tentando ver se ela conseguia mesmo se sentar em cima dele. Finalmente, acabei dando uma volta em torno dela para dar uma olhada. Batia na altura do joelho.

Stan trabalhava como entalhador. Era o tipo de profissão que as pessoas tinham naqueles tempos, que pareciam saídas de contos de fadas. Mimi era bordadeira.

– Ei, vocês gostariam de ver O Chifrudo? – perguntou Stan.

– Stan – repreendeu Mimi. – Ninguém quer ver O Chifrudo.

– Claro que querem – disse Stan. Ele tinha uma voz anasalada, engraçada, como se estivesse sempre perguntando "Por que não?".

O Chifrudo, como descobrimos, era uma van antiga, estacionada sob alguns cedros. Nas laterais, estava escrito O Chifrudo em lindas letras no estilo art nouveau. Eu soube disso porque Stan falou para mim e para meu irmão.

– Estão vendo aquela letra? Chama-se art nouveau.

O Chifrudo, pelo que ouvimos, tinha sido o nome da banda que Stan empresariava em Seattle. Ele era o empresário por ser o dono da van. A banda havia acabado, mas a van manteve o nome. A história daquela transformação me tocou de alguma forma. O Chifrudo era uma banda e virou um carro. Stan me pareceu quase mágico, como se ele literalmente tivesse transformado um grupo de homens cabeludos em um volumoso pedaço de metal.

Quando nos fartamos de ver O Chifrudo, visitamos a casa de Stan e Mimi, que era uma estrutura minúscula, até mesmo delicada, construída apenas com a madeira que haviam encontrado na praia. A casa tinha sido erguida sobre uma barca, mas ficava a maior parte do tempo na praia. Somente de vez em quando a maré se aproximava o bastante para lambê-la.

Depois daquele dia, eu sempre implorava que me levassem até onde a casa flutuante de Stan e Mimi ficava ancorada ou, na verdade, encalhada. Minha mãe me levava de carro, e às vezes me deixava ficar no colo e dirigir. Era uma estrada reta e vazia. Eu subia a estreita escadaria de madeira até o deque da barca e descia os degraus lisos e polidos para entrar na pequena cabine. A luz jorrava para dentro do cômodo, iluminando a estrutura de madeira que revelava o talento de Stan e os tecidos que demonstravam a habilidade de Mimi. Eu conversava educadamente com ela por um momento, passava pela apertada e organizada cozinha e chegava à minúscula oficina de Stan, montada na popa do barco. Raspas de madeira dourada se enrolavam em seu cabelo e a serragem voava.

– Estou aqui! – dizia eu.

– Que bom! – respondia Stan. – Estou mesmo precisando de ajuda.

Eu e meus 7 anos nos acomodávamos em algum lugar e girávamos a manivela do torno, onde um pedaço de mogno tinha sido colocado. Stan cortava e me agradecia.

Eu o ajudava durante algum tempo, conversando um pouco. Depois ia atrás de Mimi e juntas preparávamos biscoitos de chocolate. A maré chegava, a água batia contra o casco. Dava para ouvir.

Mimi engravidou. Seu sorriso cortante como uma adaga ficou ainda mais radiante. Eu detestava deixar Stan e ela e voltar para Laurelhurst.

No meu quarto, sentada no tapete vermelho e felpudo, fiz um anel para o bebê com tiras de lã. Fiz bem pequeno, do jeito que eu imaginava que seria um dedo de bebê.

– Meu bem – disse mamãe. – É lindo, mas é grande demais.

– Jura?

Eu não podia acreditar.

Então fiz uma colcha para o bebê, com quadradinhos de veludo verde e retalhos costurados sobre eles. Achei que o bebê ia gostar de sentir as diferentes texturas com os dedos. Trabalhei cuidadosamente com panos em cores vivas, tentando produzir um trabalho tão cuidadoso quanto os de Mimi e Stan.

O bebê chegou. Era uma linda menininha. Eles a chamaram de Sunny. Fiquei um pouco apreensiva. E se Stan e Mimi deixassem de ser divertidos por causa do bebê? E se não quisessem mais que eu fosse visitá-los? Por outro lado, um bebê era algo muito legal! Era realmente empolgante pensar que minhas duas pessoas favoritas puderam criar uma terceira.

Fomos de carro conhecer Sunny em um dia chuvoso de novembro. Pegamos a balsa rumo a Kingston. Quando deixamos a estrada principal, minha mãe permitiu que eu me sentasse no seu colo para ajudá-la a dirigir em meio ao aguaceiro – "desviando das gotas de chuva", dizia ela – até a casinha flutuante.

O sol não batia nas janelas quando observei, silenciosamente, Mimi alimentar Sunny. Mais tarde, ela trouxe o bebê até mim e o colocou em meus braços. Senti uma satisfação completa. Nunca tinha imaginado que o peso poderia ser algo tão delicioso.

Senti o contrário de um pressentimento. A bruxa malvada vai para a cabeceira da Bela Adormecida e espalha profecias ruins para o bebê. Em vez disso, senti uma espécie de perspectiva de boas novas, não apenas para a pequena família, mas também para mim mesma. Sentia que uma parte de mim estava naquele bebê. Era como se o bebê que eu estava segurando fosse eu mesma, como se eu tivesse nascido de Stan e Mimi e fosse ter uma vida boa na minúscula casa flutuante com meus lindos pais que se amavam tanto e que nunca, nunca se separariam.

1976

Larry comprou um veleiro e nossas vidas tomaram um novo rumo. Anos letivos em Seattle. Verões morando no barco. Férias com meu pai e caminhadas. Dave e eu dormíamos na proa. Uma rede acima de nossas camas evitava que nossas coisas caíssem por todos os lados. Lá eu guardava revistas em quadrinhos, minhas bonecas de pano, meus livros e minha lente de aumento. Sentávamos nas camas e trocávamos edições desmontadas de *Riquinho*. Tudo era úmido.

Eu e meu irmão íamos a muitas festas. Na verdade, éramos arrastados por Larry e nossa mãe enlouquecida. Porém, mesmo com nossa vasta experiência em festas, sabíamos que aquela seria especial. Para começar, tinha um nome, como se fosse um livro: A Festa da Batata de Spike Africa.

Spike Africa era a pessoa que organizara a festa. Agora que sou adulta, percebo que chamar a si mesmo de Spike Africa é ridículo, mas quando eu era criança achei esse o melhor nome que já tinha ouvido. Ele era um desses velejadores metidos, que já estiveram em toda parte do mundo, que já viram de tudo, que pareciam excelentes, mas acabavam se revelando bem cansativos. Conheci muitas pessoas assim em portos obscuros e marinas cheias de bêbados. Consideravam um insulto pessoal se você lesse revistas em quadrinhos durante o relato de suas histórias intermináveis.

Mas Spike Africa não era cansativo. Quando chegamos à festa, alguém pegou na minha mão e me levou até a água, onde um velho estava sentado num cais que avançava pelo lago Washington. Fui apresentada a ele como se estivesse numa audiência com a realeza. Ele usava, como você já deve ter imaginado, um chapéu de marinheiro, e tinha aquilo que eu sempre lia nos livros, mas que nunca havia encontrado na vida real: olhos cintilantes. Juro por Deus. Ele olhou diretamente para mim, de um jeito que os adultos não faziam, e quando me disse que estava feliz por eu estar ali, e que eu deveria comer o que quisesse, acreditei nele.

Então ele desviou o olhar. Eu havia desfrutado aquele momento com o fulgor de sua atenção e agora estava na hora de comer batatas. Abri caminho pelo gramado, desviando da multidão. Cigarros acesos faiscavam na luz desbotada da tarde. O cheiro do lago se intensificou: uma mistura de fedor metálico de algas e lama.

Perambulei pelo interior da casa com luzes amarelas, onde havia borbulhas e respingos de fritura por todos os lados. Duas panelas estavam no fogão e três mulheres de cabelos compridos pareciam eternamente ocupadas em fazer um purê. Ferver, escorrer, amassar. Ferver, escorrer, amassar. Um homem de bigodes passou pelo grupo e abriu a porta do forno, que estava cheio de batatas assadas.

Bem ao lado, na sala de estar, ficava uma frigideira elétrica precariamente armada, equilibrada no alto de um arquivo de aço. Na verdade, isso deve ser um exagero da minha memória, que substituiu a lembrança de um arranjo mais estável, ainda que improvisado. Um jovem casal estava preparando batatas fritas. O rapaz fatiava as batatas com casca e a moça as jogava no óleo fervente, retirando-as com uma escumadeira e jogando-as sobre toalhas de papel. Resolvi me aproximar e fiquei olhando.

O casal sorriu para mim e me chamou. Alguém tinha que começar a comer, disseram. O rapaz me entregou o saleiro. Com alguma hesitação, experimentei uma combinação perfeita de gordura úmida e crocante com batatas secas e macias. O sal cobriu meus lábios. Subitamente, tive uma revelação: batatas fritas eram feitas com batata! Ali estava a batata frita desconstruída, separada em suas partes. Batata, gordura, sal. Era mágico pensar que ingredientes tão humildes, tão comuns em qualquer cozinha, pudessem produzir um alimento tão divino. Literalmente, a melhor coisa que eu já havia comido.

Acabaram-se as batatas e eles me mandaram tirar da terra outras tantas. Cavei o canteiro atrás da casa, peguei um punhado e levei para dentro. Lavei-as e depois elas foram fritas e eu as comi, e repetimos aquilo muitas e muitas vezes. Cavar, lavar, fritar, comer.

Meu irmão me encontrou um pouco depois e se juntou ao ritual.

Dave e eu tivemos uma infância cheia de aventuras, o que parecia – e às vezes realmente era – uma maldição chinesa. As possibilidades proliferavam diante de nós: mais pais, mais casas, mais aventuras. Mais festas. Infelizmente, nem sempre são essas as coisas que as crianças desejam. Mas, felizmente, tínhamos um ao outro. E, assim, às vezes nossa infância cheia de aventuras nos proporcionava o momento perfeito, com sal e gordura cobrindo nossos lábios e o cheiro misterioso da água à nossa volta.

BALANÇA

Depois de apenas alguns meses, Lisa começou a frequentar um estúdio de ioga que eu evitava constantemente. Para falar a verdade, eu me sentia intimidada. Tinha a fama de ser o mais sério da cidade. Os donos haviam estudado com David Life e Sharon Gannon, no estúdio Jivamukti, em Nova York, onde os cânticos e os ritos devocionais se integravam a um rigoroso programa de treinamento físico. Jivamukti significa "libertação nesta vida" e, pelo que ouvi, esse estúdio levava ao pé da letra essa ideia doida.

Fran tinha viajado de férias para a Itália, por isso prometi a Lisa que ia experimentar. Ela ficou com Lucy para que eu assistisse a uma aula. Entrei com insegurança. À primeira vista, o lugar não era ameaçador. Parecia que Enya tinha sido contratada para fazer a decoração. Muita iconografia oriental, muito roxo e altares. Seguia tão fielmente o estereótipo da Nova Era que eu já esperava encontrar dezenas de senhoras rechonchudas que ensinariam a gente a se amar.

Mas, em vez disso, estava cheio de professores e alunos assustadoramente em forma. Todos tinham cabelos interessantes. As mulheres exibiam mechas vermelhas ou trancinhas. Os homens, cabeleiras longas e reluzentes que pareciam sair de anúncios de creme rinse dos anos 1970. Todos praticavam ioga como se tivessem passado os últimos três anos na Índia ou na academia particular da Madonna.

A professora, uma mulher esguia com cabelo na altura da cintura e batom púrpura escuro, iniciou um cântico que procurei seguir da melhor maneira possível. Volta e meia ele recaía num "Om shanti shanti, shanti om" e eu entrava nessa parte. Pareceu durar muito tempo, pelo menos uns 10 minutos, e finalmente começamos a fazer as posturas. Eram todas interligadas, uma após a outra. Descobri, depois, que aquilo era vinyasa yoga. Mas naquele momento pareceu apenas maluquice. À minha volta, as pessoas do anúncio de creme rinse se movimentavam com suavidade e rapidez, como se fossem uma série de engrenagens que tivessem sido lubrificadas pouco antes da aula.

A combinação de desenvolvimento espiritual e excepcional habilidade física dava ao lugar um astral estranho, como um *dojo* de ficção científica que produzia uma nova espécie de humanos que sairiam dali e ensinariam a palavra de Deus para a humanidade entoando cânticos em sânscrito e se equilibrando nos antebraços.

Eu ainda procurava uma resposta para aquela importante pergunta: a ioga é uma prática espiritual? Um exercício? Como poderia ser as duas coisas?

Suspeitei que muitos daqueles alunos não estariam dispostos a ouvir um professor de aeróbica discursar sobre Jesus. Então como podiam ouvir um professor de ioga pregar sobre práticas religiosas hinduístas? O que estávamos aprendendo quando ouvíamos os professores falarem sobre a espiritualidade indiana? Meus colegas acreditavam que estavam se exercitando ou seguindo uma religião?

Nunca questionei o fato de que a ioga nos faria bem. Fran costumava contar uma história sobre seu guru indiano que foi visitá-la. Ele se incomodava de andar pelas ruas porque os quadris das pessoas eram visivelmente tensos. Sim, nossos quadris precisavam de ioga. Nossos tendões, músculos e quadríceps, contraídos por sentarem em mesas de trabalho e dirigirem carros, imploravam por ioga.

Mas o que acontecia com nossas mentes? Valia realmente a pena adotar a cosmologia de outra cultura? Não haveria alguma coisa intrinsecamente falsa naquilo? Eu ainda não tinha conseguido compreender direito. Se alguém declarasse ser seguidor da ioga, o que estaria querendo dizer? Será que, por mais que eu estudasse, nunca teria condições de experimentar a ioga? O que estávamos fazendo? Parecíamos envolvidos numa distorção nacional em massa. E se fosse isso, estaríamos prejudicando alguém?

Ali, naquele *dojo* futurista, ninguém parecia se preocupar com tais perguntas. Ásanas e a filosofia estavam interligados num projeto de libertação vital para eles, embora não parecesse muito provável.

A ioga tem uma história curiosa aqui no Ocidente. Muita gente acredita que ela explodiu nos anos 1960, junto com o sexo e os Beatles. Mas, na verdade, ela chegou de mansinho no final do século XIX, quando Swami Vivekananda veio da Índia para a América e depois para a Inglaterra para ensinar hinduísmo, ioga e vedanta. Durante esse tempo, Vivekananda deu aulas em Chicago e na Nova Inglaterra, onde o transcedentalismo havia amaciado o terreno, e então espalhou as sementes da ioga.

Depois de Swami Vivekananda, a ioga lentamente ganhou popularidade. Desde o início, ensinou uma espécie de combinação entre a cultura física e a espiritualidade psíquica (dois grandes interesses da época) e foi saudada ao mesmo tempo com entusiasmo e desconfiança. Isso foi perfeitamente ilustrado em *Queen Lucia*, uma maravilhosa comédia de costumes de 1920, de E. F. Benson. Lucia é a pretensiosa rainha-mãe de Riseholme, aldeia constantemente tomada por variadas manias: cerimônias ao estilo elisabetano, bridge, sessões espíritas. Quando um guru chega à cidade, todos começam a praticar ioga.

A primeira atividade que Lucia experimenta é a respiração alternada, que praticávamos na aula de Fran. Você erguia a mão direita até o nariz, tapava a narina direita com o polegar enquanto inspirava pela narina esquerda, prendia a respiração um pouquinho e depois tapava a narina esquerda com o anular enquanto expirava pela narina direita.

Logo a cidade inteira passa a fazer ioga no quintal de Lucia. Era típico, na época, que o suposto guru acabasse sendo desmascarado. Não era um brâmane, como alegava, mas cozinheiro de um restaurante londrino. Ele revela sua verdadeira identidade ao roubar os moradores de Riseholm. Mesmo assim, os discípulos de ioga não podiam negar que suas lições tiveram efeitos positivos. Diz Lucia: "Em relação aos nossos estudos... Eu, da minha parte, ficaria muito triste em interrompê-los, pois fizeram muita diferença para mim. Acho que todos vocês sentem a mesma coisa. Veja Georgie, por exemplo: parece 10 anos mais jovem do que há um mês; quanto a Daisy, gostaria de conseguir saltitar por aí como ela."

O guru é desmascarado como um charlatão, mas o que ele tem a ensinar é valioso. Essa falta de confiança no desconhecido influenciou toda a história da ioga no Ocidente. Ao mesmo tempo, a maioria das pessoas reverencia as culturas diferentes da sua. A vastidão, complexidade e antiguidade da cultura indiana a transformaram numa tela onde podemos projetar o que quisermos. Eliminamos as partes que nos incomodam – o sistema de castas e a abstinência, por exemplo – e retiramos o que desejamos dessa fonte.

Os professores de ioga americanos em meados do século passado lidavam com a contradição ocidental extirpando os aspectos filosóficos da prática. A ioga era baseada na cultura física e na ginástica. Ensinava como obter a tranquilidade e o alívio das tensões, mas não era essencialmente uma forma de teologia nem uma prática espiritual.

Os anos 1960 assistiram ao início da espiritualização da ioga no Ocidente, disseminada pela cultura popular. Possivelmente, o momento mais importante desse processo aconteceu quando o avião dos Beatles aterrissou na Índia em sua primeira visita a Maharishi. A ideia do moderno turismo espiritual nasceu naquele instante. Um punhado de gente começou a viajar para a Índia para aprender com os mestres. Abriram o caminho para que os professores indianos viessem para o Ocidente.

Nos anos 1970, grandes mestres se mudaram ou foram em longas visitas para os Estados Unidos: Iyengar, Kripalu, Krishnamurti, Bikram, Jois. Antigos praticantes adoram criticar a mercantilização da ioga, mas de muitas maneiras ela representa um dos grandes sucessos do boca a boca da segunda metade do século XX. Inicialmente, foi chamada de modismo, mas continuou a crescer constantemente, de professor para aluno.

Na virada do milênio, a ioga continuava mais próxima da atividade física do que da prática espiritual hindu. Mas agora as pessoas compreendiam que havia um componente espiritual. Só não sabiam exatamente o que fazer com isso.

Rodney Yee foi a figura emblemática desse desejo incipiente de resgatar a espiritualidade da ioga. A maioria das pessoas que começou a praticar ioga na última década teve, de uma forma ou de outra, algum relacionamento com Rodney Yee, um americano de origem chinesa muito sarado, eternamente jovem, com uma longa trança e olhar sereno (duas características que parecem andar juntas no mundo da ioga). No final dos anos 1990, ele fez a apresentação dos vídeos de ioga mais vendidos no mundo. Única celebridade autêntica produzida pela cultura da ioga, ele escreveu vários livros, apareceu no programa da Oprah e era encontrado em conferências sobre ioga como se fosse o Wally dos livros infantis.

Rodney Yee incorporava a ideia que muita gente tinha sobre como a ioga deveria ser. Esqueça os fatos de que Yee tinha ascendência chinesa e de que a origem da ioga é principalmente indiana. Com nossa tendência americana de fundir culturas, pensamos nele como um oriental, portanto, um adepto ideal das práticas da ioga. Yee, como ícone cultural, era a encarnação da mistura que caracterizava a espiritualidade das academias de ioga.

Escolhemos Rodney Yee como ícone porque podíamos projetar nele nossa ignorância. Era um representante confortável, vagamente oriental e bem atraente da vastidão desconhecida da espiritualidade indiana.

Naturalmente, nem todo mundo se encaixava nesse molde. Os

professores de ioga podiam perfeitamente ser ocidentais e do sexo feminino. Mas Yee encarnava nosso desejo de autenticidade, de conexão com algo diferente.

Perto do fim da aula, a professora ostensivamente calma disse que estava na hora de fazermos um exercício de equilíbrio sobre os braços. Fizemos a balança, aquela posição maravilhosa em que você cruza as pernas ou as dobra em lótus, firma as mãos no chão ao lado dos quadris e levanta o peso todo sobre as mãos. Precisei me apoiar em blocos de espuma para fazer a postura – como meus braços são curtos e meu tronco, comprido, eu não tinha escolha. Mas, com os acessórios no lugar, adorei a posição. A balança era um dos poucos exercícios de equilíbrio com os braços em que eu era mesmo boa. E se adequava a mim. Eu era, afinal de contas, uma crítica. Uma juíza profissional. E tinha me apressado a julgar essas pessoas, seus cabelos, seus corpos, suas crenças. Basicamente, o que faziam me parecia um monte de baboseiras. Eu não acreditava que levassem a sério as coisas que estavam recitando e a ideia de que se libertariam nesta vida.

Ao mesmo tempo, havia algo naquela intensidade de que eu gostava. Queria. Invejava. Aquelas pessoas não se questionavam sobre o que faziam. Estavam comprometidas. Estavam dentro.

Os alunos no *shala* de Lisa – o estúdio empregava a palavra em sânscrito referente a "escola" para se descrever – pareciam excessivamente zelosos, mas talvez estivessem apenas sendo claros sobre o que procuravam. Queriam compreender a espiritualidade indiana, mas, assim como eu, não planejavam ir à Índia tão cedo. Estávamos aprisionados em nosso solo natal. Precisávamos entender tudo aqui mesmo.

Depois que terminamos a balança, a professora pegou um livrinho e leu:

– Saudações a Shiva, que explicou a sabedoria da hatha yoga, que, como uma escadaria, conduz o aspirante aos píncaros mais elevados da raja yoga.

Ela continuou a ler, mas não consegui ouvi-la.

Eu tinha ficado perturbada com minhas leituras prévias que sugeriam que a hatha yoga seria apenas uma filha bastarda da raja yoga. Aqui estava alguém que me dizia que hatha yoga conduz ("como uma escadaria") à raja yoga. À minha volta, as pessoas estavam sentadas em um êxtase silencioso, as cabeças curvadas para a frente em postura de oração ou jogadas para trás como se para receber a leitura. A professora parou e disse, com sua simplicidade exibicionista:

– Isto é um trecho do *Hatha Yoga Pradipika*.

O *Hatha Yoga Pradipika* não era exatamente fácil de se encontrar, mas consegui localizar um antigo exemplar na biblioteca da Universidade de Washington. Eu não podia retirá-lo de lá, por isso me sentei num cubículo e li. De poucos em poucos minutos, eu me levantava e tirava cópia de uma página. O *Hatha Yoga Pradipika* é o texto mais antigo de que se tem conhecimento sobre hatha yoga, escrito no século XV. Na primeira página, ele se dirigia a mim – ou melhor, ao leitor – da seguinte forma: "Em razão das trevas provocadas pela multiplicidade de opiniões, as pessoas são incapazes de conhecer a raja yoga. O piedoso Swatmarama compôs o *Pradipika* da hatha yoga como uma tocha, para dissipá-las."

Bem, *obrigada*. A gente tem que amar um livro em que o autor se refere a si mesmo na terceira pessoa e, com toda a modéstia, permite que você descubra quão piedoso ele é logo na primeira página.

O *Pradipika* é, acima de tudo, atraente. Ao contrário dos sutras, é uma obra em que o autor se faz presente no texto. Também é específico. Aliás, depois de ler os sutras e o *Gita*, você o acha deliciosamente específico. Vejam só: "O iogue deverá praticar a hatha yoga em uma pequena sala situada em um lugar vazio, com quatro cúbitos quadrados, sem pedras, fogo, água ou perturbações, num país onde a justiça é administrada, onde vivam pessoas boas e os alimentos possam ser obtidos com facilidade e em abundância."

Na época em que o *Pradipika* foi escrito, havia apenas 84 ásanas. O repertório de ásanas aumentou com o passar do tempo – hoje em dia, existem quase mil, incluindo-se as variações. O livro descreve os ásanas, todos facilmente identificáveis com as posturas que conhecemos hoje, como lótus, galo, cadáver, arco e pinça. Há muitas descrições sobre a posição de pés e mãos, como acontece em livros de ioga da atualidade. Mas está graciosamente repleto de ideias estranhas, como na frase: "Fogo, mulheres, viagens, etc. devem ser evitados."

Senti-me um tanto absolvida. Vejam só! A hatha yoga também é uma antiga tradição! Depois comecei a ler sobre o dhauti, ou o ato de engolir uma faixa de tecido; o basti, prática que consiste em introduzir um cano no ânus enquanto se agacha em uma banheira, levando a água ao cólon; o neti, que consiste em enfiar uma cordinha pelas narinas e retirá-la pela boca. Embora não fossem posturas, eram procedimentos da prática física, criados para purificar o corpo por dentro.

O livro ficava cada vez mais esquisito, com instruções para atividades que envolviam borrar-se com cocô de vaca, controlar a ejaculação. Havia um trecho que parecia falar sobre beber seu próprio xixi, mas era tão mal traduzido – ou traduzido com tanto constrangimento – que eu não conseguia entender direito.

Já havia lido o bastante para saber que tais práticas não faziam parte da principal corrente híndi de raja yoga. Mais uma vez, a hatha yoga parecia presa a uma tradição que envolvia vários tipos de comportamentos discutíveis.

Eu percebia que a ioga ensinada nos sutras era diferente da ioga ensinada pelo *Pradipika*, que por sua vez era diferente da ioga que eu aprendia no estúdio. Mas sempre fui uma pessoa pragmática: pegaria aquilo que me servisse e mandaria a lógica para o espaço.

SENHOR DA DANÇA

Certa noite, saí para resolver algumas coisas enquanto Bruce ficava em casa pagando as contas. Quando voltei e olhei seu rosto sofrido e a pilha de contas sobre a mesa, me senti como se tivesse saído para dançar, para fumar crack ou para encontrar um amante latino. O talão de cheques balançava na sua mão num gesto que sinalizava a derrota. Subitamente, me senti culpada por todas aquelas caixas caras de chocolate que tinha comprado. Meu marido foi para a cozinha. Serviu-se da porção mais bizarra de cereais que eu já vi e dobrou-se sobre a tigela, sua linda e longa espinha quase transformada na letra U. De repente, ele falou:

– Só tenho uma coisa a dizer. Nossas economias praticamente acabaram.

Dei-lhe um abraço, mas não sabia muito bem o que dizer. Eu já pegava todos os trabalhos que conseguia. Estava tentando deixar a situação mais leve, mas a verdade é que o dinheiro começava a se tornar um problema entre nós. Embora eu ajudasse no orçamento doméstico, estávamos nos tornando a dupla clássica: o homem que trabalha, a mulher que gasta. O clichê da situação era tão difícil quanto a realidade. Como tínhamos chegado a esse arranjo antiquado e odioso? Senti uma enorme culpa. Comecei a pensar: mercados mais baratos, brechós, parar de sair para tomar café. Talvez ainda houvesse algum editor nos Estados Unidos que eu não tivesse procurado. Mas de uma coisa eu não ia abrir mão: a ioga.

Na tarde seguinte, uma mulher cega entrou no estúdio. Segurava uma bengala e estava de mãos dadas com uma amiga. Não sei quanto a você, mas eu sou importunada por pensamentos nada nobres. Quando vi a cega entrar na aula amparada por uma amiga tão solícita, não refleti sobre o poder da amizade. Em vez disso, meu cérebro liberou esta série de injúrias: Puxa vida, agora a aula vai ser lenta mesmo, vamos passar o tempo todo demonstrando consideração e esperando que ela entenda as posições. E por que as pessoas acham que a cegueira é algo tão especial assim?

Fran conversou com a mulher e sua amiga por alguns minutos e a aula começou.

– Deixem as mãos caírem ao lado do corpo. Levem o pé direito cerca de um metro para trás. Dobrem o joelho esquerdo num ângulo de 90 graus, apontando para a frente. Girem o calcanhar direito 45 graus e deixem que os dedos desse pé façam um ângulo. Coloquem as mãos no joelho esquerdo. Deixem que fiquem pousadas, sem fazer força. Alonguem a parte de trás do pescoço. Ergam os braços sobre a cabeça. Direto para o céu. Palmas das mãos para dentro. Dedos cheios de energia. Guerreiro I.

Fran não diminuiu o ritmo nem alterou a aula. Ela simplesmente não parou de falar. Enquanto nos conduzia de uma postura a outra, ela articulava todos os movimentos das mãos, todos os ajustes de cabeça. Eu já a vira adaptar a aula para alunos de diversos níveis, para diversos tipos de corpos, para grávidas e até mesmo para uma ou outra criança que aparecia com a mãe. Agora, absorvia perfeitamente a cegueira da mulher.

Fizemos posturas de equilíbrio em pé, o que era puro prazer para mim: a águia, com os membros enroscados, a árvore simples, a meia lua vacilante, o guerreiro III. Não envolviam a terrível necessidade de força no braço e eu descobri que tinha músculos suficientes para lidar com elas. De certa forma, nas posturas de equilíbrio em pé, eu conseguia um sucesso que não seria possível em outras.

Minha palavra de ordem na ioga era determinação. Eu ia conseguir. Não importava como. Estava disposta a fazer um esforço supremo. Nem todas as posturas demandavam esforço, mas aquelas, sim. De certa forma, eu não conseguia ver a ironia em estar fazendo tanto esforço para obter a liberdade.

O *Hatha Yoga Pradipika* tem um trecho misterioso em que lista os "destruidores" da ioga. A lista inclui coisas inaceitáveis como comer em excesso e falar demais. Também inclui o esforço. Isso me parecia incompreensível. O que era a ioga, senão esforço? Levaria muito tempo até que eu pudesse considerar que talvez meu desempenho melhorasse se eu não me esforçasse tanto. E levaria mais tempo ainda até que eu começasse a questionar por que, afinal, meu desempenho precisava melhorar.

Como podia contar com minha força de vontade e minha natureza teimosa, eu tinha confiança em mim quando fazia as posturas em pé. Faziam com que me sentisse forte e maravilhosa, como uma mulher de cabelos sedosos e esvoaçantes. Nós havíamos passado toda a semana treinando a postura conhecida pelos nomes Shiva dançarino, senhor da dança e rei dançarino. A maioria das pessoas já fez alguma versão dela na academia de ginástica. Em círculos fora da ioga, é conhecida pelo nome pouco romântico de "alongamento de quadríceps". Na ioga, se faz assim: você fica em pé, dobra uma perna, digamos que seja a esquerda, estica a mão esquerda para trás e segura o peito do pé esquerdo. Então começa a levantar o pé esquerdo e, ao mesmo tempo, inclina o tronco para a frente, esticando a mão direita à sua frente, numa posição que diz: "Adiante! Para a frente! Não pare nunca!"

Era um dia quente de primavera e a porta da frente estava aberta. Talvez por ter feito crítica de cinema por alguns anos e, portanto, assistido a tantas cenas de violência hedionda como qualquer criminoso, aquela porta aberta no estúdio de ioga me parecia um convite para predadores: Entrem! Acabem com a gente! Não poderíamos ser mais inofensivos! Ou mais vulneráveis! O estúdio ficava perto do lago Green e me pareceu ter sentido uma brisa com o cheiro do lago.

Fiz de tudo para desviar a atenção da possibilidade de pistoleiros invadirem a aula e tentei voltar à tarefa. Vacilei, que é o que acontece quando a gente para de prestar atenção à postura que está fazendo. Olhei para minha mão à frente e ela tremia. Tremia muito. Visivelmente. Na realidade, parecia a coisa mais visível de toda a sala. Olhei em volta para ver se alguém tinha percebido as vibrações ensandecidas da minha mão. Na mesma hora, perdi o equilíbrio.

Segurei o pé e o levantei, respirando fundo. Tentei de novo, tremendo mais ainda. Sempre se diz "tremendo como vara verde". É raro que a analogia mais comum seja também a mais adequada. Geralmente, as analogias são exageradas, mas tremer como vara verde não é exagero. Chega a ser a sensação correta. Quando você treme, se sente sem substância, frágil, como um galho.

Eu deveria saber daquilo. Tive o tremor, bem intenso, durante toda a vida – é só uma daquelas esquisitices que as pessoas têm. Esse tremor é como uma janela para minha porção mais feia, mais fraca, mais ansiosa. Ele me deixa completamente envergonhada. Por exemplo, almoços profissionais são raros em minha vida e deveriam ser uma fonte de prazer – estou comendo! E outra pessoa está pagando a conta! Mas os almoços se tornaram um frenesi para administrar o tremor. Sopa, naturalmente, não é uma opção. Salada requer muitos movimentos com o garfo – ou melhor, muitas tentativas de segurar os talheres e vários prováveis fracassos. A carne precisa ser cortada. Mas quem precisa de carne? O ideal é um sanduíche, pois você só precisa segurá-lo com firmeza, com as duas mãos, rezar uma Ave-Maria silenciosa e esperar pelo melhor.

Meus tremores exigiram cuidado ao longo de toda a minha vida. Já resumi todo o material de uma apresentação na universidade em uma única folha de papel só para não ter que manipular as anotações. Já até tomei cerveja para acalmar os nervos antes de uma importante entrevista de trabalho.

A entrevista sob o efeito da cerveja foi bem-sucedida. Quando consegui o emprego – era um jornal local –, tive uma série de problemas inteiramente novos. Minhas mãos tremem um pouquinho o tempo todo, mas, quando fico nervosa, elas enlouquecem. E eu estava sempre nervosa nesse novo emprego. Experimente datilografar com as mãos trêmulas. Minhas matérias pareciam bilhetes de sequestradores.

Eu ficava particularmente nervosa quando estava perto de um determinado colega. Eu lia o que Bruce escrevia nos jornais havia anos. Às vezes, parecia que ele era a única pessoa que dizia coisa com coisa por ali. Seu texto era claro, limpo e rico. Acompanhava vagamente a carreira dele. Quando ele editou uma antologia de escritores do Noroeste, fiquei enfurecida. Eu havia nascido para editar aquele livro, se é que as pessoas podem nascer para editar coisas. Não fazia diferença que, na época, eu não fosse nem redatora nem editora. (Como disse antes, eu era uma eterna estudante que passava a maior parte do tempo indo a shows de rock.)

Ele era tão capaz e seguro que eu o imaginava como um velho ou, no mínimo, como uma pessoa de meia-idade. Quem poderia escrever daquele jeito ainda na casa dos 20 anos?

Quando fui promovida a redatora, o editor me acompanhou à redação no primeiro dia. Parou na mesa de *paste up* (a mesa de *paste up*! Sim, tenho mil anos de idade) e, com um gesto de orgulho paternal, me apresentou Bruce, o redator e editor cuja erudição eu admirava havia tanto tempo. Eu me vi olhando para... um garoto. A pessoa cuja carreira eu amaldiçoava e invejava tinha exatamente a mesma idade que eu.

Minha primeira reação, parecida com a de qualquer pessoa, foi uma vontade enorme de matá-lo.

Observei-o trabalhando. Éramos os únicos críticos em tempo integral na equipe. Eu cuidava dos filmes, e ele, dos livros, portanto ele tinha vantagem moral, para começar. Vagava pela redação com um olhar feroz, desafiando qualquer pessoa a conversar com ele. Quando você o encurralava em seu cubículo, ele se transformava em um tagarela. Eu gostava da forma como ele escrevia e do fato de admitir que usava roupas escolhidas pela mãe. Eu gostava de observar seus punhos longos e suas mãos grandes como espátulas enquanto ele datilografava sem parar. Depois ele me confessou que passou longos períodos fitando a parte de trás do meu pescoço desnudo enquanto eu escrevia (e tremia) do outro lado do corredor.

Um dia, estávamos sentados nas poltronas imundas do editorial, tendo uma daquelas interessantes conversas entre jovens que falam sobre o que sonham fazer de suas vidas. Estava empolgada, sentada diante dessa pessoa alta e séria. Queria muito impressioná-lo. Falei sem parar sobre como queria escrever um romance de importância literária. Quando acabei, Bruce disse:

– Eu gostaria apenas de ganhar a vida escrevendo pelo resto da minha vida.

Achei esse pragmatismo, combinado com seu talento, uma coisa surpreendente, até mesmo encantadora. Na época, não percebia que o dinheiro era uma preocupação secreta para ele, algo que borbulhava no escuro como uma poça de piche.

Comecei a ter uma quedinha por ele e temia que fosse visível. Era como um enorme animal que me seguia por toda parte, um vira-lata flamejante que só um idiota deixaria de perceber.

Bruce era exatamente esse idiota. Atravessamos com dificuldade meses de cordialidade profissional, saindo para tomar amistosos cafés, saindo com os amigos para beber. Um dia fomos ao Pink Door, um restaurante lindo, escuro e muito romântico. Bebemos vodca. Conversamos sobre todos os assuntos que tínhamos combinado discutir. Era uma situação do tipo *ceci n'est pas une pipe*. Qualquer imbecil, a não ser a gente, perceberia que se tratava de um encontro. Minha mão tremeu quando ergui o copo cheio aos meus lábios e falamos da possibilidade de escrever uma matéria especial sobre a emergente cena *punk* de Bremerton. Não parei de tremer por meses e meses até que, finalmente, literalmente, Bruce pegou o tremor entre as próprias mãos, o ergueu e o beijou.

Não existem muitos momentos na vida em que você sabe o que

fazer. Quando Bruce pegou minha mão, eu sabia: Case-se com ele! Depressa! É isso.

Ficamos noivos. À medida que a cerimônia se aproximava, a tarefa de controlar os tremores chegou ao apogeu. A simples ideia de ficar diante de todas aquelas pessoas me deixava em pânico.

Marquei uma consulta com a terapeuta que eu procurava de vez em quando.

– Bem, decidi fazer uma cerimônia ao ar livre – disse-lhe ao sentar no sofá listrado, cercada pelo que parecia ser um pequeno conjunto habitacional formado por caixas de lenço de papel.

– Você decidiu? E Bruce?

Mencionei que ela era bem esperta?

– É por causa do tremor. Se eu ficar ao ar livre, acho que as pessoas não vão reparar tanto nele.

– Quando é o casamento?

– Dia 18 de outubro.

– Você não pode se casar ao ar livre no dia 18 de outubro! Todos vão congelar!

Ela também era um tanto mandona.

Minha resposta pareceu ser perfeitamente lógica:

– Melhor. Se eu estiver tremendo, ninguém vai reparar.

– Que tremor é esse de que você está falando? – Ela me olhou.

– Esse tremor nas minhas mãos! Veja só! – Estendi as mãos. Estava tremendo ligeiramente, como sempre. – Você precisa me ajudar! Como me livro disso antes do casamento? Todo mundo vai estar me olhando. Vou carregar um buquê pesado, gigantesco, o que eu faço para que as flores não fiquem chacoalhando?

Isso tinha acontecido comigo em uma das minhas muitas experiências como dama de honra. Eu precisava carregar um lindo e minúsculo ramalhete de ervilhas-de-cheiro junto com outras damas. Depois, os padrinhos implicaram impiedosamente comigo por causa do meu terremoto particular com o buquê.

Prosseguí.

– Vamos trocar as alianças antes da cerimônia para que eu não tenha dificuldades de pegar o anel. Vamos estar ao ar livre e, por alguma razão, sei que isso vai ajudar.

– Do que exatamente você sente medo?

– De que as pessoas me julguem.

– Você já julgou alguém por estar tremendo ou por fazer qualquer coisa no próprio casamento?

– Não.

– Olha lá – disse ela. Esse era outro motivo que me fazia gostar dela, apesar de ser minha terapeuta. Que adulto diz "olha lá"? – Seu tremor revela sua fraqueza. E nossas fraquezas nos tornam humanos. Seu tremor é apenas uma demonstração da sua humanidade. Não lhe parece uma boa coisa para você demonstrar no dia do seu casamento?

Não, não me parecia.

O casamento aconteceu em um dia cinzento de outubro, com vista para Agate Pass. O rebocador de Larry estava por perto, esperando para aparecer e soltar fogos de artifício sobre as águas serenas e metálicas.

Antes da cerimônia, Bruce e eu nos escondemos atrás da cozinha e, ao som dos pratos, trocamos as alianças. Quando concluímos a troca, Bruce me deu um tapa nas costas. Hora de entrar no jogo, garota.

Lá fora, a garoa caía. As damas de honra tremiam em seus vestidos sem manga. Minha tia-avó parecia a ponto de cair dura naquele lugar. Eu estava me comportando como um monstro de egoísmo – e sabia disso –, mas também sabia que, se fosse me casar entre quatro paredes, continuaria solteira. Pelo menos, poderia ter dito para as damas de honra trazerem suéteres. Com o anel no dedo, a pesada carga dos sinos irlandeses nos braços, caminhei pela grama.

Finalmente, anos depois, depois de muito casamento, muita ioga, dois filhos, um ou outro entrevero com a mortalidade, percebi do que tinha tanto medo. Tinha medo das minhas imperfeições demasiadamente reais.

Fui capaz de driblar a realidade no dia de meu casamento com o simples recurso de deixar 200 pessoas expostas ao ar livre em um dia frio. Além disso, usei um buquê gigante e troquei alianças escondida. Simples assim. Mas, na realidade, eu tremi. Assim como na ioga.

Eu fazia ioga porque tinha uma ideia do que queria ser: serena, saudável, espiritual. Comprei calças de ioga e deixei meu cabelo crescer para que pudesse prendê-lo em um rabo de cavalo. Ele nunca pareceu tão arrumado como o das outras garotas da aula, mas pelo menos eu mantinha meu cabelo crespo e sua densa vegetação longe do meu rosto. A ideia que eu fazia da ioga tinha relação com a perfeição externa: outras pessoas me veriam praticar e saberiam da minha superioridade. Aqui está a realidade: eu fazia ioga e era um desastre. A ioga supostamente revelaria como eu era perfeita, mas não fez nada além de revelar minhas fraquezas mais profundas.

Fran havia começado a nos ensinar sobre o corpo sutil, o sistema de canais e centros (também conhecidos como nadis e chakras) que controlam o fluxo de energia (ou prana) pelo corpo. Eu já tinha ouvido falar dos chakras, naturalmente. Os nadis, por outro lado, eram novidade. Alguns textos ayurvédicos diziam que existem milhares desses canais. Os principais são pingala e ida. Pingala é o nadi dominante, destro, solar, ativo e enérgico. Ida tem a ver com o lado esquerdo, a Lua, a passividade. O sushumna é o canal central que passa pela espinha. Esses canais transportam energia por todo o corpo. São semelhantes ao sistema nervoso.

Muitos anos depois, li um livro de ioga que dizia que tremer é sinal de que você despertou o corpo de prana. Quer dizer, você liberou a energia que se encontrava previamente adormecida. Tremer é um sinal de vida. É um sinal de humanidade. A energia está fluindo loucamente pelos seus nadis e seu corpo sutil está despertando. Tremer é um sinal de que você não é exatamente perfeito – e, portanto, ainda não está morto.

Quando você faz a postura do senhor da dança, precisa manter o olhar absolutamente fixo. Ainda assim, vai acabar se mexendo. A mão fica estendida à sua frente, a perna levantada para trás. Você vai vacilar e se equilibrar, vacilar e se equilibrar. Seu esforço, sua ansiedade e suas dificuldades estarão expostas. Junto com outras pessoas, numa sala, você vai fazer a postura e estará longe da perfeição.

Mas se olhar em volta, verá uma cena bem bonita. Todos aqueles braços se erguendo para a frente, as pernas subindo para trás, como um salão de ramos dobrados. Os tremores serão visíveis, mas como são repetidos por todos, se tornarão aceitáveis.

O senhor da dança era uma postura que trazia uma bela emoção. Eu ainda não conseguia passar as mãos sobre a cabeça para capturar o pé. Talvez nunca conseguisse. Mas quando eu me esquecia de mim mesma e assumia a postura, havia uma espécie de êxtase. Eu me sentia expandida, maior do que era na verdade. Eu andava pesquisando sobre a psicologia das brincadeiras de criança para meu trabalho, e o senhor da dança me lembrava uma citação do psicólogo russo Lev Semenovich Vygotsky: "Na brincadeira, é como se ele tivesse mais 10 centímetros do que na realidade."

A cega não parava de perder o equilíbrio. A amiga ficava por perto, sem fazer nada, só permanecendo ali. A cega caía para o lado e a amiga continuava parada, sem se mexer, um leve sorriso no rosto. Você nunca imaginaria que ela estava ajudando uma pessoa cega que estava caindo. A não ser se olhasse para seus olhos, que estavam constantemente examinando a amiga, garantindo que estava bem.

A cega não parecia se incomodar com as quedas. Ela se endireitava no tapetinho, respirava fundo, dobrava a perna, pegava o pé e voltava a crescer na posição.

A amiga fez uma pergunta baixinho e a mulher sacudiu a cabeça, riu, e sua resposta tomou conta da sala:

– É assim que é.

Nos últimos tempos, ficava cada vez mais difícil lembrar como era quando Bruce e eu estávamos apaixonados. Recentemente, tínhamos começado a ter conflitos, em especial em relação ao trabalho.

Pagávamos bem à babá, o que criou um problema. Só podíamos bancar 10 ou 12 horas por semana. Era o tempo que eu tinha para trabalhar. E, teoricamente, era o tempo que eu queria. Tínhamos organizado nossas vidas para que eu não precisasse trabalhar mais do que isso. Era a forma ideal de cuidar de Lucy, decidimos. Mas eu percebia que meu valor enquanto trabalhadora diminuía mês a mês, ano a ano.

Mal tinha tempo suficiente naquelas 10 horas semanais para pensar no trabalho e organizar meus pensamentos, muito menos para completar as tarefas. Eu escrevia para um estranho rol de 20 publicações, de todos os tipos, desde o *News & Observer*, de Raleigh (embora eu nunca tivesse posto os pés na Carolina do Norte), até a revista *San Francisco*. Cheguei a começar a escrever para o *Yoga Journal*, resenhando livros sobre caminhos e destinos. Fazia malabarismos com um grupo de editores. No *The Nation*, meu editor era um geniozinho irritadiço; no *Newsday*, meus editores eram despretensiosos amantes da leitura.

Meu trabalho começou a se comprimir em espaços desajeitados. Eu me peguei rabiscando num caderno na minha mesa de cabeceira, fazendo uma entrevista por telefone com Lucy no meu colo, durante o café da manhã; digitando no laptop de Bruce durante a aula de balé para bebês. Sempre com o desespero de alguém que não sabe se vai conseguir cumprir os prazos.

Uma noite, depois de terminar uma crítica literária costurada em várias sessões de 10 minutos, deitei-me no sofá para ver um

DVD sem conseguir me concentrar. Resolvi que a situação era intolerável. Eu me irritava por ter que pedir a Bruce mais tempo para trabalhar e por ter que dizer que precisava arranjar alguém para cuidar de Lucy.

Desliguei *A sete palmos* e fui enfrentar Bruce, na sala de estar, onde ele estava lendo um livro para resenhar.

– Então – disse eu. – Preciso de mais tempo para trabalhar.

Seus olhos ficaram nublados, como se uma cortina descesse entre nós dois.

– Bem, por que você não sai uma vez por semana, à noite, e trabalha?

– Bem, por que você não faz isso?

– Estou fazendo isso!

Ele indicou o livro, o bloco onde fazia anotações. Sempre mantinha anotações cuidadosas quando lia um livro para fazer uma resenha. Aquilo me enlouquecia. Eu adotava um método estranho e desorganizado de marcar páginas com orelhas, rabiscar nas margens e escrever bilhetes para mim mesma em guardanapos. Suas anotações sistemáticas pareciam presunçosas e exageradamente profissionais.

– Fico cansada demais para trabalhar à noite – respondi. – Lucy me cansa! Não é fácil.

– Tenho que cumprir o contrato. Tenho que nos sustentar.

– E você acha que seu trabalho é mais importante do que o meu porque você ganha mais dinheiro.

– Meu Deus, quer me obrigar a dizer, não é? É! É isso mesmo.

– Espere aí! Como vou conseguir manter minha carreira sem ter tempo de fazer o meu trabalho?

– Não sei. O que eu sei é que não posso desperdiçar meu tempo de trabalho para que você escreva RESENHAS DE LIVROS para o *YOGA JOURNAL*.

Lancei-lhe um olhar contundente, do tipo "Ah, não, você não está dizendo isso". Em um casamento, é raro o momento em que a pessoa acha que tem razão de sair batendo a porta, mas essa era uma dessas ocasiões.

Sentei-me na varanda da frente e depois dei uma volta no quarteirão. Com toda a certeza, tinha sido a coisa mais desrespeitosa que Bruce me dissera. Eu me senti humilhada. E sozinha.

No dia seguinte, Bruce tirou Lucy do berço, como fazia todos os dias. Levantei uma hora depois, me esquecendo, como sempre, de que deveria me sentir grata por ter mais uma hora de sono. Li um livro para Lucy e fiz duas xícaras de café às 8h55, para que uma estivesse pronta para Joelle quando ela chegasse, às 9h. Sentamos juntas por alguns minutos e depois caminhei até o café, abri o laptop e tentei me lembrar o que ia dizer sobre o novo romance de Jane Stevenson. Achei o livro muito bom, mas agora não sabia exatamente por quê.

POSTURA DA CRIANÇA 3

Em 1977, as coisas haviam se acalmado. Morávamos na sossegada casa de Laurelhurst durante o ano letivo. Frequentávamos uma escola chique e conhecíamos crianças de boas famílias. Dividíamos o tempo entre nossos pais, dormindo corajosamente onde quer que nos mandavam dormir. E, nos verões, vivíamos em um veleiro, ou perto de uns hippies em Port Gamble, ou em um galinheiro nas ilhas San Juan.

Meu pai trabalhava no centro da cidade, na empresa de relações públicas que ele ajudou a criar. (Trabalhei no escritório na adolescência e depois, ao entrar na casa dos 20 anos, costumava ouvir seus empregados dizerem que ele era o melhor chefe do mundo.) Na maioria das vezes usava terno e, embora suas costeletas tenham crescido com o passar do tempo e o cabelo tenha ficado mais rebelde, ele permaneceu essencialmente um profissional. Era uma criatura de seu tempo. Seu próprio pai havia começado do nada e fizera fortuna negociando peles de animais. Agora meu pai tinha uma profissão. Era assim que as coisas deveriam ser.

E então a esposa o abandonou para ficar com um homem 16 anos mais jovem do que ele, um homem que representava algo completamente novo. Meu pai teve que começar outra vida sozinho. Lentamente, ele a reconstruiu. Trabalhava, passava um tempo nas montanhas e lia livros. E ficava comigo e com meu irmão. Durante uma parte do tempo, a gente construía esta vida com ele.

Meu pai morou em diversas casinhas perto da água. Quando o visitávamos, passávamos os dias ao ar livre, sob chuviscos quase invisíveis, e o cheiro bom e laborioso de creosoto em nossas narinas. Brincávamos de esconde-esconde na praia vazia, onde não havia lugar que servisse de esconderijo.

Ele acabou indo morar numa casa flutuante no lago Union, o lago mais urbano que se pode imaginar. Em lago Washington, onde morávamos com mamãe – e onde havíamos morado com mamãe e papai –, as praças, os gramados e as praias eram implacavelmente campestres.

O lago Union era diferente. Havia apartamentos, casas flutuantes e estaleiros em suas margens. A autoestrada acompanhava a curva de seu flanco a leste; a antiga rodovia fazia o mesmo a oeste. A poluição e o caráter urbano eram incontestáveis e, de certa forma, tranquilizantes. Apesar da aparência geral de degradação, o lago Union, sujo, cinzento e urbano, tinha mais integridade do que o lago Washington, que fingia ser selvagem por estar cercado de árvores e áreas verdes com espaços abertos. O lago Union não era selvagem. Mal podia ser considerado um lago. Era mais como um lugar úmido e ventoso entre áreas de estacionamento.

Nesse lago urbano, cinzento e profundamente real, meu pai construiu seu lar. Por fora, a casa flutuante era revestida de telhas de madeira e, por dentro, tomada de estantes de livros. Se tudo não fosse tão bem arrumado, poderiam achar que aquela casa cheia de livros, arte e música pertencia a um boêmio.

As estantes eram repletas de volumes dedicados às variadas obsessões herméticas de meu pai: a história da Alemanhã, futebol, montanhismo, esqui, caminhadas, filmes de Woody Allen, poesia de Elizabeth Bishop.

Havia um cesto com pedras que ele tinha coletado em todos os lugares por onde passara em suas caminhadas. Havia uma coleção de bilhetes de teleférico que remontava aos anos 1950. Uma parede estava coberta por fotos de seus pais, irmãos e filhos. Tudo era limpo, arrumado, organizado.

Uma minúscula cozinha de bordo guardava a comida do meu

pai, que parecia se alimentar como um bebê: biscoitos, purê de maçã, cereal, macarrão. Ele sempre tinha um monte de biscoitos do tipo cream cracker, só que enormes, espessos e brancos, que ele e meu irmão adoravam besuntar de geleia. Comer na casa de meu pai era um ótimo programa: uma enorme variedade de carboidratos à sua escolha.

Meu pai era um homem alto, de rosto comprido, com uma nuvem de cabelos grisalhos. Possuía a alma de um monarca, e seu reino tinha apenas uma pessoa: ele mesmo. Só fazia o que queria e, na maior parte do tempo, acreditava que os outros deveriam agir do mesmo modo. Era uma ótima forma de lidar com a ex-esposa – ou, no seu caso, com a esposa que morava do outro lado da cidade.

Havia apenas um objeto na casa flutuante que não tinha sido escolhido por meu pai. O antigo dono havia instalado uma cama d'água. Não é uma coisa fácil de se instalar, ou melhor, de se desinstalar em uma casinha flutuante no final de um estreito ancoradouro de madeira. Não havia um quarto extra para mim e meu irmão. Quando íamos visitar meu pai, dormíamos na cama e ele, no sofá. Sobre a cama d'água, sacudíamos no lago: uma dupla navegação.

Ele não teve nenhuma namorada, pelo menos até entrarmos no colegial. Éramos sempre os três: ele, eu e Dave.

Quando eu ia para a casa do meu pai, fazia questão de levar um livro. Sempre tinha um comigo, aliás. Quando era pequena e via uma estrela cadente, um cavalo branco ou uma concha em forma de anel e podia fazer um pedido, sempre pedia a mesma coisa: ter o poder de entrar em um livro de que eu gostasse e viver lá.

Livros são universos enclausurados. As coisas acontecem do mesmo jeito, sempre. É possível confiar nos personagens, sejam eles bons ou maus. Se eu entrasse num livro, ficaria sujeita a essas regras, me transformaria em um personagem. Minha vontade própria seria inteiramente descartada. Acho que era isso que eu queria: saber o que deveria fazer.

Eu lia sentada nas pedras e em barcos a remo. Carregava livros na mochila por quilômetros e quilômetros. Tenho uma foto em que apareço dirigindo um trator e lendo um livro ao mesmo tempo, aos 12 anos de idade.

"Pare de ler esse livro e olhe a paisagem!" "Não quer sair e explorar?" Detestava quando meus pais diziam isso. Não queria ver a paisagem. Eu queria ler. Não quer ver as coisas?, perguntavam-me. Não, obrigada. Sinceramente, eu já tinha visto o bastante.

Eu lia e relia meus 20 ou 30 livros favoritos. Porém, o mais especial deles era *Mulherzinhas.* Outros livros foram os riachos que abriram pequenos caminhos pelo meu cérebro. *Mulherzinhas* era o Mississippi. Definia o território.

Certamente não fui a primeira menina a fundir sua autoimagem com a personagem Jo March, mas não sabia disso. Nem imaginava que outras garotas liam a história dela com o alívio do reconhecimento.

Havia apenas eu e Jo, juntas numa só. Ela gostava de livros e era corajosa. Tinha cabelos longos castanhos, a única coisa bonita nela, segundo a mãe. Escrevia histórias e adorava maçãs, encontrava um galho de árvore e fingia que era um cavalo. Vivia com sua bondosa mãe, Marmee; a séria irmã mais velha, Meg; a frágil e angelical irmã Beth; e a bela, endiabrada e artística Amy.

Jo era o reflexo de minhas próprias dificuldades e excentricidades, com os flamejantes trajes da coragem. Seu gosto pela escrita, pela leitura e seus sonhos eram apresentados como indícios de uma personalidade questionadora, que não se deixava abater pelos costumes da época. Jo não se importava com as roupas. Patinava, corria e subia em árvores. Essas eram atitudes normais para uma garota na minha época, mas, no tempo de Jo, eram consideradas sinais de rebeldia. Essa imagem de rebeldia me agradava. Eu podia ser simultaneamente a mesma gorducha de sempre e um diabrete corajoso.

Jo estava sempre lutando para ser boa e correndo o risco de não conseguir isso. Ao olhar para trás e pensar em minha leitura de

Mulherzinhas, acho que o esforço daquela menina para ser uma boa pessoa foi o que mais me atraiu. Para mim, a natureza concreta da bondade descrita no livro era um alívio. Era uma virtude muito específica: você era gentil e não brigava; você incluía suas irmãs nas brincadeiras; se dirigia aos mais velhos de forma respeitosa e ajudava os pobres. Jo sabia como agir. Raramente fracassava.

Vivi a vida hipervigilante da filha de uma mãe solteira, tão sintonizada com as necessidades e os desejos dela que não sabia realmente o que queria para mim. Além disso, minha existência era uma sucessão de circunstâncias instáveis. Fazia parte de uma família e ao mesmo tempo não fazia. Meus pais eram divorciados, mas não de verdade. Eu tinha um padrasto, mas não tinha. Os livros estavam ali para continuarem sempre os mesmos; para apresentarem a vida como algo confiável, administrável. Os livros eram minha família estável. Os March eram minhas irmãs e minha mãe.

Meu irmão era a única outra coisa constante em minha vida, atravessando comigo todas as mudanças. Ele não se escondia nos livros. Em vez disso, controlava todas as situações que apareciam diante dele. Prendia a competência no pescoço como se fosse a capa de um super-herói e aprendia a fazer tudo o que os homens faziam.

Dave tinha uma ligação especial com meu pai. Eles dois esquiavam, caminhavam e pescavam. Eu também fazia essas coisas, mas só para acompanhá-los. Dave desenvolveu um grande talento e acabou superando meu pai, pelo menos em relação às dificuldades técnicas. Eu cambaleava atrás deles, fazendo o melhor que podia de uma forma um tanto desleixada. Tinha um cabelo volumoso e estava fora de forma. Os livros eram a companhia perfeita para mim.

Nos meses de agosto, que passávamos com papai, andávamos de carro, caminhávamos, andávamos de carro, caminhávamos: Alaska, Vancouver Island, a costa de Oregon, e, em nossa adolescência, White Clouds, de Idaho, Enchantments, em North Cascades. Meu irmão e eu estávamos sempre grudados. Comíamos e dormíamos juntos, brincávamos, brigávamos, líamos e desenhávamos. Deitados em nossa barraca ligeiramente malcheirosa, acampados em um bosque cheio de musgo, a gente lia enquanto papai pescava num lago nas proximidades.

Chovia torrencialmente e não tínhamos como sair dali. Como qualquer pessoa que já acampou sabe, não dá para sair da barraca durante uma chuvarada porque, uma vez molhado, você nunca mais volta a secar. Estávamos juntos e encurralados no meio do mato. Aparentemente, papai era impermeável e não se abalava com as condições climáticas. Ele continuava lá fora pescando.

Para Dave, com certeza aquela foi uma experiência infernal. Mas, para mim, foi o paraíso – presa com meu irmão mais velho, meu pai por perto, minha voz soando com sofisticação e inteligência entre as paredes da minha tenda de nylon.

Meu pai voltou do lago assobiando.

– Parou de chover – disse ele.

Meu irmão abriu o zíper da barraca e olhou para fora, desconfiado. Ele era muito bonito, tinha cachos louros que usava numa espécie de penteado afro e lindos olhos verdes... Era organizado, autossuficiente e tinha uma ótima coordenação. Podia praticar qualquer esporte. Provavelmente, podia fazer qualquer coisa. Ao lado dele, eu era apenas uma gorducha desarrumada.

– Vou lá fora – disse Dave.

E fim da história. Mais tarde, meu pai tirou as vísceras do peixe na beira da água, ensinou a Dave como cortar os filés e deixou que ele acendesse o pequeno fogareiro.

Li por mais algum tempo e depois me juntei a eles. Papai estava sentado em um tronco, eu me sentei em suas longas pernas e me encostei em seu peito. Ele tinha um jeito de me aninhar sem necessariamente me abraçar. Olhando para trás, acho que se tratava de uma gentileza da parte dele. Meu pai era um homem solitário e compreendia que, mesmo em família, as pessoas precisavam de algum espaço para se movimentar.

MEIA-LUA

– O que vai ter pro almoço, mamãe?

Eu estava caída sobre o vaso sanitário, depois de vomitar tudo o que havia nas minhas tripas até chegar àquele líquido parecido com suco de limão que normalmente você não quer ver pela frente, e minha filha de dois anos e meio estava de pé, na porta do banheiro, perguntando sobre o almoço.

Era o segundo vômito do dia. Eu já estava me acostumando com isso. Tinha deixado de ser um acontecimento.

– Macarrão – respondi.

Eu estava grávida. Não tinha sido um acidente. Foi uma ideia brilhante realizada no banco de trás de um carro alugado estacionado numa estrada de terra em Kauai, no Havaí, enquanto meus pais cuidavam de Lucy. A terra era vermelha. A lua era um disco branco no céu e uma mancha borrada sobre o mar. O carro era um enorme utilitário, porque a revista estava pagando. Bruce estava ali a trabalho. Deveria subir o monte Waialeale e escrever uma matéria sobre a experiência. Difícil imaginar circunstâncias mais fortuitas para se conceber um filho.

Nessa segunda gestação, seguir regras já fazia parte da minha natureza. A melhor comida possível – feito. Nada de álcool – feito. Enormes quantidades de água, nenhum queijo mole nem peixe defumado – feito, feito, feito. Se havia regras, lá estava eu para segui-las. Em primeiro lugar, porque quase tinha perdido meu primeiro bebê e pretendia agradar a qualquer deus, em qualquer lugar, se tudo corresse bem com este. Em segundo lugar, eu já estava acostumada com mil regras. Já havia assimilado a ideia de que as crianças eram mais importantes do que os adultos. Sabia que minha tarefa era fazer tudo certo, e não necessariamente fazer o que eu queria.

Mas não foi sempre assim. Na primeira gravidez, eu me ressenti do fato de que o bebê limitava minha liberdade. Durante os nove meses, senti que meu corpo tinha sido tomado por um ser estranho.

Esse sentimento era curiosamente intensificado pela maneira como o resto do mundo me tratava. Todos os dias, uma novidade entrava para a lista. Um desconhecido pôs a mão na minha barriga. O garçom do café do prédio onde eu trabalhava achou que Earl Grey açucarado talvez não fosse "a melhor opção" para mim. Durante uma festa de aniversário, quando fizemos o brinde, um amigo meu, médico, delicadamente retirou a taça de champanhe da minha mão.

Meu corpo tinha se tornado um simples receptáculo, para abrigar não apenas um bebê, mas também opiniões, análises e regras de todos à minha volta. Descobri que não gostava dessa parte. Ficava especialmente surpresa e horrorizada pelo que eu considerava "hipocrisia da esquerda", quando o assunto era gravidez. Em toda parte, via pessoas explicando como e por que eu precisava colocar a saúde do bebê antes da minha. Fundamentada em livros aparentemente favoráveis às mulheres, como *O que esperar quando se está esperando*, encontrei uma imensa ambiguidade em relação aos corpos das mulheres e a quem eles pertencem.

Comecei a ler *O que esperar* do jeito que os ateus leem a Bíblia: procurando os pontos fracos. O livro trazia delicadas ilustrações de mulheres vestidas com macacões desmazelados. A mensagem era clara: privilegie as necessidades do bebê; suprima as suas.

A cultura da época parecia dizer que se algo dava prazer à grávida, estava errado. Quando eu abria uma lata de refrigerante, meu marido e eu entoávamos juntos: "Refrigerantes não podem fazer parte da dieta regular da gravidez." Ou citávamos algum mantra mortífero: "Antes de colocar um alimento na boca, pense: 'Isto é o melhor que posso dar ao meu bebê?'" Até mesmo o sexo era separado de sua identidade gloriosa e suja, relegado ao compartimento sem graça e bem-comportado de "fazer amor". O sexo durante a gravidez não tinha a ver com o prazer – era para "fortalecer o relacionamento" e "preparar para o trabalho de parto". (Acho que a ideia é que relaxa as partes lá embaixo.)

Resumindo: os desejos da mulher eram secundários em relação aos do bebê. O bebê é sempre imaginado como uma entidade separada e soberana, cujas necessidades superam as necessidades da hospedeira.

Desabada no sofá, eu costumava murmurar para minha barriga: "As mães também são protagonistas."

Depois de já ter tido uma filha, nada disso me chocava mais. Eu estava determinada a fazer tudo certo. E, assim, voltei minha atenção para Lucy. Não me importava com o trabalho, não queria sair de casa. Até Bruce parecia irrelevante para o meu projeto, que era deixar o bebê crescer na barriga e aproveitar todo o tempo possível com minha filha enquanto ela ainda era a única criança da casa. O tempo se espalhava como massa numa assadeira, lento e frequentemente muito doce.

Foi um verão idílico e entediante. O tempo se transformou em meu aliado e em meu fardo, como um grande rolo de tecido que não para de se desenrolar. Quando as coisas iam bem, usava o tempo a meu favor, modelando-o em minúsculos rituais: "festas da torrada" de tarde, que eram exatamente isso – uma festa com torradas. Depois erguia-se uma espécie de horizonte de tédio e eu despencava e caía num buraco negro.

Como eu ficava muito tempo em casa, Lisa passou a deixar Sam comigo todos os dias para poder fazer ioga. As pessoas que iam ao estúdio que ela frequentava não tinham filhos. Ou eram mais jovens do que nós ou eram da nossa idade, mas sem filhos. Tinham muito tempo para entoar cânticos e sair juntos depois da aula para tomar chá ou vinho.

Lisa começou a voltar cada vez mais tarde. Estava ficando cada vez mais magra. Não comia. A ioga me fazia ter vontade de comer um hambúrguer. A ioga a transformou numa asceta. Os braços dela eram invejáveis. Ela parecia estar sempre em movimento. E parecia se afastar cada vez mais de Steve. Nunca via os dois juntos. Comunicavam informações relevantes sobre as crianças e se separavam, dia após dia. Se eu fosse um cineasta, não conseguiria capturá-los no mesmo quadro.

Já eu mantinha o foco em Lucy e nesse minúsculo mundo para o qual eu contribuía, construindo, reformando.

Durante minha primeira gravidez, não ficamos sabendo o sexo do bebê. Parecia que o suspense me ajudaria a ter forças para passar pela experiência do parto. (Eu estava certa nesse ponto.) Presumi que faríamos a mesma coisa dessa vez.

Porém, num dia de verão, quando Lucy passeava de velocípede, contamos que eu ia ter um bebê.

– Um bebê! Um bebê! Que legal! – Lucy tinha a habilidade de dizer exatamente o que o roteiro pedia. Eu achava isso bonitinho, engraçado e preocupante.

Passou-se um segundo.

– Tem que ser uma menina!

E, por isso, quando chegou a hora de fazer a ultrassonografia, levamos Lucy junto. Ela ficou olhando enquanto uma jovem passou o bastão gelado sobre minha barriga e anunciou:

– Olhe! Ali está o pênis.

– Ah – disse Lucy. – Droga.

Experimentei uma vez a ioga para gestantes. Não era ioga. Eram nove mulheres deitadas no chão soltando pum. Recusei-me a voltar. Tinha meu orgulho.

Por isso, continuei a ir para as aulas de ioga comum. Era engraçado. As pessoas me evitavam. Fran adorava exercícios em dupla. Nós nos puxávamos, empurrávamos e ajudávamos o outro a entrar nas posturas. Agora eu era a garota gorda sozinha no canto (mais uma vez!). Quando chegava a hora de escolher um parceiro, meus colegas se afastavam de mim, provavelmente com medo de me machucar.

E por isso eu sempre terminava fazendo par com a pessoa mais incomum da sala. Havia o Philip, assustadoramente alto. Havia Sabine, uma mulher estranhamente volumosa com cabelo pintado de púrpura e um guarda-roupa arcaico. E havia uma criança de 9 anos que aparecia de vez em quando. Eram meus parceiros.

Meu repertório de posturas também encolheu. Aconteceram mudanças óbvias. A prancha estava fora de questão por um motivo estritamente físico: não havia onde colocar a barriga. O cachorro olhando para baixo era uma tortura e geralmente se transformava numa postura da criança com os joelhos separados. Mas fui em frente. Quando outubro chegou, restavam-me poucas opções. Minhas favoritas eram as de equilíbrio em pé. Ao acrescentar um grande peso no meio do meu corpo, era possível entender exatamente por que se chamavam posturas de "equilíbrio".

A meia-lua, em particular, tinha um encanto hilariante. Você fazia o triângulo, flexionava a perna da frente – digamos que fosse a direita – e tentava tocar o chão com a mão direita. Depois esticava a perna direita e levantava a perna esquerda atrás. O tronco se erguia e a mão esquerda subia. Era uma postura leve, que ocupava o máximo de espaço possível, uma postura aberta, corajosa. Quando eu a fazia com minha enorme barriga protuberante, era simplesmente engraçado. Chega de plano coronal para mim!

Para sustentar a meia-lua, era preciso ter muita concentração. Para executá-la, você deveria escolher um ponto e fixar o olhar nele com a maior intensidade possível. Esse olhar, dirigido a um único ponto, chama-se drishti. Esse tipo de concentração intensa era chamado dharana.

Na realidade, não seria possível chegar à expansão, à sensação de voar, à abertura do tronco, aos braços abertos, ao voo do corpo, sem o drishti. O foco num ponto lhe permite abrir bem os braços e as pernas. Sem ele, você fica perdido, ou pelo menos não levanta voo.

Quando pensava no bebê no meio daquilo tudo, dentro do meu corpo expandido, protegido de uma queda apenas pelo olhar e pela concentração, eu ficava tonta.

Muita gente acha que a ioga é entediante. É uma das maiores críticas que ela costuma receber. E é mesmo, quando a pessoa não se concentra. Se você se jogar na postura, deixar que a mente vague e apenas tolerar a experiência, a ioga se torna realmente muito chata. Mas quando você se concentra de verdade, o tédio acaba e a postura se transforma na coisa mais interessante do planeta – na única coisa em todo o planeta. Quanto mais se pratica o dharana, mais simples fica o mundo. Existem apenas você e o ponto no qual você deposita sua atenção.

Esse tipo de concentração tem um efeito paradoxal: ao concentrar-se em um objeto, você aumenta a possibilidade de transcender do mundo físico. Você permite que o mundo se dissolva e avance para o próximo estágio dos oito pilares da ioga, aquele estado fugidio denominado dhyana, ou meditação verdadeira.

O *Yoga sutras* explica isso da seguinte forma:

A concentração prende a consciência em uma única área. Na absorção meditativa, todo o fluxo de percepções está alinhado com aquele objeto. Quando apenas a natureza essencial do objeto se destaca, como se despido de forma, a integração ocorre. Concentração, absorção e integração em relação a um único objeto compõem a perfeita disciplina da consciência. Assim que a disciplina perfeita da consciência é dominada, há o alvorecer da sabedoria.

A concentração, como ensinam os ásanas, é algo que rende benefícios imediatos e perceptíveis. Todos nós já sentimos isso quando ficamos totalmente mergulhados no trabalho: desaparecem as preocupações, os conflitos da vida diária, o próprio tempo. No

Bhagavad Gita, Krishna diz para Arjuna: "Se não és capaz de repousar a mente em mim, então procure me alcançar por meio da prática da concentração iogue."

Como antes, Bruce se portou de uma forma carinhosa em relação à minha gravidez. Levava copos d'água na cama para mim. Comprava os doces de que eu gostava. Preparava imensas refeições sem graça. Lembrava-se de me dizer que eu estava bonitinha.

Mas quando penso naquela época, mal consigo me lembrar de sua presença. Só me lembro de Lucy. Minha concentração estava intensamente voltada para minha filha, como se eu estivesse acumulando horas a sós com ela antes da chegada do novo bebê. Não havia problema em me esquecer de incluir Bruce no meu círculo de concentração. Ser mãe era mais importante do que ser esposa. Não era?

Passei de carro pela residência de Lisa numa tarde e a vi do lado de fora, contemplando a casa. Vestida com calças de ioga apertadas e camiseta regata, ela parecia elegante e irritada. Saí do carro.

Ela me olhou, levantou as duas mãos na direção da casa e berrou:

– Fodam-se todos vocês.

Acho que foi o fim da criação por apego. Não havia mais nada a dizer. Ela pegou o carro e foi para a ioga. Eu fui para casa, para abraçar Lucy e esperar o inevitável.

PRANAYAMA

Era impressão minha ou Fran andava fazendo um bocado de pranayama nos últimos tempos? Pranayama é a "ioga da respiração", como ela constantemente nos lembrava, e parecia que passávamos metade da aula treinando isso.

Fazíamos a velha e conhecida respiração alternada – agradável como sempre.

Também praticávamos bastante a respiração em três tempos que, segundo Fran, tonificava o sushumna, e quem não queria isso? Na respiração em três tempos, você inspira levando ar primeiro à parte baixa do abdômen e prende; então sobe até o plexo solar e prende; depois chega ao tórax e prende. E finalmente solta o ar, *bien sûr*.

Às vezes, praticávamos o kapalbhati, um arfar, quase um assoar. Você expulsa o ar pelas narinas de forma ritmada e inala nos intervalos. Isso me deixava tonta, de um jeito bom, como se estivesse sob o efeito de ácido.

Quando Fran comandava o pranayama, eu sentia que ela me olhava de forma insistente.

Certo dia, depois da aula, ela falou:

– Reparou em como a gente tem feito bastante pranayama?

– Reparei. Pois é, é muito legal.

– É para você.

– Para mim?

– É. Você vai precisar.

– Bem, vou fazer uma cesariana. Fiz da primeira vez, por isso vou ter que fazer de novo.

Ela pareceu um pouco desapontada, mas animou-se logo em seguida. Sua personalidade era essencialmente alegre.

– Tudo bem. De qualquer maneira, você ainda pode precisar. Talvez se surpreenda.

Fui criada com uma forte consciência do meu valor. Se você tem mais ou menos a minha idade, provavelmente também foi criado assim. Desde que nascemos, sempre nos disseram como éramos especiais. Expressávamos nossos sentimentos e nossas personalidades únicas. Fazíamos artesanato, subíamos nas mesas do jardim de infância e cantávamos alto. Escrevemos diários desde o momento em que aprendemos a desenhar as letras.

Pelo fato de a minha mãe ser uma hippie ligeiramente mais velha do que a média e por eu ter cursado uma escola particular progressista, eu me encontrava à frente desse movimento. Era um sistema de crenças que enaltecia as qualidades especiais de cada criança. O caráter especial da mulher moderna alcança seu ápice na hora do parto. Todas as histórias são especiais, horripilantes e heroicas. De alguma forma, pertencem somente à mulher e a mais ninguém – nem ao bebê, muito menos ao marido. Ela se torna a primeira mulher do mundo a parir um bebê, mesmo se for seu terceiro ou quarto filho. Não importam os detalhes, é sempre a mesma narrativa: NÃO posso acreditar que isso aconteceu COMIGO!

Todo parto é sempre o mais dramático de todos os tempos. Nunca se ouve uma mulher dizer: “Ah, foi tudo bem. Ofeguei um pouco e ele saiu lá de dentro!”

Mas, leitor, os partos dos meus filhos foram realmente fora do comum. Todo mundo diz isso. Não acho que esteja vivendo numa espécie de país das maravilhas das pessoas especiais quando digo que foram realmente horríveis.

Faltavam algumas semanas para a chegada do bebê e resolvi fazer um agrado a Bruce. Uma última sessão de cama antes que meu corpo se transformasse em uma fábrica de laticínios. Vinte minutos depois, satisfeitos, fomos dormir.

Às 3 da madrugada, alguma coisa aconteceu. Senti uma dor intensa mas abafada, como uma estrela explodindo em algum lugar muito distante. Cutuquei Bruce e, quando ele conseguiu acordar, telefonamos para mamãe e Larry, que vieram imediatamente. Deitaram em dois sofás, aguardando até que Lucy despertasse na manhã seguinte.

Bruce e eu esperávamos numa sala. Avisaram-nos que eu faria uma cesariana e que teríamos de aguardar até que uma sala de cirurgia estivesse disponível. Uma enfermeira velha e rabugenta entrou, parecendo ter vindo direto do ano de 1948.

– Então, aconteceu alguma coisa fora do normal esta noite?

Como ela sabia?

No momento em que eu ia dizer "Nada", como a adolescente culpada que no fundo eu sou, Bruce falou:

– Bem, fizemos sexo.

Ela apertou os lábios.

– Sexo?

Ele assentiu. Estava começando a parecer culpado também. A enfermeira completou:

– Hum. Acho que talvez a gente precise tirar esse bebê daí.

E nos deixou ali, de forma desumana, sem nenhuma revista.

Permanecemos naquela sala por horas. Ficamos ali por tanto tempo que mamãe e Larry chegaram com Lucy, parecendo visitantes vindos de uma outra era e de outro país.

Apenas uma pessoa tinha permissão de me fazer companhia no centro cirúrgico. Bruce caminhou ao meu lado enquanto me empurravam na maca. Atrás da gente vinha minha mãe, que de alguma forma dera um jeito de entrar.

O anestesista mostrou uma enorme agulha e me deu uma injeção, ou melhor, injetou um monte de coisas no dispositivo intravenoso que havia se tornado parte de mim. Logo senti um peso enorme tomar conta do meu corpo, começando pela ponta dos pés. Então, como em um daqueles relaxamentos orientados que a gente às vezes fazia na ioga, senti o peso viajando até as canelas, as coxas, chegando à cintura, apertando meu peito e então se espalhando por cada braço até a ponta dos dedos da mão. Por milagre, parou precisamente na altura do pescoço. Tentei mexer os braços, mas parecia que tinham sido amarrados. Uma sombra negra havia tomado meu corpo, com excessão da cabeça, que continuava leve.

Colocaram uma cortina sobre a minha cintura, e por isso eu não conseguia ver o que estava acontecendo. A cena era familiar por causa da última vez: as luzes brilhantes no teto, a multidão agitada com rostos cobertos por máscaras, o clima estranhamente parecido com o de uma festa. Foi bom que minha mãe estivesse ali, porque assim que começaram a me abrir, Bruce deu uma rápida olhada e saiu cambaleando para o corredor, onde desmaiou, segundo fiquei sabendo depois. Feito a donzela vitoriana que ele é. Levou alguns anos para que conseguisse me contar o que vira atrás da cortina e, mesmo assim, falou de uma forma lacônica: "Uma sopa de sangue."

Sem ele ali, a sala se tornava mais estéril, mais parecida com um lugar para cirurgias do que para o nascimento de um ser humano. Era melhor que ele não estivesse mesmo ali. Minha função era me separar inteiramente do meu corpo e dos meus sentimentos. Com Bruce presente, seria mais difícil fazer isso.

A ciência não deveria ser manchada pelas emoções humanas. Eu percebia que estava pensando um monte de bobagens, mas, mesmo assim, estava feliz por Bruce ter partido, levando todos os seus sentimentos dali. Agora eu podia desligar os meus. Cumpri meu papel (de ficar deitada), sem ter que me distrair com as bochechas rosadas e os olhos febris de meu marido, visíveis sobre o quadrado da máscara.

Mamãe entrou em cena e exerceu seu talento materno para agir da forma certa. Ela estava tranquila como os médicos, segurando minha mão na sua mão gelada. Soube na mesma hora que eu e ela tínhamos uma única tarefa: não surtar.

– Muito bem – disse-me ela. Falou isso mais algumas vezes, de uma forma calma e serena. Aí olhou por trás da cortina. Não desmaiou. Arqueou o corpo como um cavalo em sua empolgação de avó: um novo bebê! Então ela retirou uma câmera escondida debaixo do avental! E tirou fotos enquanto o bebê foi retirado do meu corpo! Fiquei ali, observei-a e senti um imenso carinho por minha mãe tão engenhosa.

A voz de um médico disse:

– Pegamos!

E o menininho minúsculo foi erguido bem alto.

Por alguns minutos, consegui desfrutar momentos de normalidade com meu filho. Cheguei a pensar isso. Pensei: estamos desfrutando a normalidade. É justo dizer que, a essa altura, eu estava bem dissociada do processo do parto.

Ficamos juntos no quarto revestido com madeira clara. O menininho se aconchegou junto de mim. Tive a agradável sensação de ser uma porca com seu leitãozinho. Os familiares entravam e saíam, segurando grandes copos da Starbucks. Nossos pais ficaram ali, prontos para momentos de adoração. Bruce ergueu Lucy cuidadosamente até a cama e ela me abraçou com um olhar aterrorizado.

Aí entrou um enfermeiro, trazendo atrás de si uma rajada de ar frio e inevitável. Ele tirou o bebê dos braços inseguros de minha cunhada e franziu a testa ao olhá-lo. Eu conhecia aquela expressão. Ah, se conhecia.

– Tenho certeza de que vocês foram informados, antes da cesariana, de que um bebê que nasce algumas semanas antes da hora corre o risco de ter problemas no pulmão.

Dissemos que sim, depressa – se formos crianças boazinhas, talvez o homem mau vá embora.

– Não estou gostando do jeito que o bebê está respirando. Precisamos levá-lo lá para cima. – Aquela palavra. Ele prosseguiu, sem necessidade – Para a UTI neonatal.

Não havia mais por que conversar ou ficar ali. Bruce e eu nos entreolhamos, totalmente exauridos, e a família desapareceu.

Fui sumariamente transferida da bela suíte para o ambiente sombrio do quarto de recuperação. Fiquei deitada por algum tempo. Depois, subi numa cadeira de rodas e Bruce me empurrou até o andar de cima. Cumprimentei todas as enfermeiras. Lá estava Willie, na bacia de plástico. Era muito bonito, mas aquilo não parecia importante. Era pequeno. E não estava nos meus braços. Esses eram os fatos relevantes. Isso parecia diminuir sua beleza.

Não conseguia crer que aquilo estivesse acontecendo. De novo. A enfermeira se aproximou.

– Já estivemos aqui antes – falei, contando em seguida a história de Lucy.

– Acho que me lembro de você – disse ela, vagamente. Mas era passado. – Vai ficar tudo bem com este menininho aí. Vamos mantê-lo aqui durante a noite, e assim você vai poder descansar.

– Tem certeza de que não é nada sério? Por favor, diga que não é nada sério – pedi.

– Bem, ele chegou um pouquinho antes da hora, mas geralmente as crianças ficam bem nesses casos. Vá descansar. – Toda essa insistência em me mandar descansar fez com que eu pensasse que ela era uma bruxa, um personagem de livro infantil tentando me afastar do caminho.

Apesar disso, Bruce e eu tentamos ficar calmos.

– Ótimo – disse eu animadamente, e Bruce me levou de volta para o quarto, onde comi os alimentos da minha bandeja e caí num sono profundo.

– Seu bebê foi submetido a uma cirurgia durante a noite.

Havia uma enfermeira na penumbra do quarto e ela dizia uma coisa que não podia ser verdade.

Mexi-me na cama e Bruce se endireitou na poltrona.

– O quê?

– Seu bebê, o nome dele é William, não é? Ele estourou um pulmão na noite passada. Fizeram uma pequena cirurgia, coisa simples, sabe, para reinflar o pulmão.

Ela havia começado a se referir a partes específicas do corpo e nós nem sequer estávamos despertos. Eu sabia o que queriam dizer quando se referiam aos órgãos do corpo assim – "o pulmão", "o coração" – e não era bom.

– O quê? Como ele estourou um pulmão?

– Estava chorando sem parar. Não conseguiram acalmá-lo. Chorou por tanto tempo que estourou um pulmão.

– Mas eu estava aqui! Um andar abaixo. Por que não me chamaram? Eu poderia ter colocado ele no colo. Talvez pudesse amamentá-lo. – O que eu não disse: Talvez ele quisesse apenas a maldita da mãe dele.

– As enfermeiras o colocaram no colo. Sabiam o que estavam fazendo.

– Mas sou a mãe dele! – Não conseguia guardar aquilo comigo. Precisava convencê-la desse fato. Eu mesma mal conseguia acreditar. – Sou a mãe dele! Por que não me chamaram?

Chorei loucamente. Puxei a camisola. Acredite, eu estava arrancando os cabelos.

Bruce parou perto de mim e ficamos, sem falar, sem mesmo nos entreolharmos, naquele estranho estado de união que tínhamos experimentado da última vez, quando Lucy era um bebê hospitalizado. Ele pousou a mão no meu quadril e eu comecei a berrar lágrimas, se tal coisa é possível.

A enfermeira avançou sob a luz pálida.

– Você precisar se acalmar. Precisa se acalmar.

– Não é a primeira vez! – gritei de uma forma ininteligível.

– Você não entende o que nós passamos – Bruce tentou explicar à enfermeira.

Ela chegou mais perto. A luz era fraca.

– Você tem que se acalmar, ou vou precisar lhe dar um sedativo.

Levantei da cama e sussurrei.

– Saia. Daqui. Agora.

Eu não tive necessidade de fazer respirações durante o parto. Agora eu me esforçava para lembrar como era. Para dentro. Para fora. Para dentro. Para fora. Nada de mais. Simplesmente continue. Simplesmente continue.

No elevador rumo à UTI neonatal, balbuciei:

– É melhor deixar o filho número três para lá.

– Nem me fale – disse Bruce. Durante aquele minuto em que a enfermeira kafkiana permaneceu no quarto, nós dois desistimos da ideia de ter outro filho. Desistimos completamente, na mesma hora, em silêncio.

Lá em cima, na UTI, Bruce e eu nos rendemos. Não gritamos com as enfermeiras. Nem mesmo perguntamos por que não foram nos procurar. Em primeiro lugar, era preciso manter as enfermeiras do nosso lado. Ter qualquer problema com elas poderia ser prejudicial para o bebê. Em segundo, fomos dominados por uma espécie de fatalismo. Por que se dar ao trabalho de reclamar? Não era como se a gente esperasse receber um serviço melhor da próxima vez. Não haveria próxima vez.

Conversamos com uma enfermeira típica, de cabelos louros e curtos. O bebê rompeu o pulmão de tanto gritar. Rapidamente, enfiaram um tubo na cavidade do pulmão para tirar o ar que estava entrando. Assim que se estabeleceu o vácuo na cavidade, o pulmão inflou. Um sucesso.

– Não tivemos tempo de procurá-los. Tivemos de fazer o procedimento imediatamente – explicou a enfermeira.

Não perguntamos por que não nos chamaram mais cedo, quando o bebê simplesmente chorava. Em vez disso, perguntamos:

– E agora?

Ela abriu a minúscula roupinha de hospital do bebê e nos mostrou o lugar onde o tubo fora inserido.

– Vocês podem ver como a incisão foi minúscula.

Olhamos sem muita precisão na direção do peito do bebê. Não queríamos ver.

– Vejam só – disse ela, apontando.

Será que ela esperava que a gente a congratulasse pelo tamanho do corte? Se fosse o caso, era o que a gente faria. Seríamos capazes de qualquer coisa para que ela desse uma atenção especial ao nosso bebê. Admiramos a incisão: uau, bem pequena.

Então entramos naqueles dias e semanas atemporais da vida dentro do hospital. Dessa vez, tínhamos uma pessoinha ansiosa em casa em quem pensar também. Lucy era dada a dizer coisas do tipo: "A gente tem um bebê! Que legal!" e depois mudar completamente de assunto.

Existe uma coisa repugnante a respeito das cesarianas: algumas vezes, para fechar o corte, você é literalmente grampeado, como um envelope de papel pardo. Depois vem o pior: é preciso remover os grampos. Quando Lucy nasceu, fechei os olhos com toda a força enquanto removiam os grampos, como se eu fosse virar pedra caso visse qualquer vestígio do procedimento. Dessa vez, assisti. Deitei na cama do hospital e um enfermeiro alegre, de barba, retirou os grampos com um instrumento especial. Parecia a coisa certa a fazer. Assistir era a forma como eu me despediria do meu futuro como grávida e mãe de três filhos. Era o fim da minha etapa reprodutora. Se ter filhos tivesse que ser sempre tão doloroso e revoltante, bem, melhor assim.

Willie ficou lá uma semana e depois mais outra.

Eu não estava no meu melhor momento. O remédio que tomava

para a dor acabou na tarde da véspera do Natal. Lucy estava em outro aposento, se distraindo com *Arthur*, antes de sairmos para a maratona de festas. Por alguma razão, eu havia decidido preparar *krumkake*, aquele biscoito em forma de cone. Era uma tradição na família de Bruce e, de alguma forma, a mãe, a irmã e as primas dele foram suficientemente maldosas para me empurrarem a complicada preparação daquilo.

Não consigo lembrar por que aceitei o desafio, tendo acabado de parir um bebê que estava internado no hospital. Parece nitidamente sintomático, quando olho para trás.

Minha cicatriz começou a doer. Fui olhar a caixa de Percocet no armário de remédio. Tinha apenas um.

Parei no meio da sala e berrei o mais alto que pude.

– O Percocet acabou!

Bruce veio correndo.

– Tudo vai ficar bem – disse ele.

– Não *vai* ficar bem – berrei, com um olhar desvairado.

Bruce me encarou. Nem se deu ao trabalho de rir ou discutir. Apenas ficou ali. O que era aquela expressão em seu rosto? Ah. Era medo.

O Natal foi, como sempre, gigantesco, voraz, devorando o tempo como se fosse um doce. Conseguimos abrir espaço para uma visita a Willie, pela manhã. Depois passamos nas casas dos avós. Lucy abriu tantos presentes que parecia andar o tempo todo com uma minitempestade de papel de embrulho à sua volta, como a nuvem de poeira de Chiqueirinho, o personagem sujinho do Snoopy.

Depois que colocamos Lucy na cama, voltei ao hospital para amamentar Willie. Uma coisa a respeito das UTIs neonatais: você se senta em cadeiras de balanço muito confortáveis. Essa tinha planadores, por isso eu me mexia suavemente para a frente e para trás, suspensa, como se eu e o bebê em meus braços tivéssemos voltado para dentro da barriga. Minha respiração entrava em sintonia com a amamentação, que entrava em sincronia com o movimento da cadeira, para a frente e para trás, para a frente e para trás. Isso é, simplesmente, pranayama. Apenas continue a respirar, bebê.

Então tudo acabou. É como as coisas funcionam na UTI neonatal. Um belo dia, dispensam você. Um dia depois do Natal, levamos Willie para casa.

– Veja como ele é pequenininho – dissemos para Lucy enquanto deitávamos o bebê no trocador. Ela mantinha aquele ar aterrorizado no rosto. Mas se aproximou, interessada.

– Aposto que ele é menor do que o meu sapato – disse Bruce. Ele tirou um tênis novo do armário e o pousou ao lado de Willie. Com toda a certeza, não dava para colocar o bebê dentro do sapato, mas ele realmente era menor. Lucy riu, encantada.

Como acontece com todos os bebês que nascem de cesariana, ele tinha uma cabeça perfeitamente formada, coberta por uma penugem dourada e macia. Ele esperneava no colchonete enquanto eu tentava fazer Lucy tirar uma soneca.

Eu achava que tinha de marcar ocasiões especiais para admirá-lo. No romance *The Last September*, sobre a vida em um lar irlandês provinciano, Elizabeth Bowen descreve a juventude da heroína como "um fogo que ardia em uma sala vazia". Comecei a usar a frase quando lamentava ter pouco tempo para me sentar e admirar Willie. "Sua graça é um fogo que arde em uma sala vazia."

Quando os vizinhos apareciam para fazer visitas, Lucy cuidava de apresentar o irmãozinho.

– Este é Willie, meu irmão. É um gênio e é lindo.

GUERREIRO II

Willie era uma verdadeira sensação. Em pouco tempo, dominou a habilidade de dar um grande sorriso e ganhou cachos amarelos em volta da cabeça. Seus olhos faziam truques: transformavam-se de gigantescas fichas de pôquer azuis em meias-luas apertadas de puro prazer. Mais do que isso, tinha a tranquilidade característica dos bebês. Movimentava-se (ou melhor, era carregado) mundo afora de uma forma totalmente despreocupada. Se algo lhe incomodava, ele berrava e ponto final.

Quando teve alta do hospital, ele não precisou ficar com um tubo de oxigênio, como Lucy. Não entrou em quarentena. Era inteiramente portátil, coisa que considerei uma novidade empolgante. Eu o arrastava a todos os lugares comigo. Levei-o ao estúdio de ioga, onde Fran me cumprimentou com certo orgulho, como um treinador congratula um atleta.

Onde quer que fosse, ele atraía uma multidão de admiradores. Certa vez, levei-o a um almoço de negócios com um editor e, de repente, um homem enérgico, com um belo terno e as sobrancelhas cerradas, parou na nossa frente e disse:

– Este é o bebê mais bonitinho que eu já vi na vida.

Fico constrangida em admitir que esse encontro me deu forças para enfrentar os meses seguintes, quando Willie não quis dormir de forma alguma, quando Bruce passou a trabalhar à noite também, quando nossa babá foi embora e Lucy deixou de ser um docinho encantador e se tornou uma menina de três anos e meio. Estar com uma criança dessa idade é como viver constantemente em meio a um rompimento doloroso. Explosões irracionais e acessos de raiva são amenizados pela manipulação conciliadora.

– Quem é você? – perguntei-lhe, depois que ela jogou o prato de macarrão no chão. Aparentemente, a comida estava quente demais. – E o que você fez com Lucy Barcott?

Ela desceu da cadeira e se pendurou no meu pescoço.

– Amo tanto você – murmurou.

Ao receber o abraço, fiquei feliz de uma forma subserviente. Será que eu estava começando a sofrer da síndrome de Estocolmo? Enquanto isso, Willie estava no quarto procurando bolinhas de poeira sob a cama para enfiar na boca. Ele teve sucesso. Encontrei-o com coisas cinzentas penduradas na boca. De que são feitas mesmo as bolinhas de poeira? O que é aquela coisa que faz com que a poeira se junte? Cabelo velho? Eca. Enfiei o dedo na boca dele e limpei da melhor forma que podia. Sonhava com o dia em que minhas tarefas não incluiriam mais enfiar os dedos na boca de alguém e ver o que encontrava ali.

Deitei no sofá com Willie. Lucy entrou.

– Oi, meu anjinho.

– Oi, mamãe. Vamos desenhar?

– Claro. Mas toma conta do seu irmão um minuto, meu bem – falei, com a voz exageradamente alegre que usava com Lucy quando estava muito cansada. Era tão melosa que enjoava até a mim mesma. Mas era melhor do que gritar, não era?

Peguei os lápis de cera e o papel, que não ficavam guardados numa gaveta, como acontecia na casa das outras pessoas. Moravam num estojo de plástico num armário de cozinha, na prateleira abaixo das louças. Ou melhor, moravam perto do estojo, pois na maior parte do tempo ficavam espalhados dentro do armário.

Espalhei o material na mesinha baixa de Lucy e começamos a desenhar. Eu a desenhei e ela me desenhou. Fizemos chapéus nos retratos. Willie ficou deitado de costas, dando chutes com suas belas pernocas.

Bruce entrou, vindo do escritório, para pegar mais café e me encontrou arrulhando para Willie.

– Oi, turma.

– Oi – respondi com indiferença.

– Estamos desenhando – disse Lucy.

– O que vocês estão desenhando?

Lucy mostrou para ele e eu encostei as costas no sofá e fechei os olhos por um momento.

– Claire, você poderia revisar o rascunho da minha matéria antes do jantar? Assim eu poderia enviá-la esta noite. – Ele estava trabalhando em um artigo sobre cristãos ambientalistas.

– Acho que sim. Mas agora estou meio ocupada com as crianças.

– Posso tomar conta delas.

– Claro, para eu poder trabalhar na *sua* matéria. Eu não tenho trabalho algum a fazer. – O que era verdade. Estavam aparecendo poucos frilas para mim. Tínhamos decidido que, por algum tempo, eu trabalharia o mínimo possível, para controlar os gastos com as crianças. Embora eu tivesse concordado com isso, sempre que via Bruce ir para o escritório, tinha vontade de esganá-lo.

– Ah, deixa pra lá.

– Não, eu vou fazer – respondi, em um tom ressentido.

– Sério. Não se preocupe – disse ele, dirigindo-se para a porta. Antes que ela batesse, eu já estava dando risadas por conta do chapéu engraçado que Lucy desenhara, enquanto aconchegava Willie no colo e ele puxava meu cabelo.

– Ai! – falei com a voz mais simpática do mundo.

Esperei seis semanas depois de tirar os grampos. Não para fazer sexo. Muito provavelmente, poderia esperar seis anos antes de voltar a fazê-lo. Foi para ir para a ioga. Ao chegar ao estúdio, dobrei as pernas em meio lótus. Bem, pelo menos eu tentei. Meu tornozelo não parava de escorregar da coxa, desabando para o chão como um bêbado caindo da banqueta de um bar. Era óbvio que as coisas não estavam do jeito que costumavam ser. Cruzei os tornozelos. Fran entrou na sala e abriu um sorriso para mim, que estava sentada na última fila. Tinha resolvido abrir mão da minha posição como aluna da primeira fila.

Ela não diminuiu o ritmo da aula por minha causa. Nós nos movimentamos com rapidez nas posturas familiares. Eu me sentia completamente travada. Era como se houvesse uma rua movimentada entre as minhas expectativas e aquilo que eu realmente era capaz de fazer. Podia me ver ali, do outro lado da rua, mas não conseguia chegar lá.

Fizemos algumas saudações ao Sol e passamos para o guerreiro II. Ergui o corpo e afastei os pés mais ou menos um metro um do outro. O pé da frente apontava para adiante. O de trás fazia um ângulo. A perna da frente estava flexionada em um ângulo de 90 graus. A de trás estava esticada. Os braços se abriram. Olhei com orgulho para o braço esticado à frente. Eu estava de volta à ativa, queridos!

– Vocês conseguem sentir o *core* nesta postura?

Core é o jeito como você se refere na ioga aos "músculos da barriga". A expressão derivou, acredito eu, do Pilates. Parecia boa, bem mais iogue do que "abdômen".

Depois da pergunta de Fran, houve um silêncio na sala. Eu, pelo menos, não conseguia sentir *core* algum nessa postura. De fato, durante toda a minha experiência com a ioga, nunca havia tentado sentir o *core*, nem mesmo pensava sobre ele. Quando um professor mencionava o *core*, meu cérebro o ignorava como um adolescente ignora assuntos sobre seguro de automóveis ou lavagem de roupa suja.

Nunca tive força no abdômen e quando comecei a praticar ioga, tinha acabado de me recuperar da primeira cesariana. Mas eu não podia negar: enquanto fazia o guerreiro II, sentia uma espécie de desmoronamento na região da barriga. Não doía. Parecia apenas uma grande bagunça. Meu baixo ventre tinha sido talhado duas vezes e ameaçava fazer uma greve. Olhei para o espelho e achei que havia alguma coisa errada. Minhas costas estavam arqueadas e o bumbum se destacava.

– Lembrem-se: esta postura se chama guerreiro II. É uma postura de poder. Não se trata de flexibilidade. Vocês fazem essa postura desde o começo, mas ela tem uma complexidade que pode passar despercebida pelos iniciantes. Vocês devem conseguir encontrar o *core* nesta postura. Entrar realmente no guerreiro II é quase uma arte.

Fran era como uma locutora de rádio na hora de fazer apelos. Podia nos bajular até que fizéssemos a coisa certa.

– Vamos parar e examinar os bandhas – disse.

Bandhas são fechos ou contrações. Há um monte de tipos diferentes de contração na ioga, inclusive contrações de mão. Mas Fran falava de contrações ligadas à energia. Existem três delas. Começando por baixo, temos o mula bandha. Todo mundo já praticou o mula bandha, mesmo sem saber. É a sensação que você tem quando tenta prender o xixi. Você contrai o assoalho pélvico, inclusive o ânus e o períneo. É isso mesmo! Foi o que eu disse! Você contrai o ânus! Subindo, você chega ao uddiyana bandha, uma contração da parte superior do abdômen. Basicamente, você encolhe o umbigo e tenta erguê-lo. Já viu uma daquelas fotos de um mestre iogue velho e encarquilhado cuja barriga parece ser completamente côncava? Ele provavelmente está fazendo o uddiyana bandha.

Jalandhara bandha é a contração da garganta. Você inspira, desce o queixo na direção do peito e aperta o queixo contra o esterno, alongando o pescoço. Eventualmente você relaxa e libera o ar. No traya bandha, se praticam as três contrações ao mesmo tempo. Primeiro o mula bandha, depois o uddiyana bandha e, finalmente, o jalandhara bandha. O ar fica retido nos pulmões e você prende pelo tempo que conseguir. Ou pelo tempo que a professora simpática diz que você precisa.

Fran fez a gente se sentar no chão e praticar os três bandhas. Enquanto retínhamos toda a energia disponível na sala, ela falava.

– A contração do *core* no mula bandha e no uddiyana bandha dá uma enorme energia às posturas. Os bandhas são movimentos sutis, mas é importante que sejam trabalhados quando se deseja encarar posturas difíceis e encontrar força em situações desagradáveis.

De fato, existe uma foto de B.K.S. Iyengar praticando os três bandhas ao mesmo tempo, embora, naturalmente, não se possa dizer com certeza se ele está fazendo o mula bandha. Ainda bem. Ele lembra um ídolo antigo, uma estátua, alguma coisa que não é exatamente humana. E é assim que você se sente ao praticar o traya bandha.

Depois nos levantamos e voltamos ao guerreiro II.

– Agora – disse Fran – vamos tentar fazer o mula bandha e o uddyana bandha enquanto estivermos na postura. Vamos esquecer o jalandhara por enquanto.

Segui as instruções de Fran e fiz a postura novamente. Contraí o cóccix de forma que minhas costas não se ergueram e meu traseiro não ficou protuberante. Fechei o velho mula, como gostava de pensar nele, e fiz em seguida o uddyana bandha. Detestei admitir aquilo – mas quase consegui sentir o *core*! Olhei para a mão dianteira. A turma inteira se jogava para a frente, olhando as mãos estendidas no espelho. Ninguém sorria ou parecia vacilante. Pareciam ferozes. Minha nossa, pareciam guerreiros! Muito obrigada, fecho de energia!

Ficamos ali, com o *core* no lugar, preparados como um exército, com os estandartes voando. O guerreiro II estava ótimo. Eu sabia que se perguntasse a Fran, ela diria se tratar de um guerreiro espiritual. Mas eu me sentia durona, como um guerreiro de verdade. Não havia percebido, mas estava doida para entrar numa briga.

Um ano se passou, um ano da gloriosa primeira infância de Willie. Estava chegando o Natal.

– Oi, querida.

– Oi, mamãe.

– Lucy me disse que quer de Natal as bonecas gêmeas da coleção American Girl.

– Eu sei, mas a gente ainda não decidiu o que vai comprar.

– Achei que eu poderia dar de presente para ela.

– É um presentão. Talvez não haja problema, se for seu único presente.

– Ah.

– O quê?

– Bem, elas também têm o carrinho. É tão bonitinho! Seria mais divertido dar as bonecas com o carrinho.

– Vou pensar no caso.

– Me diga logo o que você decidiu, porque pode acabar.

– Oi, querida.

– Ah, oi.

– Você já decidiu sobre as bonecas gêmeas?

– Acho que pode ser.

– E o carrinho?

– Argh. Tudo bem.

– Você está aborrecida?

– Não, está tudo certo. Mas não dê mais nada.

– Bem, preciso de coisinhas para rechear a meia de Natal. E mais alguma coisa para ela desembrulhar.

– Preciso trabalhar.

– Oi, querida.

– Oi.

– Estou tentando pensar no que dar para Willie. Quero comprar um presente equivalente ao de Lucy.

– Mãe, ele nem vai notar. Ele só tem um ano de idade.

– Eu sei, mas quero deixá-lo empolgado.

– É Natal. Ele vai ficar empolgado de qualquer maneira.

– Estava pensando num conjunto de golfe.

– Oi, querida. Estou no shopping. Encontrei umas bonequinhas de pano lindas. Pensei em dar uma para Lucy.

– Mãe, mas você já vai dar as bonecas gêmeas!

– Isso é só mais uma coisinha para ela desembrulhar. E elas têm uns vestidos adoráveis também. Pensei em comprar alguns.

– Mãe!

– Querida, é uma coisinha de nada. Que tal um daqueles aros de basquete de plástico para o Willie? E o Larry viu um trator que ele quer dar.

– E ele também vai ganhar uma plantação para cuidar?

– Há, há, há. É tão bonitinho. Do tamanho perfeito.

– Mãe, eles também vão ganhar presentes da gente. E dos pais de Bruce. E do papai.

– Ah... Os tratores vão acabar logo, logo. Você pode decidir ainda hoje?

– Oi, querida.

– Não!

– Não, o quê?

– Chega de presentes.

– Bem, se é assim que você pensa...

– Mãe, já é o bastante.

– Eu só estava escolhendo umas coisinhas para colocar nas meias.

– No ano passado, as "coisinhas" não couberam nas meias. Ficaram amontoadas no chão.

– É Natal. Vi uns fantoches de dedo encantadores. Você não acha que a Lucy ia amar?

– Fantoches de dedo me parecem uma boa ideia.

– E eles têm também um teatrinho de fantoches que é uma graça.

O Natal chegou e passou. Levei duas semanas carregando e descarregando presentes, graças à generosidade de nossas famílias. Logo chegou meu aniversário, alguns dias depois do Ano-Novo. Minha mãe e Larry ficaram tomando conta das crianças para que Bruce e eu pudéssemos jantar fora. As crianças cantaram "Parabéns pra você" e comemos o bolo antes de sair. Larry e Bruce assistiram a um jogo de basquete enquanto eu corria de um lado para outro para me arrumar e mamãe distraía as crianças.

Lucy ficou impressionada porque Bruce e eu comemos a sobremesa antes do jantar.

– Sobremesa antes do jantar! – comentou Lucy. – Isso é uma coisa que não acontece todos os dias.

– Sua mãe é uma mulher cheia de opiniões – disse minha mãe. – Espero que ela tenha apetite para jantar naquele restaurante francês chique. Um dia vou levar você para comer comida francesa. Vamos comer lesmas e pernas de rãs.

– Uiui! – exclamou Lucy, com uma voz horrorizada. – Como tiram as pernas das rãs? Eu não vou comer isso.

– Você vai gostar, quando for adulta – disse minha mãe. – Por enquanto, vamos comer crepes.

– Aqueles que parecem panquequinhas?

– Isso mesmo.

– Oba!

– E *boeuf bourguignon* – disse mamãe. – E *cassoulet*. E *pommes frites*! Você sabe o que é isso?

– Não – respondeu Lucy, fascinada.

– *Pommes frites* são batatas fritas – disse mamãe com a voz de quem começa a contar um conto de fadas.

– Tudo bem, vamos lá – disse eu.

– Divirtam-se – disse mamãe. – Experimentem o supremo de frango. Ouvi dizer que é fabuloso.

Bruce beijou os meninos e fitou o chão enquanto nos dirigíamos para a porta.

– Ela disse que o frango é bom, Bruce! – falei, tentando disfarçar seu silêncio, que interpretei como grosseria. Isso acontecia cada vez mais, nos últimos tempos. Bruce estava se recolhendo.

– Ah, tá – murmurou Bruce num tom sombrio.

O jantar não foi exatamente um sucesso. Estávamos exaustos e correndo para cumprir prazos. Não tínhamos disposição para uma saída noturna, mas lá estávamos nós, sentados a uma mesa do Café Campagne, celebrando aquele hábito tão louvado, a noite a dois. Quando você se casa, a noite da saída a dois fica zumbindo de uma forma irritante na periferia da sua consciência, do jeito que acontece com os solteiros na véspera do Ano-Novo. Todos os casais se divertem quando saem a sós. "Nós estávamos passando por um período complicado", confessam esses casais. "Simplesmente não conseguíamos mais nos entender. Mas então resolvemos fazer de tudo para sairmos sozinhos uma noite por semana e agora estamos muito bem!"

A saída a dois, como qualquer tipo de diversão obrigatória, tinha poucas semelhanças com diversão de verdade. Nossas melhores noites aconteciam quando resistíamos ao programa óbvio: jantar em restaurantes. Nenhum dos dois jogava golfe, mas a certa altura passamos a visitar a área de treinamento. Pelo menos, ficar batendo em um monte de bolas sob a luz dos refletores não tinha a alegria forçada de uma autêntica saída a dois.

O fato era que, por uma questão de princípios ou de genética, Bruce detestava restaurantes. Eu amava. Quero dizer, eu achava que deveria amar, já que, para mim, restaurante era sinônimo de romance. Ou seja, a coisa toda não passava de uma estranha teia de obrigações disfarçadas.

Bruce parecia a ponto de cair da cadeira, por isso fiz piadas sobre os editores dele que eu conhecia. Comparei-os a animais: doninha, ratazana, furão. Não era muito espirituoso, mas consegui retirá-lo do torpor, que estava pior do que o normal.

– Talvez você devesse dar a ele uns pedacinhos de queijo! – concluí, me sentindo ridícula por apelar às tendências mais ordinárias das conversas com Bruce.

– É – disse ele, sem se dar ao trabalho de aproveitar a brincadeira e levar a conversa adiante, como teria acontecido se estivéssemos em casa comendo cereais. Os restaurantes, pelo visto, reduziam ainda mais sua capacidade de falar. Acho que não tinha sido sempre assim. Ele um dia foi meu tagarela secreto. Mas havia deixado de ser.

Aparentemente, eu estava cortando meu frango e bebendo meu vinho, tranquila, mas, na verdade, uma revolução se formava dentro de mim. Queria que ele me desejasse de uma forma ardente e desesperada. Naturalmente, isso era impossível. Eu era casada com ele e, portanto, conhecida. Eu queria ser perfeita e adorada por essa razão, mas qualquer idiota sabe que não é possível ser conhecida e perfeita ao mesmo tempo. Lancei um olhar furioso para meu marido.

– O que foi? – perguntou ele.

Talvez essas sejam as palavras mais assustadoras no léxico do casamento. Naturalmente, só existia uma resposta que eu poderia dar, e acho que qualquer pessoa casada sabe qual é:

– Nada.

Ele baixou o garfo com um barulhinho minúsculo, quase inaudível, um sonzinho de nada que é a abreviatura conjugal para "Este jantar é bem caro. Tem certeza de que você quer arruiná-lo?" Havia também um pouquinho de "Foda-se" jogado na mistura.

– O que foi? – repetiu.

– Nada – respondi. Essa conversa bem que poderia compor uma peça teatral sobre o casamento.

Endureci por dentro e falei:

– Eu já disse a você que quero um pouco mais de romance na nossa vida. É constrangedor ter que ficar pedindo.

Bruce olhou em volta de forma teatral, contemplando as velas, a comida deliciosa, a ausência de crianças chorosas. Ele era bom nisso.

– Achei que a gente estava tendo um jantar romântico – disse ele. – Viemos até aqui só para isso!

Eu não ia cair nessa.

– Às vezes, acho que você nem repara que estou aqui – disse.

– Como eu poderia não reparar em você? – perguntou ele. – Em quem mais eu poderia reparar? Não entendo o que você está querendo dizer.

– Estou querendo mostrar como eu me sinto! – disse. – Não é importante? Como me sinto?

– Claire – disse ele, franzindo a testa ao ver minha taça de vinho tinto vazia. – Não sei o que você quer de mim. Sinto que faço coisas que você nem percebe. Ajudo nas tarefas de casa, compro os doces de que você gosta. Paro de trabalhar mais cedo para que você possa ir à ioga ou sair com suas amigas. Deixo você dormir até tarde. Até levo o café da manhã na cama pra você.

Eu não sabia como dizer aquilo, mas sentia que alguma coisa estava saindo dos trilhos entre nós. No passado, havia dois Bruces: o fazendeiro norueguês e o pescador croata. Em grupos, ele era o silencioso norueguês e, quando estava sozinho comigo, se tornava o croata falante e emotivo. Eu brincava com ele sobre isso, chamava-o de meu tagarela enrustido. Mas, agora, ele parecia introvertido e silencioso mesmo quando estávamos sozinhos. Sentia falta do meu velho croata, exigente e falante.

Em *A luz da yoga*, Iyengar sugere o tempo todo que as forças do prana que correm por dentro de nós são mais poderosas do que imaginamos. O kundalini que se ergue da base da espinha até a coroa da cabeça é uma força perigosa, tão perigosa que os mestres acreditam que, se usada de forma errada, pode nos destruir. Ainda assim, o objetivo da ioga é mobilizar e empregar essa energia. Iyengar escreve: "Sem os bandhas, o prana é letal." Adoro essa frase.

Os bandhas estavam salvando a minha pele. Depois de duas cesáreas, meus músculos abdominais sofreram um golpe fatal. Os bandhas me deram a força de que eu precisava. Eu ainda podia ser forte sem precisar lembrar que minha musculatura não funcionava. Estruturalmente, eu estava meio comprometida, mas podia compensar isso usando as contrações e encontrando uma forma de manter uma postura pelo tempo que eu quisesse.

Eu regulava o clima na minha casa do mesmo modo. Fingia que as coisas não estavam ficando péssimas, que Bruce não estava se afastando de mim. Empregava uma enorme energia nessa tarefa. Era uma técnica que eu vinha aprimorando havia anos – simplesmente não admitia que havia algo errado. Talvez assim as coisas não saíssem dos eixos. Eu precisava dessa força porque não tinha a bondade ou a coragem de reconhecer que meu marido estava se isolando.

Não conseguia admitir isso nem para mim mesma, muito menos para os outros. Sentia vergonha de ver como ele estava triste e de sentir que aquilo me afetava. Sua bela e longa coluna ficava curvada o tempo todo, como uma flor murcha. A mais triste flor jamais vista.

Eu me sentia contaminada pela tristeza de Bruce, como se aquilo pegasse mal para mim. Como se eu tivesse comprado um carro defeituoso. Estava casada havia anos e ainda chutava os pneus, perguntando-me se havia feito a escolha certa. Acho que essa avaliação e a reflexão constante sobre nossos cônjuges é um dos verdadeiros legados do divórcio – ainda quero essa lata velha?

Eu estava tão envergonhada pela possibilidade que haver um problema que nunca lhe perguntei o que estava acontecendo. Às vezes conversávamos como no passado, mas eu sempre evitava me aproximar da pergunta que não fazia: o que há de errado?

Mergulhei no mundo das crianças. Silencioso e distante, Bruce exalava derrota. E eu não sabia o que fazer com aquela escuridão. Não queria admitir que ela existia. Eu era forte e alegre quase o tempo todo. Poupava a fraqueza e o desânimo para as ocasiões em que Bruce e eu ficávamos a sós. Para o resto do mundo, eu era um exemplo de mãe feliz.

Quando eu era pequena, minha mãe tinha um jeito de atender o telefone que me deixava louca. A gente podia estar no meio de uma guerra, berrando uma com a outra, aí o telefone tocava e ela atendia com a voz mais doce e melodiosa do mundo: "Alôôôôô!" O mundo nunca iria saber.

POSTURA DA CRIANÇA 4

1977

Chegamos de barco, naturalmente, a uma ilha que não podia ser alcançada pela balsa. As pessoas que viviam em Stuart Island ou que passavam os verões ali tinham que ir por conta própria. Ancoramos numa pequena enseada e nós quatro – mamãe, Larry, Dave e eu – remamos até uma praia minúscula, cobertas por pedrinhas úmidas e cinzentas. Colinas claras se estendiam à nossa frente.

Larry nos conduziu por um caminho íngreme, onde não se ouvia canto de pássaros, apenas gritos agudos e estranhamente cômicos das gaivotas. Um par de gaviões fazia círculos silenciosos no céu. O cheiro era de sal e grama. O ar estava parado, sem ser exatamente suave. A encosta amarelada era coberta de folhas mortas e cravejada de rochas cinzentas e nuas. Retorcendo-se entre elas, havia madronas cujo tronco parecia pistache – o laranja escuro descascando e revelando o verde-limão por baixo.

O caminho terminou em uma clareira tão silenciosa que era impossível imaginar árvores crescendo ali – seria barulhento demais. À esquerda, havia mato. À direita, nada. Apenas água, quase 100 metros lá embaixo, recortada pelas ondas.

– A propriedade segue por ali. – Larry gesticulou com a mão para o outro lado da água. – Você pode percorrer toda a ilha e sair do outro lado, em Johns Pass.

Caminhamos por uma trilha no mato que chegava a uma estreita estrada de terra. O ar cheirava a mofo, como uma biblioteca. Deixamos a estradinha para entrar em um caminho um pouco mais largo. Então, de repente, saímos da mata e começamos a ver lá embaixo as águas agitadas, cinza-esverdeadas de Johns Pass. Aí não havia mais caminho, só uma ampla área gramada que descia até a praia pedregosa e o mar. Tínhamos atravessado a ilha de um lado a outro, a pé, de uma praia até outra praia, tudo dentro da nossa propriedade. Vimos gigantescos rochedos, árvores frutíferas, cervos passeando entre rochas cobertas de musgo. Eu estava com 10 anos. Achei que tinha chegado em casa.

Mamãe, Larry e Dave se dirigiram para o outro lado da ilha.

– Posso voltar sozinha? – perguntei.

– Ai, querida, você vai se perder – disse minha mãe.

– E daí? – perguntou Larry. – Isto aqui é uma ilha. Ela vai encontrar o caminho de volta. Só precisa continuar andando até ver o mar.

Eles partiram, conversando sobre o lugar onde poderiam construir uma casa e quando poderiam começar a obra. Sentei-me na praia. Não era exatamente minha, era de Larry. Mas eu me sentia como um rei. Não como uma rainha, dona de um poder moderador, ocasional. Um rei, um soberano.

Caminhei pelo mato. Vi uma minúscula trilha de cervos entre as árvores. Com os galhos prendendo meu cabelo, segui em frente. Vaguei de campina a campina, como se estivesse drogada. Estava perdida, mas não entrei em pânico. O misterioso ritmo dos campos me compelia intensamente. Floresta, campo, floresta, campo. Achei que poderia continuar para sempre. Sozinha, vagando.

Em determinado momento, consegui ver nosso barco lá embaixo. Tudo o que precisava fazer era seguir o penhasco e encontraria a praia onde havíamos chegado. Desci em zigue-zague, subindo nos rochedos, escalando árvores caídas, até chegar finalmente à praia rochosa. O esquife tinha desaparecido. Gritei na direção do barco e Larry veio remando me buscar. Remamos de volta até o barco, em perfeita e silenciosa harmonia.

Ocupamos um galinheiro abandonado na beira de nossa nova propriedade. Dave e eu tínhamos uma grande barraca de lona, onde nos acomodávamos em sacos de dormir e líamos todas as manhãs sob a luz azeitonada e escura, mesmo nos dias mais ensolarados.

Os anos seguintes foram movimentados. Larry abriu uma empresa de rebocadores. Construiu uma casa. No meio da noite, certa vez, aproveitamos a maré alta para tirar do barco a madeira que seria usada na casa – claro, não havia fábricas nem depósitos de madeira naquela ilha distante.

Entrei até a cintura na água gelada e conduzi enormes painéis de madeira até a praia. Dentro da água, cumprindo meu papel, eu me sentia selvagem, corajosa, excepcional. Larry tinha dito que ia ser divertido, e era mesmo.

Fomos absorvidos pela vida na ilha. Não havia muito tempo que estávamos ali quando Stan e Mimi decidiram se mudar para lá com o bebê, que agora era uma garotinha linda e séria. Eles ocuparam um pedaço do terreno na praia e montaram uma barraca. A ilha inteira era como um mostruário de estruturas improvisadas aproveitadas pelos hippies: tenda, galinheiro, torre, cabana, barco encalhado na praia.

A graça da ilha estava em casais como Stan e Mimi. Quer dizer, ninguém podia ser como Stan e Mimi. Os casais eram estranhos, singulares; cada um tinha suas próprias excentricidades. Havia Sally e Billy, hábeis com as mãos, que faziam tudo ficar lindo. Sally plantava tomilho e tricotava suéteres com desenhos que me deixavam tonta. Mark e Jan eram malvados e dava para ver que usavam drogas. Eric e Annika eram suaves e virtuosos, como os Quakers que viviam do outro lado da ilha, e por isso eram misteriosos. Connie e Jim eram pessoas normais, decentes – como teriam ido parar ali? Adam e Gus viviam sozinhos, sem mulher, dentro do mato e pareciam se igualar na tristeza: a de Adam era doce; a de Gus, cortante. Toots e Norm comandavam todo mundo. Era um casal velho e durão, dono do terreno mais bonito das ilhas San

Juan. Tenho certeza de que não eram pessoas perfeitamente felizes, mas pareciam ser.

Passava meus dias fazendo visitas, sem me preocupar se eu era bem-vinda. Entrava de casinha em casinha. As mães eram mais novas do que a minha – da idade de Larry. Eram bonitas e cozinhavam. Os bebês subiam no meu colo enquanto o cheiro de comida tomava conta da casa. Essas minúsculas famílias eram meu refúgio. Eu estava apaixonada por elas, todas elas. A vida em família na mata, na praia: aquilo me parecia belo e exótico.

Não havia água corrente na ilha. Íamos de barco uma vez por semana até um chuveiro na marina em Friday Harbor, a cidade mais próxima. Aprendi a reconhecer de longe o cheiro de hippies sem banho. Reconhecia o patchouli, a levedura de cerveja, a maconha, que permanecia por muitos dias nos cabelos longos e embaraçados. Reconhecia todos os tipos diferentes de suor: suor misturado com óleo diesel, suor causado pela ansiedade, suor de carpinteiro, suor alcoólico.

Nossa casa era ensolarada e aberta. Aquelas pranchas de madeira revestiram as paredes, mas, apesar do peso da matéria-prima, a casa tinha leveza, com várias janelas e madeira por toda parte. Tínhamos um fogão a lenha e armários de cozinha com cortinas no lugar de portas. E alguns livros nas prateleiras.

Numa noite de domingo, Stan e Mimi decidiram organizar uma festa. Enquanto estávamos em volta do fogo esperando os convidados (eu me considerava parte da família, provavelmente de uma forma cansativa para eles), Stan decidiu me explicar por que tinha parado de usar drogas. Esticou as pernas longas em direção ao fogo, sacudiu o cabelão para afastá-lo do rosto e pousou as mãos sobre a barriga, que mal se percebia em um homem tão alto. Larry sentou-se a meu lado, bebendo sua cerveja em silêncio.

– Um dia, a gente estava fumando uma parada muito louca.

Stan passou os dedos no cabelo e olhou ao longe, até onde o

fogo iluminava. Ele só bebia cerveja de vez em quando e Mimi nem sequer tomava café, de tão alarmada que ficara com a experiência com narcóticos. Ela agora só se interessava por biscoitos.

– Comecei a me sentir vermelho. E cheio de protuberâncias. Achei que era um morango e que precisava ficar no frio. Então abri a geladeira, tirei as prateleiras e entrei. De algum jeito, consegui fechar a porta e desmaiei lá dentro.

Larry riu, mas eu estava envolvida na história.

O sol havia baixado no céu e o fogo assumia formas mais definidas com as árvores ao fundo no final da tarde.

– Mimi me tirou de lá antes que eu começasse a ter hipotermia. Foi a última vez que usei drogas.

As drogas estavam em toda parte. A mais comum era a maconha, tratada pelos adultos como um prazer inocente e quase universal. O cheiro era onipresente – até hoje a fumaça espessa da erva queimada associa-se à minha infância. Um dos tripulantes que trabalhavam para Larry fumou uma enorme quantidade de maconha, deixou um guindaste de 100 mil dólares virar e tentou entrar no meu saco de dormir, junto comigo, quando eu tinha 12 anos. Flagler, um velho amigo de Stan, estava na festa, então talvez tenha sido por isso que ele se lembrou de seus dias com as drogas. Era engraçado ver Flagler em um jantar, porque ele não comia. Na hora da refeição, ele colocava uma série de comprimidos no prato e os engolia enquanto o resto das pessoas mastigava. Havia muita comida: salmão, pão de abobrinha, torta de amora silvestre, espigas de milho e um prato de marinheiro: caçarola de milho e carne moída, que alguns de nossos amigos da marina tinham inventado quando moravam num veleiro.

Ouviu-se um barulho estranho. Nudge, a cabra de Stan e Mimi, estava atacando os arbustos de amoras selvagens. Flagler, seminu, barbado e quase careca, foi se entender com ela. Minha mãe e eu nos entreolhamos. Começamos a rir. Aquele momento parecia perfeito.

Quando fui para a faculdade, uma colega escreveu uma canção sobre mim: “Não acredito que você exista” era o refrão. Ela não se inspirou na minha beleza rara nem na minha inteligência excepcional, e sim nos acontecimentos da minha vida, que pareciam estranhos quando observados de fora.

Minha colega ficou particularmente encantada com meu trabalho de verão: tripulante de rebocador. Larry construiu uma barcaça que chamou de *Donna May*, em homenagem à minha mãe. Viajava pelas ilhas San Juan, carregando materiais de construção para as ilhas onde as balsas não chegavam.

Como tripulante, é claro que eu não era realmente muito útil. Não podia trabalhar no motor. Nunca poli os ornamentos em metal. Não sabia ler mapas. Mas podia desamarrar, rebocar, atracar no cais e cuidar das cordas entre o reboque e a barcaça. Não era muito boa, mas Larry nunca pareceu se importar de ter uma garotinha de tranças, amalucada, dirigindo o barco numa doca enquanto os homens que estavam por lá assistiam e riam. Nunca perdi o equilíbrio, nunca fui esmagada entre o barco e a barcaça e nunca perdi uma carga.

O trabalho com o rebocador envolvia muitas saídas pelo estreito em horas esquisitas. Em parte, isso acontecia por causa das marés. E em parte porque Larry havia se transformado em uma espécie de motorista de ambulância marítima. Havia prendido na sala um rádio para a comunicação com a costa e mantinha o som baixo, para ouvir o chamado de gente em dificuldade. Se alguém encalhava, saíamos no rebocador para ajudar a retirar a embarcação do banco de areia.

Numa tarde de julho, saímos às 5h, com o sol batendo em nossos olhos. Larry era sempre bem-humorado, mas no rebocador ficava silencioso e não aturava bobagens. Tínhamos quatro horas de luz, antes que o sol sumisse. As águas do estreito de Puget nunca eram calmas e àquela hora estariam cobertas por pequeninas ondas, negras na frente e variando de lilás a cinza e verde-alga na parte de trás. O cheiro do diesel, que até hoje é para mim o cheiro da masculinidade, estava por toda parte. Eu ficava na cabine do piloto, no timão, segurando o eixo redondo de madeira. O rádio estava ligado e Larry se sacudia pelo barco, verificando as linhas, o porão, o motor. Era ágil de corpo e mente, como eu jamais seria.

Ele entrou na cabine e se sentou num tamborete atrás de mim, cruzando as pernas vestidas em calças jeans. Examinou o mapa e, de tempos em tempos, corrigia a rota e nos dirigia com mais perfeição até nosso objetivo: um barco perdido no lado ocidental da ilha Waldron.

Van Morrison soou no rádio cantando sua poesia, às vezes estrangulada, às vezes soltando a voz. Aumentei o rádio um pouquinho e sorrimos um para o outro enquanto viajávamos em silêncio. As águas frias e selvagens batiam à nossa volta. O sol quente ainda entrava pelas janelas da frente, mas soprava uma brisa rude pela porta aberta da cabine.

Eu sabia que era uma menina de sorte. Tinha sorte de estar naquela cabine, com as ilhas e as colinas cor de palha à minha volta. Tinha sorte de dirigir um rebocador. Tinha sorte de viajar naquela cabine construída com madeira de 60 anos de idade, com aquela pessoa cheirando a diesel, mais velha do que um irmão e mais nova do que um pai, que me amava tanto e que jamais me diria tal coisa.

Ele deu um salto e identificou nosso destino.

– Vá até aquele ponto ali – disse ele.

– É a ilha de Waldron?

– Isso.

– Vamos virar antes ou depois daquela ponta?

– Vamos virar à direita, depois dela. Há um grande rochedo ali, por isso faça uma curva bem aberta e entre devagar.

Contornei a ponta ao largo, enquanto Larry olhava por toda parte em busca do barco em apuros. Assim que terminamos o contorno, não foi difícil encontrar: um veleiro preso a um rochedo. A maré subia e o barco parecia encalhado como uma baleia.

– Fundeie a embarcação – disse Larry, passando a mão na barba como se fosse um rodo. – Diminua a velocidade. Mais. Inverta agora.

Fiz o barco andar para trás e a água se revolveu numa espuma branca.

– Isso – rosnou Larry. – Agora aguente firme.

Mantive o barco no lugar enquanto ele foi dar uma olhada na situação do veleiro. Certamente estava pensando, pois permaneceu parado. Assim que terminasse de pensar, ele se movimentaria. Aí, ele teria um plano. A gente se afastaria até a maré subir completamente. Retiraríamos o veleiro das pedras da forma mais delicada possível e o rebocaríamos para a marina mais próxima, caso seu casco tivesse sido danificado.

Tudo aconteceu bem rápido. Em uma hora, já tínhamos removido o veleiro das rochas, e seguimos para a marina antes do anoitecer. Depois, voltamos para casa na escuridão. Larry não me elogiou nem disse que eu tinha feito um bom trabalho. Comprou-me uma Coca-Cola de uma máquina na marina e me deixou escolher a estação do rádio. Riu das piadas bobas que eu fiz sobre um dos iates fantásticos que vimos ancorados perto da marina.

Sua risada fazia eu me sentir completamente incluída: feliz e engraçada ao mesmo tempo. Essas duas coisas que nem sempre estavam juntas. Viajamos na escuridão e chegamos em casa depois da meia-noite.

Fomos para nossos aposentos. Tive uma perfeita sensação de pertencimento. Como todas as crianças, eu ansiava por aquele sentimento.

Mamãe, Larry, Papai, Dave e eu tínhamos chegado a um equilíbrio precário. Encontramos um jeito de seguir em frente com essa estranha família. Larry e eu descobrimos como nos relacionar de um jeito tranquilo e brincalhão. Essa família, essa invenção delicadamente arranjada, parecia ser eterna naquela época. Achei que duraria para sempre. Mas, agora, percebo que era instável.

VINYASA

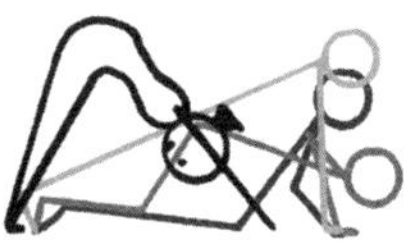

Todas essas reminiscências aconteceram à noite, naturalmente, acho que entre duas e três da madrugada. Como durante o dia eu estava sempre ocupada, não havia tempo para esse tipo de coisa. Agora até a ioga parecia cheia de agitação.

Reparei que havia uma novidade nas atividades que o estúdio oferecia: vinyasa. Era a ioga que eu havia praticado no estúdio de Lisa, aquela coisa rápida, várias posturas uma após a outra. Achei que deveria experimentar novamente. Fiz minha ioga de sempre por mais algumas semanas, até não sentir mais que a cicatriz estava a ponto de rasgar quando eu fazia flexões para a frente, e fui para a vinyasa.

Era engraçado entrar no mesmo estúdio, na mesma sala, onde havia aprendido tanto e me sentido tão em casa. O mesmo lugar, mas agora havia um ar de perigo ou ameaça. É impressionante como um novo grupo de pessoas pode fazer com que um espaço se torne completamente diferente. A turma da aula de Fran era composta por homens, mulheres mais velhas, atletas, alguns casais de hippies e um pequeno grupo de ex-ginastas atraídos por Fran.

Aquele era o tipo de grupo que me assustava antes de eu começar a praticar ioga – uma sala cheia de mulheres jovens, bonitas e esguias. Quando os não praticantes imaginam os horrores de se praticar ioga, é exatamente nisto que pensam: essa imensa concentração de pele firme e acetinada.

As mulheres já se movimentavam em volta dos tapetes, demonstrando flexibilidade antes mesmo do início da aula. Alongavam as pernas sentadas, fazendo flexões para a frente, ou com as pernas separadas, na postura do sapateiro. Algumas estavam completamente imóveis, com os olhos fechados.

A professora – uma mulher também jovem e bela – entrou na sala. Seu caminhar era totalmente silencioso. Quer dizer, todo mundo caminha de forma silenciosa quando está descalço, mas o andar dela era ainda mais silencioso.

Ela sentou-se perto de um pequeno altar que provavelmente montara antes da aula e que continha uma miniatura de Buda e sininhos tibetanos.

– Sou Mindy – disse ela, como se o nome fosse uma espécie de título honorífico. O cabelo estava preso em um orgulhoso coque no alto da cabeça. Parecia embebida em sua própria realeza intrínseca, aquela Mindy. – Pedimos que vocês honrem sua habilidade, o ponto onde se encontram neste dia, não no dia de ontem, nem no de amanhã. Usem um momento para colocar intenção na sua prática. Guardem espaço para essa intenção durante toda a prática.

E começamos. Assim que terminamos os exercícios preliminares de sempre – alongamento sentado, om, mais alongamento –, Mindy ficou de pé diante do tapete e a esquisitice começou. Fizemos uma saudação ao Sol convencional mas, de repente, ela começou a acelerar. Caminhava entre nós sem demonstrar as posturas, apenas anunciando-as. E dizia os nomes em sânscrito:

– Samasthiti! Urdhva virasana! Uttanasana! Ardha uttanasana! Chaturanga dandasana! Urdhva mukha svanasana! Adho mukha svanasana! Ardha uttanasana! Uttanasana! Urdhva virasana! Samasthiti! Atravessem a vinyasa – dizia Mindy, com sua entonação especial. – Atraveeeeessem a vinyaaahsa.

Levou um tempo para a ficha cair. Atravessaaaaaar a vinyasa significava realizar rapidamente alguns dos movimentos da saudação do Sol (ou, como era chamada, surya namaskara A), com uma única inspiração ou expiração a cada movimento.

É claro que coordenávamos a respiração e os movimentos na aula de Fran, mas não com esse rigor, não com a respiração tão firmemente ligada ao movimento que você nem sequer pensava em expirar. Da mesma forma, eu sabia os nomes de todas as posturas em sânscrito, mas, assim, isoladamente e tão rápido, me deixaram confusa.

Depois de algumas passagens pela vinyasa, peguei o ritmo: Urdhva virasana. Inspire. Braços para cima. Cotovelos ao lado das orelhas. Erga o peito, mas mantenha as costelas para dentro. Ombros para baixo. Ative o *core*. É um momento de prontidão. Tudo é possível, pelo menos nos próximos três segundos.

Uttanasana, também conhecida como a boa e velha flexão para a frente. Solte o ar. Você só vai ficar assim por um momento, por isso é melhor aproveitar. Bem, suponho que isso aconteça com todas as posturas em uma sequência de vinyasa. Imagino que algum adepto da ioga diga que isso é o que ocorre em todos os momentos da vida. Poderíamos até pensar nisso, mas está na hora de mudar de posição.

Ardha uttanasana. Inspire. Você sai da flexão para frente (uttanasana) até a metade do caminho, com as costas esticadas e as pontas dos dedos no chão ou na canela. Ardha uttanasana é onde o laço entre a percepção e a realidade começa a se afrouxar. Suas costas podem estar esticadas ou não. Como você vai saber? Quando pratica vinyasa, você não está realmente fazendo posturas – está atravessando todas elas com tanta rapidez que não dá para saber como está se saindo.

Chaturanga dandasana. Solte o ar e faça a prancha, também conhecida como flexão de braço. Da prancha, mantendo o corpo perfeitamente reto e os cotovelos próximos ao corpo, abaixe até o chão. Se você for alguém que não seja eu, alguém que eu inveje ou talvez odeie, paire com o corpo completamente esticado a alguns centímetros do chão. Chaturanga é o sustentáculo da vinyasa. A parte mais difícil, aquela que o assombra à noite, ao adormecer.

Urdhva mukha svanasana, ou cachorro olhando para cima. Inspire. Da chaturanga, mantendo o peito dos pés no chão, dobre um pouco os joelhos e erga o tronco entre os braços. Arqueie as costas como uma foca.

Adno mukha svanasana, ou cachorro olhando para baixo. Solte o ar. Levante o traseiro, aproxime os pés dos braços mantendo as pernas eretas e lá está você fazendo o cachorro olhando para baixo. É como voltar para casa. Segundo nos disseram, a postura ganhou esse nome porque se parece com um cachorro espreguiçando as costas. Mas merece o nome por outra razão: o cachorro olhando para baixo é o melhor amigo do homem. Quando você retorna a essa postura no fluxo da vinyasa, tudo parece estar no lugar certo. Na pior das hipóteses, a vinyasa vai melhorar seu desempenho nessa posição, porque seus braços vão ficar tão cansados que você vai jogar o peso na direção dos pés – o peso na direção dos pés, o peso na direção dos pés, o peso na direção dos pés. É seu novo mantra. Você ouviu os professores dizendo isso sem parar, talvez desde a primeira vez que fez o cachorro olhando para baixo, mas só agora entende o que significa de verdade. O peso na direção dos pés. Até que é hora de mudar para uma flexão para a frente. Ardha uttanasana, mais uma vez. Inspire. Os pés estão perto das mãos, então agora erga um pouco o tronco.

Uttanasana, de novo. Solte o ar. Você está quase lá.

Urdhva virasana, mais uma vez. Inspire. Tonteira.

Samasthiti. Solte o ar. Pergunte-se por que sua professora sempre pronuncia a palavra samasthiti-iii assim, com um longo suspiro quase sibilante no final.

Essa série de movimentos unia outras posturas enquanto progredíamos. Assim, depois do triângulo, você descia na prancha, passava pela chaturanga e chegava ao cachorro olhando para cima e depois ao cachorro olhando para baixo. Então você se preparava para fazer tudo de novo, começando o triângulo do outro lado.

Numa aula convencional, essa série poderia consumir muitos

minutos. Talvez até a aula inteira. Agora, era realizada em segundos e repetida várias vezes, fazendo com que você parecesse um moinho de vento em movimento.

Lembrei-me de uma das minhas aulas de iniciante, em que Jonathan nos dizia que o cachorro olhando para baixo é, na realidade, uma postura de repouso. Na época, suspeitei que ele estivesse louco, mas agora eu o compreendia.

– Façam a postura da criança, se precisarem – disse Mindy. – Honrem sua prática.

Não havia a menor chance de eu honrar minha prática. Vislumbrei-me no espelho. Meu rosto não estava simplesmente vermelho: estava carmim, cor de vinho tinto, quase púrpura. Eu parecia um velhinho alemão infartando.

A aula de Fran era como matemática. Tinha lógica. Você alongava uma área, depois a colocava para trabalhar e a alongava de novo. Passava uma hora sobre os quadris, então fazia o corvo de lado. Trabalhava os tendões e experimentava exercícios de abertura. Matemática.

A vinyasa, por outro lado, exigia um salto no escuro. Para onde estou indo? Não tenho ideia. Mas vou seguir em frente e talvez chegue lá. E esse salto no escuro era literalmente um salto. Você pulava da flexão para a frente e fazia a prancha. Você deveria aterrissar como um graveto flexível, com força e leveza. E saltava do cachorro olhando para baixo para a flexão para a frente. Nesse caso, você deveria aterrissar silenciosamente.

– Flutuem no ar – disse Mindy. – Se posso ouvi-los, isso significa que não estão usando o centro de energia.

Isso parecia o oposto de tudo o que eu havia aprendido sobre a ioga, que se resumia a relaxar completamente e manter as posturas.

Apesar disso, voltei no dia seguinte, e no outro, e no outro. A vinyasa acabou revelando seus padrões e peguei o gostinho. Nos anos seguintes, ela tomou conta de mim. Seus ritmos combinavam perfeitamente com a minha disposição. Eu não queria diminuir a velocidade. Queria me desenvolver!

E a vinyasa, que exigia de mim nada além de tudo, se adequava plenamente à minha personalidade.

Nossa casa começou a ficar cheia de guias de viagem com capas que mostravam praias com palmeiras e águas transparentes. Essas publicações estavam por toda parte: atrás do vaso sanitário, no escritório, sobre a mesa da cozinha. Nunca se sabia quando se iria tropeçar numa delas. Caíam dos armários e batiam na minha cabeça. Brotavam no jardim. Pelo menos essa era a sensação que eu – a pessoa que não ia para Belize – tinha.

A revista para a qual Bruce escrevia ia enviá-lo para lá. Era o ápice de uma série de trabalhos fantásticos: praticar caiaque no mar de Cortés, na Califórnia, esquiar na Áustria e, agora, a expedição às florestas de Belize. Belize! Minha filosofia era encorajar Bruce a viajar. Às vezes eu resmungava quando ele voltava, mas nunca o desencorajava e tentava não sentir inveja de sua boa sorte.

Nossa vida estava muito parecida com o que era antes da chegada de Willie, apenas mais agitada. Eu estava arranjando mais trabalho. Bruce também. Eu estava dormindo menos. Bruce também. Ele viajava a trabalho o tempo todo.

Essa viagem para Belize era importante. Ele iria fazer uma matéria grande sobre uma mulher que abrira um zoológico por lá. Aparentemente, ela enfrentava uma multinacional que queria construir uma represa bem no meio da floresta mais preservada do país. Bruce partiria numa expedição até o local da represa com ela e um grupo de fotógrafos e cientistas. Não fui convidada.

Então ele partiu e a viagem correu bem.

Ele me contou tudo na volta. Voou para lá num avião da TACA, companhia aérea sediada em El Salvador. Falou-me sobre os salvadorenhos de bigode, caminhando pelos corredores, procurando bebidas, com chapéus de caubói e barrigas orgulhosas esparramadas sobre as fivelas dos cintos. E falou de Belize, um lugar que parecia não ter pé nem cabeça. A cidade possuía todos os sinais visuais dos trópicos: o mar, o céu azul, as palmeiras, as construções coloniais. Mas, segundo ele, era como se alguém tivesse reunido esses símbolos, jogado tudo para cima e eles tivessem aterrissado de maneira aleatória. O mar do Caribe batia alto e enlameado contra os tabiques nos confins da cidade. Nenhuma praia ou calçadão: todo aquele mar imenso, propenso a furacões, respingava no meio-fio.

Ele me contou como entrou no carro alugado e deixou a cidade e o mar, atravessando os verdes vales até entrar na floresta, onde encontrou a expedição e viu todo tipo de coisa espantosa. Araras voavam em meio às árvores. Borboletas azuis penduravam-se nos galhos. Macacos gritavam na escuridão. À noite, havia fogueiras, facões e crocodilos no rio. Seu rosto se animava enquanto ele falava. Parecia... feliz. Passou pela minha cabeça que eu não o via assim havia muito tempo.

Decidiu que queria escrever um livro. Um livro sobre Belize. Ou melhor, um livro de não ficção ambientado lá. A melancolia do meu marido havia se abrandado um pouquinho porque ele descobriu um lugar novo e fascinante. Um lugar distante e estranho. Parecia uma coisa solitária, para nós dois.

Quando a gente se esquecia de respirar, Mindy estava bem ali para refrescar nossa memória.

– Soltem o ar – dizia ela, enquanto nos movimentávamos para trás, para o cachorro olhando para baixo, com os traseiros para o alto. Só que ela falava assim: "Soooooltem o ar." E assim: "Inspiiiiiirem." E enquanto erguíamos o peito para fazer o cachorro olhando para cima, ela insistia: "Inspiiiiiiiiiiirem."

Mindy tinha seguidoras, três ou quatro jovens mulheres sérias e intensas que ensinavam vinyasa por toda a cidade. Às vezes, eram tão sérias e intensas que pareciam quase ferozes. Alguns anos mais tarde, a vinyasa viria a se tornar o tipo mais popular e disseminado de ioga, especialmente nas academias. Era como uma aeróbica! Mas, nessa época, era praticada por um grupo bem mais reduzido.

A maioria das praticantes era mulher. E um dos motivos que levavam as mulheres a serem tão dedicadas era que a vinyasa era uma maravilha para emagrecer. Senti que precisava da ajuda da vinyasa para conseguir isso. Com toda a franqueza, eu estava ficando gorducha. Não falei muito sobre meu corpo neste livro, mas tenho o tipo mediano. Sou um tanto alta e posso esconder uns três ou quatro quilinhos a mais se me vestir com cuidado. Tenho quadris largos e, graças a duas cesarianas, uma barriga mole e flácida que não vai voltar a ser durinha nunca mais, apesar de todos os meus esforços. Sou capaz de me lembrar de tudo de ruim que já falaram sobre o meu corpo.

– A Claire é gorda porque come a gordura do presunto – disse meu irmão à mesa de jantar, por volta de 1976.

– Eu não me importo, sério! – disse um namorado depois de beliscar um pneu na minha barriga enquanto a gente se beijava, em 1985.

– Você tem membros de um eslavo – falou um colega de trabalho em um restaurante, em 1990. E isso não era um elogio, se você quer saber.

– Seus tornozelos lembram garrafas tamanho família. – Um namorado diferente dessa vez, em 1993. Pelo menos, ele foi direto ao assunto.

Tem mais. Eu poderia continuar para sempre. Acho que todo mundo tem uma lista parecida com essa na cabeça – ou pelo menos todas as mulheres têm. Essas declarações despertavam um estranho sentimento em mim: culpa. Ser gorda, mesmo que só um pouquinho, fazia eu me sentir culpada. Meus pais e meu irmão são muito magros e era assim que eu achava que deveria ser.

Fui rechonchuda na infância. Não é apenas uma impressão. Vejo fotos antigas e lá estão as bochechas grandes sob a cabeleira cacheada e desgrenhada, e lá está a barriga sob uma camiseta amarela. Ao mesmo tempo, vejo minha mãe, hippie, toda sorridente, com óculos de aviador e cabelos soltos. Nenhuma parte sobrando, por assim dizer.

Tentei uma única vez transformar minha gordura em fonte de orgulho. Tinha uns 8 anos de idade. Bridget, Marie e eu brincávamos no sótão da casa delas. Eram magras como a minha família, esguias e esbeltas. Uma delas tinha acabado de cutucar meu barrigão.

– Se eu fosse magra, não seria eu mesma! – exclamei.

– Claro que seria – disse Bridget.

– Você seria você mesma, só que magra. Seria você melhor – disse Marie, que dava as ordens.

Era uma conversa estritamente retórica, porque ainda iam se passar muitos anos antes que eu perdesse minha fofura de neném. Na oitava série, pareceu que eu havia crescido 10 centímetros de uma vez, e depois disso me mantive magra. A não ser pela barriga flácida e pelos tornozelos de garrafa tamanho família.

Eu tenho um problema que costuma acometer aqueles que foram crianças gordinhas, que é sempre estar na expectativa de que a gordura volte e tome conta de você novamente. E esse foi, naturalmente, um dos motivos que me levaram à ioga. Para me proteger do retorno da gordura. Ninguém gosta de falar deste aspecto da ioga: ela emagrece. A gente deveria se concentrar em respirar e em viver o momento presente. Quantas vezes eu me concentrei em invejar os braços tonificados e as pernas finas de Fran? Mas, na teoria, a ioga deveria ser superior a tais coisas.

Vinyasa era inacreditavelmente eficiente para emagrecer. As professoras eram inspiradoras, tanto nas palavras quanto no corpo. Elas eram adoradas como ídolos cult: os alunos as seguiam de estúdio em estúdio.

Todas essas mulheres falavam no mesmo tom: "Sooooolte o ar", "Inspiiire". De onde vinha aquilo? Por que falavam assim? Essa estranha pronúncia era acompanhada por uma gramática esquisita. Os artigos definidos foram banidos. Insistiam conosco em "atravessem vinyasa". Também nos diziam "respirem sensação". E, finalmente,"lembrem intenção." Era só eu que pensava desse jeito ou havia mesmo algo muito esquisito nesse modo de falar?

De fato, comecei a reparar na maneira como os professores de ioga falavam. Havia uma curiosa adoção dos padrões indianos de discurso. Alguns deles consumiam tempo de aula contando pequenas fábulas despretensiosas sobre macacos, leões e tigres, como se todos nós compartilhássemos os animais do subcontinente asiático como referências culturais, em vez de *Survivor*, M&M's e Rolling Stones. Alguns usavam bindis. Alguns realmente pareciam reverenciar Vishnu, Krishna e Kali, em vez de considerá-los personagens de histórias bacanas. Estavam tentando integrar o aspecto espiritual da ioga à sua prática física. Esse comportamento era pouco atraente e parecia deslocado dentro de um estúdio de ioga, que era, em última instância, um espaço reservado ao exercício.

Nesse meio-tempo, Bruce e eu iniciamos uma outra estranha jornada. Estava na hora de encontrar uma escola para Lucy. Escolhemos uma depois de um trabalhoso processo que envolveu o exame de todas as escolas da cidade. Foi um processo carregado de preocupações e angústias. Lucy estava com apenas quatro anos e começamos nossa busca pelo colégio onde os filhos de Bill Gates estudavam. Nós dois parecíamos adolescentes nervosos ao entrar no carro. Será que nos olhariam com desdém? Estávamos usando as roupas certas? Ali estávamos nós, escritores e boêmios, com alguma licença poética, ousando atacar os portões do palácio.

Estacionamos perto da escola e procuramos nossos lanchinhos ansiosamente. Vou contar agora o segredo de um casamento duradouro: escolha um cônjuge que precise comer com a mesma frequência que você. Bruce e eu parecemos crianças em dia de passeio. Precisamos de um lanchinho a toda hora, independentemente do lugar aonde estejamos indo ou do tempo que vamos ficar fora. Quando saímos para jantar, levamos um potinho de queijo cortado para o percurso até o restaurante.

No dia em que visitamos a escola dos filhos de Bill Gates, levamos uma maçã (para mim) e uma banana (para Bruce). Saímos do carro dando risadinhas nervosas, mordendo as frutas enquanto caminhávamos pela calçada. Naquele dia, fomos doutrinados no Ritual da Visita Escolar:

- Cumprimente educadamente a senhora simpática, que talvez seja uma funcionária da secretaria, uma voluntária ou a diretora da escola. Mas é sempre uma senhora simpática.
- Cumprimente os outros pais, que na maioria são funcionários da Microsoft em jaquetas de couro caras e excessivamente macias. A não ser que se trate de uma escola pública. Geralmente, você esbarra em algum conhecido e ambos expressam espanto mútuo por constatarem que seu filho já está na idade de entrar para o jardim de infância.
- Visite as salas, entrando e saindo de diversas áreas da escola, como se estivesse num grupo de aficionados por história visitando um antigo castelo. Procure a sala onde seu filho possivelmente irá estudar, o refeitório. Um laboratório de informática bem equipado sempre provoca uma exclamação quase pornográfica de apreciação. Bruce e eu estávamos procurando um baú de fantasias. A gente era a favor da brincadeira.
- Participe da reunião de perguntas e respostas. Era a ocasião em que se faziam perguntas à senhora simpática ou ao seu superior. Essa parte era hilariante. "Como lidam com crianças superdotadas?" queria dizer "Meu filho é um gênio! Fique sabendo!" "Que técnicas de resolução de conflitos vocês empregam?" queria dizer "Se meu filho apanhar, vou processá-los".
- Volte para casa cheio de dúvidas. Eu e Bruce sempre tínhamos certeza de que a escola que acabáramos de visitar era A Melhor Escola De Todos Os Tempos. Bruce mantinha-se cético, como se todo o conceito – esse negócio que a gente chamava de "escola" – fosse suspeito.

Não havia baú de fantasias na escola do Bill Gates (provavelmente, isso não era um problema para ele), por isso a tiramos da lista. Tínhamos nossos padrões! Um jardim de infância sem baú de fantasias não seria um jardim de infância com o qual a gente iria perder tempo.

Aprendi muitas coisas ao longo do ano que se seguiu: aprendi o que é "Torre cor-de-rosa" (um quebra-cabeça feito com blocos de madeira, utilizado nas salas de aula montessorianas). Descobri que alunos de escolas que seguiam a linha pedagógica de Waldorf não podiam levar produtos plásticos para a escola (tinham que usar cestas de vime e papel encerado). Aprendi que os números não têm valores fixos (20 é uma turma enorme numa escola particular e minúscula numa pública). Descobri que procurar uma escola para seu filho pode ser uma expedição parecida com a compra de uma casa. Tive as mesmas emoções vertiginosas, senti a mesma competição assassina.

Fomos envolvidos por um empenho maior do que nós mesmos. Bem, sinceramente, maior do que eu. Bruce teria ficado satisfeito em mandar Lucy para uma escola pública.

Mas eu me empenhei. Olhando para trás, percebo que fui tomada por uma insustentável obsessão cultural por obter o melhor. Eu olhava à minha volta e via que muitos de meus colegas haviam enriquecido. Os filhos tinham roupas europeias, móveis de madeira europeus e carrinhos europeus. Mandavam as crianças para escolas particulares muito caras. Eu sentia uma fúria irracional ao pensar em tais coisas. Eles não eram mais merecedores só porque tinham mais dinheiro. E decidi que meus filhos teriam tudo o que aquelas famílias abastadas tinham. Eu só não admitia o x do problema: esses pais tinham empregos. Bruce e eu havíamos escolhido o caminho artístico e improvisado da vida de escritor. Então decidi que, de alguma forma, eu merecia dar uma boa educação para meus filhos com meu orçamento de escritora. Prendi-me a essa ideia e descartei a possibilidade da escola pública. E eu não estava sozinha nessa. Naquela época, pelo menos metade das crianças no norte de Seattle estudava em escolas particulares.

Estava tão obcecada pela escola particular que nem sequer discutia o assunto. Talvez Bruce percebesse isso. Talvez pensasse que a escolha era minha e concordasse com qualquer coisa, desde que não fosse excessivamente caro. De qualquer forma, era com certeza um projeto meu. A cidade inteira parecia ser composta por crianças de cinco anos e pais que batiam nas portas das escolas particulares como se quisessem ser admitidos nos gigantescos portões de Oz.

Esse esforço se refletiu inteiramente na ioga. Abandonei Fran e sua tranquilidade. Se no passado eu havia procurado o silêncio e a serenidade na ioga, a vinyasa parecia exigir uma devoção cega ao vigor e à ação. Até ao barulho: havia música nas aulas. Às vezes, eram gravações de cânticos; às vezes, uma ou outra banda de New Age; às vezes era *dance music* mesmo, e eu me perguntava se não estaríamos muito próximos de uma aula de ginástica convencional.

Porém, como se quisesse negar exatamente essa semelhança com uma aula de ginástica, a vinyasa incluía mais elementos espirituais do que aquilo a que eu estava acostumada. Mindy sempre montava seu altar, com umas duas estatuetas em bronze sobre um pano bordado. Entoávamos cânticos antes e depois da aula, líamos trechos reproduzidos em pedacinhos de papel que Mindy trazia consigo. Um aluno os distribuía e os recolhia depois, quando acabávamos, com o ar humilde de coroinha de igreja.

O cântico era transcrito sem tradução. Assim, me peguei dizendo as seguintes palavras:

Om
Swasthi praja bhya pari pala yantam
Nya yena margena mahi mahishaha
Go brahmanebhyaha shubhamastu nityam
Lokaa samastha sukhino bhavanthu
Om

Não entendia nada, mas, mesmo assim, continuava repetindo. A repetição do cântigo era eficiente não porque eu tinha fé, mas porque a professora e os alunos produziam uma imagem fluida, irretocável. Essa perfeição se expandia de seus corpos para algo invisível, algo interior.

O filhinho de Ruthie frequentava uma cooperativa escolar. Ruthie a adorava e o menino também. Resolvi dar uma olhada e levei Lucy junto. Logo que entramos, demos de cara com uma grande sala repleta de atividades: adultos riam; crianças berravam e jogavam coisas; bolas rolavam; alguém cantava. Até as paredes pareciam ter vida.

Sem hesitar, Lucy saiu correndo e desapareceu na multidão. Depois de tanta pesquisa, a coisa foi basicamente decidida no piscar de olhos de uma garotinha empolgada.

A escola literalmente me fez chorar. Adaptava-se a todas as noções que eu tinha sobre como as crianças deveriam passar seus dias: fazendo arte, correndo de um lado para outro como criaturas selvagens, aprendendo continhas básicas de matemática. Uma gigantesca e precária selva de papelão, obviamente produzida pelas crianças, ocupava a área da biblioteca. Acima da porta estava preso um cartaz escrito à mão onde se lia *A infância é uma viagem, não uma corrida.* Não havia apenas um baú de fantasias – havia uma ala inteira dedicada a elas. Matriculamos Lucy na mesma hora.

Para ser honesta, fiquei feliz em fazer parte de uma cooperativa, da mesma forma que havia acontecido quando Lucy era bebê. Numa cooperativa, você pode ir à escola com seu filho, ainda que apenas uma vez por semana. Para o tipo intenso de mãe que eu havia me tornado, aquilo era o ideal. Podia ficar por perto enquanto ela modelava barro, resolvia conflitos e adquiria habilidade com o lápis! Viva!

A escola tinha cerca de 12 crianças por turma. Era uma autêntica cooperativa. Havia quatro professores e alguns especialistas. Tudo o mais era feito pelos pais: faxina, assistência em sala, arrecadação de fundos, construção, atendimento telefônico, busca de material, carregamento de madeira, comida. Isso fazia com que a mensalidade fosse mais barata, o que era uma coisa boa.

Tudo o que fazíamos era manual: revestíamos bolsas com feltro, costurávamos colchas de retalhos e assávamos *empanadas*. As reuniões incluíam discussões e cantoria. A princípio, adorei as discussões e detestei a cantoria. Era divertido ir para uma escola que tinha um hino! Mas logo comecei a detestar as discussões e a curtir a cantoria. Havia discussões demais. Em pouco tempo elas deixaram de ser novidade.

Havia discussões sobre o currículo e discussões sobre as férias. Discussões sobre o espanhol e discussões sobre o acampamento. Havia discussões sobre como discutir. Acima de tudo, havia discussões sobre comida.

Parece razoável que pessoas com problemas em relação à alimentação decidam procurar uma cooperativa escolar para seus filhos. Muita gente fazia isso pela mesma razão que eu: medo. Todo mundo parecia dominado por aquele imenso pavor de que alguma coisa fizesse mal a seus filhos. Os antropólogos sociais afirmam que essa preocupação provém do tamanho reduzido da família moderna. Investimos mais em cada criança. De qualquer maneira, esse medo endêmico tem outros nomes, como amor e preocupação. E as preocupações dessas pessoas com seus filhos giravam em torno da alimentação.

Em algumas crianças, a coisa era bem clara: tinham alergias sérias ou graves problemas de saúde. Lucas sofria de uma grave doença celíaca e não podia ingerir trigo de forma alguma. Kendra tinha uma alergia fatal a amendoim.

E havia casos que não envolviam problemas médicos e que ainda eram, no mínimo, razoáveis: Serena e Porter pertenciam a uma família vegetariana e precisavam de ajuda para aprender a identificar e recusar pratos que continham carne.

Daí para a frente, despencava-se ladeira abaixo numa mistura tão escorregadia quanto iogurte de soja com banana. Havia pais que eram contra o açúcar. Pais que eram contra a troca de lanches.

Pais que eram contra "comida de criança". Pais que não aprovavam que comida fosse uma recompensa. Pais que rejeitavam comidas industrializadas. Todas essas coisas precisavam ser discutidas.

A partir daí, tudo ficava ainda mais confuso. Muitas dessas preferências eram expressas como sendo necessidades médicas. A decisão do Pai A em limitar o consumo de derivados de leite em sua casa se transformava em "alergia a laticínios" da criança. O Pai B insistia em que Grayson tinha alergia a trigo. Como era possível, então, que a gente às vezes visse biscoitos na lancheira de Grayson? A mãe que odiava comida industrializada fumava e colocava balas na merenda do filho.

Como eu sabia disso? Estávamos lá. Víamos tudo. Era por isso que tínhamos escolhido mandar nossos filhos para uma cooperativa. Éramos pais dedicados que não queriam perder um minuto de nada. Trigo, troca de lanches e alergia a laticínios: eram esses os assuntos em pauta.

A escola trouxe uma nova configuração à nossa rotina. Todas as noites, Bruce e eu passávamos corajosamente pelo ritual de jantar, banho, leitura e cama. Não que eu me incomodasse com essas tarefas. Eram até bacanas. Continham os pequenos e delicados êxtases que nunca deixavam de me surpreender, apesar de acontecerem diariamente: uma criança que lê uma palavra em voz alta, um abraço apertado, uma barba feita com espuma de banho. Mas, de alguma forma, esses momentos pareciam menos importantes quando eu olhava o quadro geral da minha vida: era como contemplar uma planície com aqueles monólitos parados ali, obstáculos que eu precisava superar. Era a corrida de obstáculos mais lenta do mundo.

Tentávamos fazer com que o tempo trabalhasse a nosso favor. Eu e Bruce nos tornamos famosos por chegar a nossos compromissos em carros separados. Desse jeito, uma pessoa podia continuar a trabalhar mais um pouco depois que a outra saísse. Ou um de nós podia sair mais cedo para que as crianças fossem para a cama na hora. Isso envolvia um planejamento complicado, cronometrado.

Para nós, a ideia de colocar as crianças para dormir na hora certa era fundamental. Achávamos que, por trabalharmos em casa, tínhamos nos libertado do relógio. Acreditávamos ter certa vantagem sobre as pessoas que precisavam estar no escritório num determinado horário. Não conseguíamos ver que nosso tempo estava todo preenchido. Não podíamos mais deixar as horas simplesmente passarem. No passado, o tempo havia sido um terreno baldio. Agora era tão povoado e sem surpresas quanto um loteamento.

Chaturanga era uma espécie de ponto de conexão. Nela eu encontrava o impossível repetidas vezes, sempre que atravessava vinyasa. Todas as pessoas acreditam que não conseguem fazer uma determinada postura. Quer dizer, possivelmente nem todo mundo. Tudo bem, talvez mais ninguém. Mas eu acreditava. A postura que eu tinha decidido que não era capaz de fazer era a chaturanga. Àquela altura, conseguia fazer um monte de coisas bem mais difíceis. Conseguia fazer o escorpião – uma posição invertida um tanto arqueada, em que se mantinha o equilíbrio nos antebraços. Fazia ocasionalmente o corvo, quando conseguia parar de pensar por um maldito segundo. Podia fazer aberturas completas e me dobrar para trás saindo do pombo e quase, quase, pegar o pé por trás da cabeça. Podia me erguer no arco e, apesar de não conseguir levantar totalmente a perna, pelo menos conseguia tirar um pé do chão. Eu conseguia fazer um monte de coisas.

Mas estava convencida de que não conseguia fazer chaturanga. Desde a primeira vez que vi a postura, achei que era algo além da minha capacidade. Não havia problema em não fazê-la quando eu frequentava as aulas convencionais de ioga – afinal, era apenas uma minúscula fração da minha prática. Mas assim que comecei vinyasa, no entanto, chaturanga se tornou uma grande parte da minha vida. Existe uma variação da postura, que é apoiar os joelhos no chão, manter o corpo rígido e se abaixar, flexionando os braços. Isso eu fazia todos os dias. E todos os dias eu me dizia que não seria capaz de tirar os joelhos do chão e executar a versão completa, com o corpo descendo na direção do chão em uma linha longa, reta e forte da cabeça aos dedos dos pés.

Não consigo, não consigo, não consigo – eu dizia a mim mesma. O que acontece quando você repete para si mesmo que não consegue fazer algo que lhe pedem que faça várias vezes, diariamente?

A realidade era que, depois de todas aquelas chaturangas, meus tríceps tinham ficado bem fortes. *Eu* estava forte. Isto ocorre o tempo todo: você toma decisões sobre si mesmo e sua vida deixa de se basear na realidade.

A mesma coisa acontecia com meu casamento. No fundo, eu acreditava na sua fragilidade. Achava que nossa relação era delicada demais para suportar a verdade – a depressão de Bruce, meu perfeccionismo, minhas dúvidas. Eu vivia o casamento diariamente, me dedicava a ele e, ao mesmo tempo, acreditava na sua fraqueza essencial.

Eu estava deitada no sofá na casa de Steve e Lisa, brincando com umas bonecas de papel que Sarah, filha de Lisa, havia deixado ali. Steve estava esparramado no chão, ao som de "Jailbreak", do Thin Lizzy. A música parecia melhorar à medida que a gente bebia. O som estava alto, o que significava que não havia necessidade de conversa.

Já tínhamos passado pela primeira parte da festa. Bruce comparecera obedientemente e conversara com Lisa, Isabel e Ruthie até chegar a hora de a babá ir embora. Agora, estava em casa, na cama, enquanto eu continuava ali. Por que isso acontecera, não sei muito bem. Uma parte de mim também queria ter ido para casa e estar na cama. A outra parte acreditava que tomar mais alguns drinques seria uma escolha interessante.

Assim, tomei mais drinques. A festa era surpreendentemente barulhenta. Havia gente aos berros e o ambiente adquirira aquele astral de quando as pessoas estão bebendo de verdade, do jeito que costumávamos fazer antes de termos filhos. Algumas pessoas se aglomeravam em torno de um cachimbo de maconha. Havia gente que tentava dançar ao som do Thin Lizzy. Gente que jogava comida nos outros. Era o tipo de festa que me lembrava a infância. Meus pais davam festas malucas, porque eram jovens. As pessoas cantavam, gritavam e se beijavam encostadas na geladeira. A vida adulta não era tão amortecida, tão inocente naquele tempo. Ainda havia a possibilidade de pecar e se arrepender.

Eu não conhecia muita gente ali. Os convidados eram conhecidos de Lisa e Steve da escola dos filhos, ou amigos de amigos. Nossos velhos amigos se destacavam na multidão como passas num prato de cereal, mas o resto da turma parecia um grande mingau de humanidade.

Um homem grande e louro, chamado Charlie, que proclamava sua origem escocesa, se sentou a meu lado e se aproximou de mim.

– O que você anda lendo?

Eu geralmente o via em festas e ele sempre, sempre fazia essa pergunta. Obviamente, tinha me classificado como A Inteligente, como um personagem que usa óculos num romance para adolescentes, esperando ser seduzida para sair delicadamente de sua concha. Aquilo me dava vontade de bater nele, por isso respondi de forma insolente e totalmente falsa:

- Hum. Estou relendo Borges.

Na realidade, eu não estava relendo Borges. Estava devorando toda a obra de Nancy Mitford. Mais uma vez.

– Ah, eu adoro os *Labirintos* – disse Charlie.

Merda.

– A Janie lê muito? – perguntei.

– Ela lê revistas.

Ele se aproximou um pouquinho mais.

– Que revistas?

– O quê?

Subitamente, estávamos no meio do solo de guitarra de "Jailbreak". Perdi o fio da meada da conversa enquanto prestava atenção à forma como a música partia o tempo em deslumbrantes pedacinhos.

– O que a gente estava falando? Ah, sim, que revistas ela lê? – perguntei.

– Cale a boca – disse ele.

Achou que eu estava querendo menosprezar Janie, mas eu simplesmente adorava revistas. Não me importava com o que ela lia. Ele provavelmente achava que, como a Intelectual da Festa, eu só gostava de *The New Yorker* e coisas parecidas. Ele não fazia ideia de quanto tempo da minha vida eu gastava pensando no que falariam de mim se eu aparecesse na seção "Antes e depois".

– Puxa – falei, chateada. – Só estava tentando puxar assunto.

– Você não parece muito feliz em me ver – disse ele. – Você nunca parece muito feliz em me ver.

Olhei para ele e o astral da festa me contaminou por um momento. Aproximei-me de Charlie e lambi sua bochecha. A pele pareceu áspera sob a língua, e cheirava a *grapefruit*.

– Pronto – disse eu. – Estou feliz em vê-lo. Agora vá.

E, por incrível que pareça, ele se foi. Steve riu, mas não pareceu se perturbar com a cena. Nos tempos em que não tínhamos filhos, costumávamos nos comportar mal em festas.

– Ei! – disse eu. – Pelo menos, ele se mandou.

Steve ficou ali e me olhou com ar perverso. Eu o chutei. Por que não chutaria?

– Vá para casa encontrar o Sr. B. – Era assim que ele se referia a Bruce.

– Argh. Não quero ir para casa. E não quero sair. Não sei o que fazer.

– Você leu *Reparação*, de Ian McEwan? Tem uma parte incrível em que a menina diz que não quer ficar do lado de dentro e não quer ficar do lado de fora, e que gostaria de ter um lugar para onde ir.

Steve era dado a desenterrar esse tipo de preciosidade.

– Perfeito – disse eu. Steve transportou a agulha de volta ao começo da canção (era um adepto do vinil) e voltamos a ouvi-la pacientemente. O resto das pessoas nos evitava. Depois de um tempo, ele olhou para sua roupa: camiseta amarelo-clara e short verde-claro.

Ruthie veio ver como a gente estava. Ela também chutou Steve ao passar por ele, desabou do meu lado e tomou as bonecas de papel.

– Deixa eu fazer isso um pouco – disse ela. – Essas pessoas me deixam exausta. E qual é o problema daquela ali?

Ruthie apontou para uma mulher de aparência totalmente inofensiva, com cabelo ruivo encaracolado e um vestido florido.

– O que há de errado com ela? – perguntei.

– Ela não para de me perguntar por quanto tempo vou amamentar meu filho. Eu nunca a vi antes!

Ruthie tinha tido o segundo filho e não planejava desmamá-lo tão cedo.

– Lisa deve ter falado de você para ela.

– Sei lá.

Steve foi trocar o disco. Ruthie se aproximou de mim e cochichou:

– Vá dar uma olhada lá na cozinha. E volte logo.

Fui até a cozinha. Lisa estava sentada numa cadeira rindo e levantando a blusa para exibir os lindos seios, sustentados por uma estrutura de renda cor de lavanda. Era um velho hábito dela, antes de ter filhos. Era uma espécie de truque para animar as festas. Por que estava fazendo aquilo de novo? Era algum tipo de regressão a uma personalidade pregressa, como a minha lambida no rosto de Charlie? Mas a atitude dela parecia mais radical.

As pessoas não estavam dando a mínima para o que ela estava fazendo. Olhavam e pronto. Olhei também. Lisa tinha um corpo incrível, com membros longos, fortalecidos pelo vício na ioga. Só os braços já eram dignos de admiração. Os seios, com toda a certeza, eram um sucesso de público, mas o que chamava a minha atenção era o seu rosto.

Sua expressão era sorridente, mas curiosamente fechada. Ela estava concentrada nessa ação, os olhos apertados com força – seria de alegria? Parecia estar em transe. Ninguém poderia ir atrás dela. Não estava na casa nem fora da casa. Estava em outro lugar. Meu Deus, Lisa tinha mesmo um belo par de peitos.

Fiquei ali e olhei por algum tempo. Todo mundo ria, mas não era engraçado. Também não era triste. Era mais do que isso. Parecia um grande adeus. Com certeza tudo está a ponto de mudar, se você sai por aí levantando a blusa.

Voltei para a sala, onde Ruthie brincava com as bonecas de papel e Steve olhava para o aparelho de som, que tocava algo mais tranquilo como Palace Brothers, que sempre fazia todo mundo querer fumar heroína na mesma hora. Sabia onde aquilo ia terminar, pelo menos musicalmente falando. Em seguida ouviríamos Cat Power e iríamos todos para uma banheira cortar os pulsos. Arregalei os olhos para Ruthie: Que raios está acontecendo? Ela arregalou os olhos para mim e ergueu as mãos.

Ela foi me encontrar no banheiro.

– E aí? – perguntei, enquanto fazia xixi.

– Bem, nada. Quer dizer, não é nada que a gente nunca tenha visto antes.

– Você acha que a gente deveria falar com o Steve?

Ruthie me olhou como se eu fosse louca.

– Ah, não.

– Parece estranho deixá-lo sentado na sala sem saber o que está acontecendo.

– Você acha que essa é a parte estranha da situação?

Lavei as mãos e voltamos para a cozinha, onde todas as blusas se encontravam mais ou menos onde deveriam.

Disse para Lisa:

– Puxa, preciso ir. Tenho que levantar cedo para ficar com as crianças enquanto Bruce trabalha.

– Também preciso ir embora. Vou com você – falou Ruthie.

– Suas bruxas! – exclamou Lisa. – Bruxas derrotadas.

Demos de ombros. Não tínhamos perdido apenas a energia, a beleza e o tesão, tínhamos perdido também a curiosidade. Empurramos uma à outra até a porta. A gente não fazia a menor questão de saber o que ia acontecer depois.

Ainda bem.

Imagine o seguinte:

Você passou os últimos, digamos, 10 anos com um bebê subindo pelo seu corpo. Primeiro um, depois outro, e mais outro. Você deu a esses bebês tudo de si. Você os amamentou em seus seios perfeitos, dormiu com eles todas as noites e largou seu emprego. Preparou ótimas refeições e, quando estavam na idade, ensinou-os a gostar de salada, de sushi e de sopa grega.

Lisa seguiu a primeira coisa que lhe deu o direito de existir: casamento, maternidade. Agora queria dar o fora. Quando essa primeira coisa não funciona mais, você precisa dar um jeito de se afastar. Precisa encontrar algo que o liberte. E todo mundo sabe que para terminar um casamento, para mudar uma família, você precisa de um desastre.

Não daquele tipo de desastre que cai na sua cabeça do nada, como uma bigorna de desenho animado. Não precisa ser nada muito grave, só um pequeno desastre, daqueles que você provoca com as próprias mãos (como se você já não tivesse que fazer tudo nessa maldita família). Você tem que explodir o palácio onde você é a rainha.

Lisa começou a preparar seu desastre de forma metódica.

Alguns dias depois da festa, Lisa telefonou para me contar que tinha dado uns amassos no Charlie. Começou do nada, disse ela. Só ela ficou surpresa com isso.

Bruce começou a fazer as malas para ir a Belize. Fui ao mercado e comprei mantimentos. Chocolate para quando me sentisse triste.

Um bife para cada noite que ele ia passar longe. Algumas garrafas de vinho com aquelas práticas tampas de rosca. Eu não tinha energia para ficar zanzando por aí com um saca-rolhas.

Bruce partiu, como sempre, num voo às 5h30 da manhã. Ele me deu um beijo e foi embora, fechando a porta silenciosamente. Mas era tarde demais. Eu havia despertado. Fiquei deitada na cama pensando naquele mofo teimoso que gostava de aparecer numa das paredes do quarto.

Enquanto Bruce viajava, minha mãe apareceu uma tarde para ficar com as crianças.

– Vai, querida, trabalhe um pouco. Ou descanse – sugeriu.

Sentindo o gosto da liberdade, fui até a mercearia da esquina, uma espécie de loja de conveniência mais caprichada, para comprar mais chocolate, bife e vinho de tampa de rosca. Encontrei uma das mães da cooperativa, que morava no bairro. Estava diante da desfalcada seção de queijos, com aparência infeliz.

– O que houve? – perguntei.

– Preciso levar uma porção de queijo para uma festa e estou tentando encontrar queijo local. Aqui não vendem nenhum e não tenho tempo de ir a outro lugar. – Ela parecia à beira das lágrimas.

– Aquele cheddar, pelo menos, é orgânico – declarei delicadamente.

– Eu sei, mas estou tentando comprar apenas produtos locais.

Isso aconteceu bem no início do movimento em favor da comida local e a declaração dela ainda me soava digna de espanto. Olhei para a mulher e pensei: É isso. É exatamente nisso que nossas vidas se transformaram. Estamos tentando comprar alimentos locais numa loja de conveniência, fracassando e nos repreendendo por causa disso. Senti um momento de compaixão, depois a culpa se instalou. Por que eu não estava comprando comida local? O que havia de errado comigo? Será que eu deveria fazer um abaixo-assinado para que a mercearia passasse a oferecer queijos locais?

Cheguei em casa deprimida, mas Lucy escalou o sofá e sentou ao meu lado:

– Mamãe, deixa eu mostrar para você a página da Wooden Soldier. – Olhar as roupas sempre levanta meu astral.

Lisa parecia estar colecionando homens. Eu não sabia onde ela os encontrava. Na internet? Nas aulas de ioga? Debaixo da macieira, como se fossem frutas caídas?

Ela ficava na minha casa o tempo todo, carregando as crianças, falando, falando, falando. Mas eu nunca conseguia obter informações sobre os homens. Ela não me dizia de onde vinham ou o que fazia com eles. Quando eu perguntava, ela me lançava um olhar perverso e delicadamente mudava de assunto.

Ela queria mesmo era falar sobre o que ia acontecer dali em diante. Onde iria morar. Como Steve a deixava louca com sua apatia.

Lisa estava dando um passo grande, importante e pouco divertido: criar uma nova vida. E precisava da diversão e dos homens para chegar lá. A traição era o ato imperdoável que precisava cometer para dar o fora daquela casa.

Assim, o que quer que ela fizesse com os homens (beijos? Sexo? Namoro?) era a parte mais inocente de toda a situação. Era a parte em que eu conseguia pensar sem desconforto e sobre a qual queria conversar. Eu podia tranquilamente falar sobre homens, mas não queria pensar nas outras implicações. Não queria pensar em uma mãe a ponto de deixar o marido e destruir sua família.

Será que as crianças estavam captando alguma coisa do que acontecia comigo e com Bruce? Certa manhã de dezembro, acordamos com uma chuva de pingos gigantescos. Todo mundo tinha dormido mais do que deveria. Lucy não conseguia achar o livro da biblioteca e lágrimas amargas escorriam de seus olhos enquanto ela corria por toda a casa. Willie já frequentava a pré-escola, mas ficou sentado numa poltrona, repetindo: "Não vou para a escola, não vou para a escola." Naturalmente, ele iria para a escola e teria um dia fabuloso. De qualquer modo, era algo desesperador de se ouvir.

Bruce berrou com os dois. Gritei com ele por berrar com as crianças.

E então, para ser justa com todos, gritei com as crianças também. Willie desapareceu e eu o encontrei na varanda dos fundos.

Ele olhou para mim.

– Para de rir – disse ele.

Levantei-o e ele enlaçou meu pescoço. Eu juro que todas as vezes que aquela criança me tocava, me transformava numa macaca feliz, fervorosamente mamífera. Caminhei em volta da casa com ele nos braços enquanto Lucy cantarolava. Nós três estávamos no mesmo time. Bruce saiu no meio da chuva para trabalhar. Não lamentei vê-lo deixar a casa.

Lisa parecia ter se decidido por um cara chamado Carl. Mas eu ainda tinha a impressão de que a identidade dele não importava muito. Pobre Carl. Ele não sabia que, na realidade, era uma bomba, e que tinha sido selecionado por sua capacidade de explosão.

Um amigo meu que morava em Nova York – que, como eu, tinha quase 40 anos – ligou para me contar que finalmente ia se casar.

Depois que perguntei sobre a mulher em questão, passamos a conversar sobre casamento. Um dia antes de me casar, quase 10 anos antes, falei para ele por que estava me casando com Bruce: "Por causa do sexo e da conversa. Você acha que está certo?" Ele caiu na gargalhada e respondeu: "Está, sim. Acho que a ideia é essa."

– É uma questão de valores – falei dessa vez para meu amigo ao telefone. – Para um casamento dar certo, os dois têm que compartilhar certos valores.

– Compartilhar valores? – perguntou ele.

– É – respondi. – Precisam ter ideias semelhantes sobre como criar os filhos, onde morar, como gastar o dinheiro, o que é certo e errado.

– O que é certo e errado?

– Exatamente.

Eu podia ouvir seus pensamentos: "Meu Deus, ela não pode estar falando isso. É a opinião mais patética sobre casamento que eu já ouvi na vida. Que diabos está acontecendo com você, Clair?" Mas o que ele falou foi o seguinte:

– E onde entra a diversão?

Eu e Bruce pegamos nossos computadores e fomos até a cidade. Passamos por uma pretensiosa loja de *doughnuts* recém-inaugurada e lá estava Lisa. Usava botas de cano alto, saia e suéter. Estava bem penteada, arrumada e suavemente recoberta pelas belas malhas. Eu não a via sem calças de moleton havia meia década e agora ela exibia a aparência de uma estrela de cinema.

Estava sentada a uma mesinha, o corpo esguio e anguloso jogado sobre uma cadeira minúscula. Diante dela encontrava-se um homem profundamente ordinário. As proporções dele pareciam combinar mais com a mesa e a cadeira do que com as de Lisa. Parecia que havia acabado de descobrir que a vida lhe reservava mais *doughnuts* e sexo do que ele havia imaginado.

– Olá, pessoal – disse Lisa, sem se perturbar.

– Olá – respondemos.

Ela fez um gesto largo na direção do outro lado da mesa.

– Este é o Carl – disse ela.

Eu sei, pensei.

– Muito prazer – disse. – Sou a Claire e este é o Bruce.

Pela maneira como Carl nos olhou, era óbvio que ele queria que a gente desaparecesse. Bruce parecia pronto para sair correndo. Eu me senti tristonha e mantive no rosto um sorriso que, com certeza, me fazia parecer completamente idiota. Apenas Lisa aparentava serenidade.

– Que sabor você comeu? – perguntei. Uma estupidez da minha parte, porque eu sabia que Lisa não comia mais.

– A gente dividiu uma daquelas cobertas de coco.

– Uma delícia – disse Carl.

– É? Pois é, acho que vou comer um de chocolate. Mas é melhor começar a trabalhar. Temos prazos – encerrei a conversa, desajeitada.

Bruce e eu compramos os *doughnuts* e o café espresso e encontramos um lugar vago no andar de cima.

– É ele – cochichei.

– Você acha? – questionou Bruce. – Que situação embaraçosa!

– Lisa não parecia achar nada embaraçoso – disparei. – O que devo fazer? Não falar nada para Steve? É uma enorme falta de consideração.

– Bem, para ser justo, ela não sabia que a gente vinha para cá.

– Ela sabe que eu venho trabalhar aqui! Ela sabe!

Por alguma razão, eu estava encarando esse encontro com Lisa e Carl como uma afronta pessoal.

– Pelo menos, eles não estão, assim, no Motel Adultério – ponderou Bruce.

– É um alívio – resmunguei e comecei a trabalhar.

Meu trabalho tinha dado uma guinada esquisita. Como crítica, eu me pegava constantemente envolvida com o ano de 1973. Em uma crítica sobre o novo livro de Erica Jong, falei muito sobre *Medo de voar*, que ela escreveu em 1973. Fiz um texto sobre a misoginia na obra de Shel Silverstein nos anos 1960 e 1970. Escrevi sobre poetas de 1973 e inventei e vendi matérias sobre a música desse mesmo ano. Não era uma escolha consciente. Misteriosamente, os editores começaram a me perseguir para que eu escrevesse sobre a época. Quem é que pensa em publicar textos sobre 1973? Não é estranho contratar alguém para escrever sobre essa época? Ainda assim, era como se conseguissem farejar isso em mim: aqueles brilhantes editores não paravam de me encomendar matérias daquele tipo. Ou talvez, o que era mais provável, eu não parasse de encontrar estranhas historinhas sobre 1973 no meio das minhas tarefas. Talvez eu transformasse todos os textos em uma estranha historinha sobre 1973.

Não me passava pela cabeça que 1973 foi o ano em que meus pais se separaram. Nunca percebi o que estava fazendo. Achava simplesmente que havia encontrado um novo nicho. Pensava que me interessava pelos anos 1970 porque as roupas eram legais.

Disseram-me que é por isso que as pessoas fazem análise e terapia. Porque, sem psicanálise, sem expor a ferida, você fica dando voltas em círculo sem saber que está agindo de forma obsessiva. Não conseguimos deixar o assunto para trás. Eu não fazia análise. Em vez disso, escrevia pequenos ensaios sobre a ferida. Dava opiniões sobre a ferida e discutia os méritos estéticos dela.

Era uma ensolarada tarde de setembro. Eu estava lá fora, cuidando do jardim, quando Steve apareceu.

– Minha mulher anda por aí com um cara chamado Carl.

Apoiei-me nos calcanhares e sacudi as mãos para limpar a terra escura grudada nas luvas.

– É. Eu sei. Acho que eu deveria ter lhe contado.

– Tudo bem – disse ele, magnânimo, como se estivéssemos em um restaurante e ele resolvesse pagar a conta toda. – Acho que agora já sei de tudo, mas não tenho certeza.

– Nem eu. Não sei se há algo além disso. – Lisa me ligava quase todos os dias e falava sem parar, mas o que eu conseguia compreender daquelas conversas resumia-se ao que Steve tinha acabado de dizer: Lisa andava saindo com um cara chamado Carl.

Tirei da terra algumas mudas de ranúnculos amarelos, as raízes agarradas ao solo.

– Você está bem? – perguntei.

Steve sorriu com seu meio sorriso, que sempre parecia tristonho, mas que agora era diabólico.

– Eu? Estou com vontade de matar o cara. Eu realmente gostaria de dar umas porradas nele – respondeu Steve lentamente, como se estivesse saboreando a ideia.

– E ela? – perguntei.

– Como assim? – devolveu a pergunta, confuso.

– O que você vai fazer em relação a Lisa? Vai pedir o divórcio?

– O que eu posso fazer? Ela é a mãe dos meus filhos. – Aquilo me parecia um clichê, mas fiz a gentileza de não dizer nada.

Lisa parou de telefonar. Tudo estava acontecendo rápido demais, não havia tempo para atualizar a história. Havia um quarto vazio na casa do professor de ioga dela. Lisa arrumou uma mala e se mudou para lá. Voltava para casa durante o dia para cuidar das crianças. Mas foi por pouco tempo.

Eu ficava no meu escritório, digitando milhões de matérias relativas a 1973. O ano em que tudo mudou. Lisa tinha saído de casa. Tinha partido em busca do destino, do coração ou de si mesma, exatamente como minha mãe, como todas as mães, naquele ano nefasto.

O que ela estava fazendo agora? Dormia num colchão no chão? Parecia ser a forma correta de se dormir, quando se foge de casa. Será que ela tomava chá ou vinho com o professor de ioga, e eles riam e conversavam? Será que estava dando uns amassos num cara chamado Carl? Será que fazia o que queria, sempre que queria?

Será que a ioga havia incentivado a sua partida? Teria sido porque a ioga lhe dera um novo corpo? Mais confiança? Novos amigos? Seria a ioga um lugar para ir, quando ela precisava desesperadamente de um destino?

Enquanto revisava meu mais recente texto sobre 1973, tomei uísque e chorei um pouco. O que senti, no fundo do coração, foi inveja. Não apenas de Lisa, mas também da minha mãe, de todas as mães que se livraram do peso das responsabilidades. Não que eu quisesse deixar meus filhos: isso nunca iria acontecer. Mas eu estava ficando doente de tanta virtude. Meus dias de devassidão pareciam distantes, quase míticos, como se pertencessem a uma pessoa completamente diferente.

POSTURA DA CRIANÇA 5

1983

A adolescência foi um poço profundo onde desabei. Às vezes a queda era divertida, vertiginosa, glamourosa, empolgante, veloz. Às vezes, era apenas assustadora. A vida era atormentada. Eu me rebelava contra a rigidez da minha escola, da minha casa, da minha idade. Ainda assim, depois que meu irmão foi para a faculdade, as noites traziam a confortável sensação da total falta de intimidade. De alguma forma, passei a representar um papel mais importante e adulto na vida doméstica. Minha mãe, Larry e eu jantávamos diante da televisão e conversávamos preguiçosamente sobre nada em particular. E estou dizendo nada mesmo. Nossas conversas excluíam os assuntos tabus, como uma carta censurada em tempos de guerra. Coisas sobre as quais não falávamos: Meu pai. Minhas notas. Minhas drogas. Minha vida sexual.

Não sei por que não conversávamos sobre essas coisas. Talvez estivéssemos acostumados a fingir que estava tudo bem.

Numa noite de primavera, assistíamos à TV e falávamos sobre John, o mais recente da minha série de namorados. Estávamos rindo da forma como ele arranhava a marcha do seu pequeno Honda. Nós três dirigíamos Volvos velhos e delicadamente amaciamos suas teimosas transmissões. Zombamos um pouco de John – eu estava sempre pronta para ridicularizar meus namorados a fim de arrancar uma risada de mamãe e Larry – e tive a sensação de entrosamento.

Subitamente, com uma curiosidade atípica, minha mãe perguntou:

– Quantos meninos você já beijou? – A ênfase estava no "já" e acho que foi a entonação que me enfureceu. Senti uma onda de calor e a súbita necessidade de me mexer. Levantei-me da cadeira, as bochechas reluzentes. Nossas conversas normalmente se resumiam a trocas de gentilezas, a uma conversa mole demais para gerar discussões. Entre nós havia uma impenetrável muralha de indiferença, que não admitia emoções como aquela que eu experimentava no momento: raiva.

Fiquei parada um tempo, depois me virei e disse para a nuca da minha mãe, coberta de cabelos dourados e lustrosos:

– Não é da sua conta. – E aí as palavras saíram, irrecuperáveis, com força, como jovens soldados correndo rumo a uma morte gloriosa. – É como, como, como se eu perguntasse a você com quantos homens você transou.

O aposento ficou quente e iluminado. O abajur reluziu. Senti uma pressão nos ouvidos, como se estivesse num oceano ensanguentado. Silêncio. Uma estranha sensação me atravessou. Era desconhecida e tão real quanto a fúria que a precedeu. Era felicidade. Eu estava feliz.

A parte de trás da cabeça de uma pessoa pode ser surpreendentemente expressiva, mas a da minha mãe ficou tão estática quanto um pedaço de granito. Havia algo naquela imobilidade que me pareceu hilariante. Lentamente, ela se virou para me olhar, com os olhos azuis cheios de lágrimas. Aquilo, por alguma razão, também me pareceu engraçado. Contive o riso. Larry – que nunca havia me repreendido na vida – rosnou talvez o único clichê de pai de toda sua carreira como padrasto.

– Peça desculpas à sua mãe – disse ele, parecendo bobo ao falar. O papel de pai repressor não combinava com seu comportamento relaxado, com a barba grande e o cabelo longo. Também não ajudava o fato de estar deitado no sofá.

Então pedi desculpas à minha mãe, mal conseguindo segurar o

riso. Se o jeito como ela pronunciou uma só palavra conseguiu me enlouquecer, meu sorriso falso a enfureceu. A gente tinha uma sintonia fina em relação aos sinais que cada um emitia naquela casa, quase como se nos comunicássemos por antenas.

– Vá para o seu quarto agora. Não quero mais ver você – disse minha mãe.

Abri a boca, ergui as sobrancelhas e não consegui pensar em nada para dizer. Dei de ombros e saí.

Foi uma noite de anomalias. A ira de Larry era coisa nova. Meu sorriso insolente também era novidade. Geralmente, eu era mansa e obediente em casa, poupando minhas energias para outros lugares. Meus amigos e eu gostávamos dos cogumelos mágicos que cresciam nas sombras da praça próximo à escola, e foi assim que minha tristeza e minha rebeldia também cresceram: distantes da luz, difíceis de achar, mas resistentes. Fora de casa, eu consumia drogas, bebia e deixava os meninos me tocarem. Andava em carros de desconhecidos e comprava ácido em espeluncas. Eu flertava com a encrenca e a chamava de diversão. Mas, em casa, eu não dava qualquer problema. Patinava em volta de minha mãe dando graciosas voltas, administrando-a, encantando-a, tranquilizando-a. O importante era evitar que ela ficasse com raiva de mim. E se eu inadvertidamente a irritava, minha única reação era uma náusea aflita. Nunca tinha achado sua raiva engraçada.

Lá em cima, no meu quarto, desabei na poltrona velha de brocado verde que mantinha próximo à janela, de onde podia olhar os imensos pinheiros. Geralmente, não conseguia suportar o silêncio ou a falta do que fazer. Sozinha no quarto, eu lia, ouvia música ou escrevia. Naquela noite eu só queria ficar sentada ali e sentir aquela felicidade ilícita. As pontas dos galhos das árvores esbarravam na janela, de um jeito amigável. Olhei para o alto da árvore, onde os ramos se cruzavam e formavam um rosto perfeito. O rosto estava sempre ali, imutável. Será que não deveria adquirir outro formato? Afinal de contas, a árvore estava viva e continuava a crescer. Será que o rosto não deveria se transformar em algo diferente?

Pensei sobre a estranheza da pergunta impertinente da minha mãe. Ela tendia a não falar sobre namorados desde que eu tinha 15 anos, quando informei que tinha começado a fazer sexo. Inocentemente, eu havia acreditado no que ela proclamava: era uma livre-pensadora, aberta, liberal, uma mulher do mundo, que não seguia as convenções da sociedade.

Na realidade, não era bem assim. Quando lhe dei a notícia, um olhar dolorido apareceu em seu rosto, como se eu tivesse pisado em seu pé.

– Você está usando métodos anticoncepcionais? – perguntou, praticamente cuspindo as palavras.

– Estou – respondi, querendo agradar. Ela saiu correndo do quarto, parecendo prestes a vomitar. Nunca mais voltei a tocar no assunto.

O céu escureceu e os telhados das casas vizinhas se amorteceram, deslumbrantes e anônimos. Tive a fantasia de voar sobre eles, como a mulher com a cara pintada de arco-íris, em um quadro de Chagall. Era mais do que uma fantasia. Era uma sensação penetrante de possibilidade.

Uma camada brilhante e primaveril de cor de lavanda banhou o céu, e depois escureceu. Com o fim da luz, meu estranho êxtase desapareceu. Senti um puxão por baixo, como se minha mãe tivesse segurado uma corda que passava pelo chão e que ficava presa no meu umbigo. Levantei da cadeira e desci, resignada. Eu tinha ficado exatamente naquele lugar 10 anos antes, quando ela e meu pai se separaram. A gente assistia a um programa na TV que apresentava uma música chamada "You and Me Against the World" (Eu e você contra o mundo). Eu abracei o pescoço da minha mãe com meus bracinhos de criança e disse: "Esta música é sobre você e eu, mãe."

Até naquele tempo eu a bajulava. Meu destino estava ligado ao dela e eu sentia que era melhor não estragar isso. Sentia falta do meu pai de uma forma que não era exatamente dolorosa, mas embotada e estranha. Sabia que não podia mencionar o nome dele. Minha tarefa, eu sabia sem nem mesmo pensar no assunto, era ser feliz. Com ela. Com sua decisão de viver nessa casa com esse homem. Por isso eu era resolutamente feliz.

Agora, mais uma vez, coloquei os braços em volta de seu pescoço e cochichei.

– Sinto muito.

Ela voltou olhos acusadores para mim.

– Sente mesmo?

Eu sentia. Sentia muito ter que pedir desculpas a ela.

– Sinto – falei, tranquilizando-a. – Não sei, simplesmente saiu. – Eu era astuta o bastante para devolver a bola para ela. – Eu senti que você invadiu minha privacidade. Mas sei que não era a forma correta de lidar com aquilo.

– Pois é – disse ela, olhando o colo como Maria, na *Pietà*, obra que a gente estava estudando na aula de história da arte. Mas, em vez de seu colo abrigar um Jesus moribundo, lá estavam apenas suas mãos. – Nunca, nunca mais fale comigo daquele jeito.

Ela não me olhou. Obviamente, não tocaríamos mais no assunto. Percebi com surpresa que realmente queria saber com quantos homens ela havia transado. Assumi meu lugar em uma cadeira perto da televisão.

Voltamos às atividades habituais da noite. O programa ainda não havia acabado. Tudo voltou ao normal: mamãe, indiferente. Larry, benigno. E eu, com uma centelha de fúria incandescente ardendo dentro de mim, como quando a gente olha para o sol e depois fica com pontinhos brancos na visão.

POSTURA DO PÉ ATRÁS DA CABEÇA

Superei a chaturanga. O estúdio estava banhado por uma luz acinzentada e fria que entrava pelas janelas no alto da parede. A escuridão se aproximava com rapidez. Eu ia à ioga três, quatro, cinco vezes por semana, às escondidas da minha família. Bruce tinha experimentado fazer aulas com Fran durante um breve período, mas ficara entediado. Achei ótimo. A ioga era algo que eu queria ter só para mim. Não gostava sequer de ir à aula com uma amiga.

A escuridão tomou o céu e o chão do estúdio ficou desenhado com discretos círculos amarelos, reflexos das luzes do teto. Estávamos concentrados como num transe. Tentávamos esvaziar as mentes, esquecer o passado e o futuro. Ou, pelo menos, eu tentava. Não compreendia que talvez existisse outra forma de fazer isso, que simplesmente relaxar podia ser bom. Apagar o passado e o futuro não era a mesma coisa que deixar o momento presente acontecer. Mesmo nos momentos em que desejava esquecer, esvaziar, apagar, eu ainda lutava para controlar coisas que não estavam sob meu controle.

Minha mente procurava coisas em que se fixar. Mais cedo, eu havia me esquecido de pegar o filho de um amigo na escola e a professora me ligou, furiosa. Nesse meio-tempo, eu pensava em outra coisa: será que vou conseguir fazer a chaturanga dessa vez? Deveria dar um salto e voltar para a prancha ou me mover suavemente? E se ela resolvesse dar sequência com o escorpião?

Queria que todos esses pensamentos desaparecessem. Eu me movimentava com mais determinação.

– Relaxem a mandíbula – disse Mindy.

Um segundo e então:

– Relaxem a testa.

Outro segundo e:

– Soltem os ombros.

No final da vinyasa seguinte, ela nos pediu que assumíssemos uma posição sentada.

– Esta turma precisa soltar um pouco mais os quadris – disse ela. – Estou vendo muita tensão.

Fizemos um bocado de coisas com o quadril: pombo, torção de marichi, agachamento, rã. Em seguida, passamos para a postura com o pé atrás da cabeça, a mais hilariantemente estereotipada das posturas da ioga. E, por isso mesmo, muito divertida. Quem não adora a ideia de pôr os pés atrás da cabeça? Primeiro, seguramos a perna direita com os braços, balançando-a para a frente e para trás, desfrutando aquele sentimento pouco familiar de trabalhar os bíceps das coxas – eles não fazem grande coisa na ioga. Então começamos a empurrar o tornozelo direito para cima, a inclinar a cabeça para a frente e, na sequência do mesmo movimento, passamos o pé direito para trás da cabeça.

Quando fomos para a aula de vinyasa naquela noite, não imaginamos que terminaríamos daquela forma. Olhamos em volta, dando risadas. Estávamos bem engraçados.

A professora sorriu, sem abandonar seu personagem, se é que se tratava mesmo de um personagem.

– Respirem sensação – disse ela. Inspiramos e soltamos o ar. Tínhamos nos esquecido. Era verdade: quando respirávamos, sentíamos mais. Quando você está literalmente dando um nó no próprio corpo, tudo o que pode fazer é respirar sensação. Parar, inspirar e descobrir o que você está sentindo.

Depois de um tempo, deixou de ser engraçado e parecia estar chegando a hora de parar com aquilo. Nossa professora falou com uma voz hipnótica.

– Vocês talvez estejam sentindo desconforto neste momento. Se está na hora de acabar, então está na hora de acabar. Mas, se puderem, continuem. O que é o desconforto? Como é a sensação? É mesmo dor ou é apenas a estranheza de uma situação pouco familiar? Não há problema em se estar nesta situação. Soltem os ombros.

O desconforto. Era o que vinha faltando na minha prática. Imobilidade. Era assustador. Estava incrivelmente desconfortável e não havia nada que eu pudesse fazer para resolver isso. Não podia me movimentar mais rápido nem me concentrar na próxima transição. Não havia nenhuma tarefa para completar, nenhum relógio para vigiar, nenhuma criança para acalentar, nenhum jantar para preparar, nenhuma mãe para telefonar, nenhum marido triste para animar, nenhuma amiga para reconfortar, nenhum pai para ouvir, nenhuma escola para limpar, nenhum carro para abastecer, nenhum prazo a cumprir, nenhum editor para bajular. Não havia nada que eu pudesse fazer para resolver aquilo. Tudo o que eu podia fazer era viver a sensação. Havia apenas o desconforto.

Durante anos, a ioga foi o único lugar onde eu parava para prestar atenção aos meus sentimentos. Fazia as posturas e realmente as sentia. Quando fazia o pombo, sentia dor do lado direito do quadril, e isso me dizia para começar a segurar meus filhos do lado esquerdo de vez em quando. As posturas me davam informações verdadeiras. Minha mente tentava escapulir para deveres e possibilidades, mas as posturas a seguravam, faziam com que eu ficasse bem ali, no momento presente.

Aí comecei a fazer vinyasa. Por causa das garotas descoladas que praticavam. Porque havia mantras. Porque acreditava que sempre precisava me desenvolver, me aprimorar. E, ao me devotar à vinyasa, abri mão daquilo que fez com que a ioga funcionasse para mim: o ato de ficar parada, a sintonia com o que eu realmente estava sentindo. Fran tinha tentado me ensinar essas coisas, mas, na minha busca por "melhorar", deixei-a para trás.

Tentei respirar. Algo diferente irradiou do meu quadril direito.

Senti algo mais e reconheci, como se fosse um navio no horizonte: alívio. Finalmente percebia meu próprio desconforto, minha própria sensação de estar pouco à vontade no mundo. Desconforto, ansiedade, medo – eles andavam espreitando por ali o tempo todo e eu os evitava, fugia deles, me movimentava tão rápido que eles não conseguiam me alcançar.

Fiquei sentada ali com o pé atrás da cabeça, como uma idiota.

E, sentada ali com o pé atrás da cabeça, percebi: eu era muito, muito infeliz. Éramos infelizes, Bruce e eu. Ele estava seriamente deprimido e nosso lar, embora fosse criativo, encantador e frequentemente engraçado, era marcado por seu humor sombrio. Nunca havia me permitido enfrentar isso. Se enfrentasse, viriam as inevitáveis perguntas: Por quê? O que fazer depois? Eu sabia como ser animada, como olhar o lado bom das coisas e me afastar da realidade (Bruce me ajudava a fazer isso). Eis o que eu não sabia: lidar com o marido mais triste do mundo. Estava absolutamente despreparada para isso. Não queria que ninguém soubesse o que estava se passando. Não queria saber o que estava se passando.

– Soltem o pé.

Soltei o pé. Sacudi a perna e a massageei um pouquinho. Hora de fazer o outro lado. Que notícias terríveis ele me daria?

Eu tinha acabado de ler para as crianças. Estava sentada na sala de estar com meu livro. Bruce via um filme na sala de televisão, que havíamos começado a chamar de sala de televisão. Seria algum tipo de bandeira branca de rendição? Ou uma revigorante dose de realismo? A luz da varanda estava acesa e iluminava a frente do jardim. A luz amarela revelava flocos de neve gordos que começavam a cair. Era raro nevar em Seattle, uma cidade embrulhada em uma rede apertada e sufocante de chuva. A chuva atrapalhava o trânsito e afetava o estado de espírito das pessoas. A neve era uma bênção, uma capa flutuante que recobria tudo de forma indiscriminada e incondicional. A neve era generosa.

Vou revelar um segredo: não contei para as crianças. Fui lá para cima, apaguei as luzes e as acalentei, uma de cada vez, até estarem quase dormindo. Fiz tudo sem lhes dizer que estava nevando.

Se eu contasse sobre a neve, Willie teria descido as escadas correndo e Lucy o teria seguido, com seu estilo de corrida singular, sacudindo o traseiro de um lado para o outro. Teriam corrido para fora de pijamas e erguido os olhos para a noite e seu novo filtro de brancura. Willie apertaria os olhinhos de felicidade e os de Lucy reluziriam. E Bruce falaria alto e procuraria as luvas. A satisfação tem prazo de validade. Depois, Bruce mandaria as crianças de volta para a cama antes que pudessem aproveitar o suficiente e eu ficaria tensa por ele estar arruinando a magia do momento.

Depois as crianças se acomodariam sob os cobertores, os cabelos úmidos, as bochechas rígidas e reluzindo com o frio.

Mas não fizeram nada disso, porque não contei sobre a neve. Não queria lidar com a alegria deles.

Continuei sentada, com os fatos espalhados pelo chão. Os fatos eram os seguintes: eu estava extremamente infeliz. Estava casada com um homem depressivo. Abrigava um ódio secreto e crescente em relação aos meus pais. Ficava ressentida por eles se meterem na minha vida e incomodada pela minha necessidade constante de agradá-los. Estava afastada, quase desligada do meu irmão. Competia com minhas amigas e as observava com atenção, procurando pistas do que eu poderia estar fazendo de errado. Passava os dias escrevendo críticas.

Eu acordaria no dia seguinte e faria o que deveria, com um suave sorriso no rosto. Refeições, relógio, as pessoas chegariam e partiriam e eu cozinharia e serviria, como a esposa de uma velha história, arrumando os pratos sobre a mesa.

Mas não era uma esposa qualquer; nem uma história qualquer. De algum modo, eu tinha conseguido recriar a vida da minha mãe antes de ela abandonar meu pai. Em resposta à minha mãe dos anos 1970, eu me tornei uma dona de casa dos anos 1950. Era obcecada com o que a família comia. Ficava preocupada com a hora de dormir. Fazia tudo o que podia para garantir que nada, nada, perturbasse o horário de trabalho de meu marido. Eu tinha um trabalhinho legal que não me tirava de casa. Crítica de livros!

Estava encurralada por péssimas expectativas, como se tivesse ficado presa no meio de uma nevasca. Meu maior medo era que, se eu parasse para refletir sobre o que estava errado, minha família fosse destruída. Afinal, é o que acontece com as famílias. Eu não poderia chutar o balde como minha mãe e Lisa. Não queria fazer isso. Desejava permanecer esposa e mãe a qualquer custo. Eu não faria com meus filhos, de jeito nenhum, o que meus pais fizeram comigo.

Meus pais cometeram um erro. Dividiram a família e fingiram que isso não havia acontecido. É exatamente o tipo de comportamento que leva as crianças à loucura. As crianças detestam que alterem sua rotina e que mintam para elas. Minha reação, na infância, foi ser adaptável e animada. Quando fiquei mais velha, tive crises de raiva. Nutria uma espécie de fúria imprevisível e incontrolável que entrava em ebulição ocasionalmente e depois desaparecia.

Mas agora... meus pais não estavam mais fazendo nada comigo. Eu é que estava fazendo uma coisa comigo mesma. No passado, eles haviam tomado decisões que criaram para mim uma infância pouco convencional, mas satisfatória sob muitos aspectos. Agora, será que, com minha rigidez e essa necessidade desesperada de controle, eu estava fazendo o extremo oposto, criando um ambiente totalmente convencional? Estaria eu gerando descontentamento também?

Eu tinha apenas uma ideia de como as coisas deveriam ser. Uma família de quatro pessoas. Uma história sem interrupções. Duas crianças saudáveis. Felicidade constante. Ninguém partindo. Ninguém chorando. Nenhum barbudo aparecendo. Ninguém indo morar em barcos. Todos juntos e seguindo as regras.

Até a ioga havia sido reduzida a uma série de regras. Essas regras e a ideia de que as coisas deveriam ser de um determinado jeito estavam consumindo a alegria cotidiana da minha vida. Estavam devorando nossa família. De tão preocupada que eu estava com a hora certa de as crianças dormirem, não as acordei para ver a neve.

CORVO, DE NOVO

Bruce foi convidado para uma conferência sobre jornalismo ambiental em Austin, no Texas. Ele foi indicado para um prêmio e lhe disseram que seria simpático se ele aparecesse, o que era uma forma discreta de dizer que havia ganhado.

Fui com ele. Gostei da ideia de férias gratuitas e de Austin.

Fomos do ar-condicionado do aeroporto para o ar-condicionado do carro e para o ar-condicionado do hotel, mas no minuto em que pusemos o pé para fora, o calor nos sufocou. Cambaleamos por alguns quarteirões, nossos corpos tomados pela sensação. Todos os pensamentos sumiram de nossas cabeças. Foi ótimo.

Todas as lojas por onde a gente passava pareciam estar vendendo camisetas com os dizeres *Keep Austin Weird* (Mantenham Austin Esquisita), o que me fazia morrer de rir, pois a melhor amiga de Lucy se chamava Austin e era mesmo maravilhosamente estranha.

Finalmente, nos rendemos e entramos no Stubb's, que tinha ar-condicionado, onde comemos churrasco e tomamos chá gelado. O calor havia nos reduzido aos nossos componentes mais básicos: fome, sede e suor.

Foi um dia perfeito: churrasco, discurso de abertura de Molly Ivins, que simplesmente não se fartava de dizer coisas perversas sobre George W. Bush, e finalmente a cerimônia de entrega dos prêmios, em que Bruce foi aclamado por uma complexa matéria sobre a Lei do Ar Puro de Bush.

O lugar era uma típica sala de conferências empresariais, uma sala de reuniões de um grande hotel, com um lustre genérico e pouco festivo pendurado no teto. Era o tipo de ambiente onde raramente nos aventurávamos, o território de pessoas que usavam quadros brancos e faziam apresentações. Mas ainda se usava quadros brancos? Seria tudo agora em PowerPoint? Isso só demonstrava como sabíamos pouco sobre tais ambientes.

Bruce foi para o púlpito e curvou-se diante do microfone com o blazer amarrotado. Fez um discurso de agradecimento tão genericamente elegante quanto o lustre do teto.

Aí, quando estava encerrando, ele levantou os olhos e disse:

– Trabalhei com três grandes editores nos últimos anos. – Ele então nomeou dois de seus editores, homens famosos e brilhantes. – E minha esposa, que é a maior editora que eu poderia desejar. Meus textos são melhores por causa dela.

Foi um momento minúsculo, sob a luz cintilante. Mas me peguei chorando. Não pela emoção de ser chamada de grande editora. Com toda a certeza, eu conseguia pensar em elogios melhores. Não era o momento romântico que eu às vezes pedia. Nem era a garantia de segurança eterna pela qual eu ansiava. Era, no entanto, um reconhecimento pelo que havíamos construído juntos, em meio às minhas preocupações e à depressão de Bruce. De uma forma invisível, silenciosa, vínhamos construindo uma relação em que um ajudava o outro. Nosso casamento não tinha a aparência que eu gostaria, mas isso não queria dizer que não tinha valor. Vínhamos cultivando algo sem perceber.

Não dá para ver o pão crescer, mas ele cresce. Se você olhar uma porção de massa em fotografias tiradas em pequenos intervalos de tempo, tão comuns nos filmes da minha juventude, vai ver que ela cresce. Se alguém tirasse fotos intermitentes do nosso casamento, o que veria? Definhamento mútuo? Um parceiro destruindo o outro aos poucos? Uma simples série de brigas e transas, sem nenhum significado? Ou veria algo forte, crescendo lentamente?

Depois da cerimônia, conversávamos na sala com outros jornalistas especializados em meio ambiente – muitas barbas, muito brim – quando um homem com olhos azuis vivos apareceu ao lado de Bruce.

– Você roubou o meu prêmio – disse ele. De algum jeito, a barba e o brim dele pareciam mais atraentes e empolgantes do que a barba e o brim de qualquer outra pessoa. – Fiquei em segundo lugar. Acho que você me deve uma cerveja.

Bruce riu e o homem, que se chamava Dan, nos levou a um bar onde havia muitas outras barbas e brins. Durante os dias seguintes, para onde íamos, Dan ia junto. Ele não era chato. Sabia como fazer amigos. Tornava tudo simples. Ele disse literalmente: "Gostaria de ficar amigo de vocês." E foi assim. Para um casal de intelectualoides rabugentos como eu e Bruce, parecia revolucionário.

Dan estava na conferência com a colega Wendy, que ajudava a administrar uma bolsa de estudos para jornalistas na Universidade do Colorado, em Boulder. O lugar estava lotado de pessoas de Boulder, que pareciam gostar mesmo de cerveja. Até quando não estavam bebendo, não paravam de dizer a mesma coisa. Venha, diziam para Bruce. Vamos lhe dar uma bolsa. Você vai ganhar um salário de professor e tudo o que precisa fazer é assistir às aulas. As aulas que você quiser. Qualquer uma que o ajude a se tornar um jornalista ambiental melhor. Como Bruce acabou interpretando aquilo e resolveu ter aulas de Hóquei para Iniciantes é uma outra história.

No aeroporto, ficamos em silêncio. Era hora do almoço e tínhamos ressacas terríveis. Meus olhos se moviam com dificuldade nas órbitas. A luz alta, dura e brilhante do Texas penetrava pelas grandes janelas do aeroporto. Comemos sanduíche de carne e bebemos nossas últimas Shiner Bocks. Comprei uma pilha de revistas e embarcamos silenciosamente no avião. Li a *People*, que é o que as pessoas decentes leem em aviões, e Bruce ficou trabalhando em seu livro. Depois de um tempo, apoiei a cabeça contra o banco e olhei para ele, que fazia tic, tic, tic no teclado.

– Estava pensando... – comecei a dizer e parei no meio. Se fosse um tipo diferente de história, a frase terminaria com "... que a gente deveria ter outro filho". Mas não foi assim que a frase acabou.

Na realidade, foi Bruce que a encerrou para mim.

– Que eu deveria me candidatar à bolsa de Boulder?

Bruce se candidatou à bolsa e nós esperamos.

Achávamos que as pessoas deveriam morar no lugar onde nasceram. Nossos amigos pensavam da mesma forma. Éramos nativos orgulhosos e enérgicos. Enquanto a cidade se enchia com cada vez mais recém-chegados, havia uma força moral em nossa posição. Observávamos a situação de nossas trincheiras, considerando a melhor forma de proteger nossa fortaleza: a gente chegou aqui primeiro! Aqueles caras da tecnologia no Caffe Ladro, aquelas famílias ricas que apareciam e pegavam todas as vagas nas colônias de férias eram inimigos que precisavam ser mantidos sob controle.

Mas as coisas não estavam funcionando bem para nós. Seattle era uma cidade muito cara e não tínhamos necessidade de ficar ali. Estávamos gastando muito dinheiro para morar numa cidade que não nos dava emprego. Afinal de contas, por que estávamos ali?

A ideia de ir para Boulder nos libertou um pouquinho. Podíamos partir. Nunca tínhamos pensado naquilo.

Partir. Pensei nas mães que eu conhecia que haviam ido embora, a quem eu tinha julgado.

Pensei em Lisa atravessando a cidade, o carro lotado com roupas, produtos de higiene e o tapete de ioga.

Pensei na minha mãe, dirigindo até a balsa de Bainbridge Island, passando sobre a rampa de metal, sacolejando na passagem do cais para o barco, deixando para trás sua casa bem constituída em Laurelhurst, sua existência respeitável e o marido bonitão para viver em uma cabana na praia com um namorado de vinte e poucos anos.

O carro estava cheio de crianças: eu e meu irmão. A gente seria como uma âncora ou uma parte da aventura?

Nunca havia pensado em ser uma mãe que partia para longe. Imaginava que ficaria e prepararia bolos de aniversário eternamente.

Lembrei-me de uma história de Miriam, minha cabeleireira. Um dia, enquanto retocava a tinta nas raízes do meu cabelo, ela me contou sobre a irmã que tinha três filhos pequenos. A casa da irmã tinha garagem, mas ela sempre estacionava o carro na rua, bem em frente à janela da cozinha.

– Assim, ela pode vê-lo – dissera Miriam. – Ela sabe que pode entrar naquele carro e fugir de casa a qualquer minuto.

– E ela já fez isso? – perguntei.

– Não. Aí é que está. Quando olha para o carro, ela se sente bem. A ideia é reconfortante.

Quando pensava em ir embora ou em tentar ir para um novo lugar, fugindo das minhas responsabilidades, o que eu via era o seguinte: eu dirigindo um carro cheio de crianças, livros, um pouco de pipoca amassada nos assentos e suco de caixinha. Droga, Bruce provavelmente também participaria do passeio. Se a verdadeira liberdade significava pegar a estrada, com o Minutemen tocando no som do carro e mais ninguém para me fazer companhia, então, com certeza, eu nunca chegaria à verdadeira liberdade.

Mas ir embora com todo mundo – ir embora junto com Bruce – parecia interessante. Eu havia deixado passar a oportunidade uma vez, quando ele estava escrevendo o livro sobre Belize. Nunca pensei que poderia haver algo de bom em partir. Isso era coisa de pecadores, perdedores e adolescentes. E mães desesperadas. Mas, subitamente, pareceu uma boa ideia para nós, adultos virtuosos. Talvez todo mundo precise se recolher de vez em quando, ou correrá o risco de não saber quem é ou o que se tornou.

A ioga tinha sido minha fuga durante algum tempo. Tinha sido a palavra no final da frase: eu estou indo para a ioga. Estive na ioga. Era meu pequeno abrigo, meu mundo escondido do resto do mundo. Mas ela me consumiu de tal forma, eu a tinha encarado com tanta seriedade, que havia se tornado parte do problema, outro raio na roda das obrigações.

Percebemos com algum terror que não tínhamos certeza de que Bruce conseguiria uma das bolsas de Boulder. Certa manhã, enquanto tomávamos café, tivemos a seguinte conversa:

– Talvez eu não consiga a bolsa.

– Ah, vai conseguir. É o queridinho deles.

– Mas talvez eu não consiga.

– Ih...

– Eu sei. Não aguento pensar em não ir para lá.

– Puxa, mas a gente poderia ir de qualquer maneira. Eles não são os donos de Boulder.

– Nós nem precisamos ir para lá. Podemos ir para qualquer lugar. Afinal, podemos trabalhar em qualquer lugar.

No dia seguinte, enquanto Willie estava na pré-escola e Lucy, na cooperativa, Bruce e eu demos uma pausa no trabalho e fomos à Wide World Books. Separamos uma pilha de livros de viagem, atlas, espalhamos tudo no piso acarpetado e começamos a ler. E a conversar. Nossa conversa era um pingue-pongue de nomes de lugares:

– Ketchum, Idaho – comecei, como se tivesse aberto um leilão.

– Madison.

– Iowa City.

– Flagstaff.

– Portsmouth é subestimada. É uma cidadezinha bem legal. Estive lá uma vez, em 1987.

– Onde fica?

– É naquela parte de New Hampshire que fica perto da água.

– Ah. Nova Inglaterra. Quem precisa disso? Que tal Bozeman?

– Por que não Nova York?

– Por que não Londres? Por que não Paris? Por que não ir completamente à falência?

– Paso Robles, Califórnia.

– Asheville, Carolina do Norte.

– Asheville!

Ler aqueles nomes era como sair em viagem. A gente queria um lugar que não fosse uma cidade grande. E tivesse montanhas de verdade. E padarias. E custos razoáveis. E muitas atividades ao ar livre. A gente poderia conseguir o que queria. Simples assim. Aquilo pareceu divertido.

Voltamos para casa com uma lista de preferidos: Ketchum. Asheville. Flagstaff.

Alguma espécie de instinto de preservação estava em ação dentro de nós. Precisávamos partir. Fugir de nossas famílias e de quem éramos. Estava na hora de tentar desaprender algumas das coisas que havíamos aprendido. Eu aprendera a ser ansiosa e a disfarçar isso com animação, dedicação e virtude. Bruce aprendera simplesmente que ser o provedor é solitário e triste.

Em sânscrito, o segundo sutra é: citta vrtti nirodhah.

"Citta" significa mente. "Vrtta" significa flutuações ou perturbações. "Nirodhah" significa contenção.

Essas três palavras ganharam várias traduções belas, mas a minha favorita era a seguinte: "Ioga é interromper os padrões de consciência." Isso lembrava um poema de William Stafford que eu adorava na época da escola: "Um padrão feito por outros pode prevalecer no mundo/ E, ao seguir o deus errado, talvez percamos nossa estrela." Havíamos seguido um padrão que os outros criaram para nós. Era difícil saber como desaprendê-lo sem partir. Não era para nos afastarmos um do outro. Era para nos afastarmos de nossos pais. Da nossa casa. Nós também fugiríamos. Mas fugiríamos juntos.

Os avós não ficaram felizes. Nenhum deles. Minha mãe chorou e começou imediatamente a pesquisar hotéis em Boulder. Meu pai disse "Parece uma grande oportunidade" e passou um braço nas minhas costas. "É só por um ano, não é?"

Asheville estava se destacando na dianteira quando chegou a carta: Bruce havia conseguido a bolsa no Colorado.

Fui a um novo estúdio do outro lado da cidade, onde só davam aulas de vinyasa. Era muito glamouroso, com uma vertiginosa pintura vermelha e trilhas sonoras de filmes de Bollywood. Desenrolei o tapete e olhei em volta. Havia muitas daquelas mesmas garotas bonitas, de braços firmes, que viria em meu estúdio – aparentemente, perseguiam vinyasa pela cidade inteira, como surfistas que procuram ondas.

A professora, que eu não conhecia, apareceu diante da turma, ajustou uns botões no sistema de som e começou a dar as cartas.

Essa aula de vinyasa incluía o corvo. A essa altura, eu conseguia fazer a postura, mas ainda de uma forma vacilante. Plantei minhas mãos, coloquei os joelhos na altura dos cotovelos e me levantei. O trabalho que vinha fazendo havia todos esses anos, o fortalecimento dos braços na chaturanga e do meu *core* através dos bandhas, estava se consolidando. Eu podia voar, ainda que fosse só um pouquinho.

MONTANHA

Fizemos as malas, colocamos nossa casa para alugar, abrimos mão da nossa vaga na cooperativa para o ano seguinte e matriculamos as crianças em escolas no Colorado.

Finalmente, chegou a hora de partir. Exatamente como tinha acontecido na minha visão de fuga, nós carregamos o carro com brinquedos, livros, CDs, travesseiros e um aparelho de DVD para as crianças, equipamento que, com toda a certeza, não ia funcionar. Essas coisas nunca funcionaram conosco. Por algum motivo desconhecido, éramos dotados de componentes antinormalidade que nos impediam de usufruir as soluções consagradas que funcionavam tão bem com nossos amigos e parentes. Tinha começado cedo: mordedores e chupetas, cortadores de unha à prova de bebês, e agora aparelhos de DVD.

Entramos no carro. Como havíamos alugado nossa casa, passamos as últimas noites com mamãe e Larry. Bem cedo, em uma manhã de agosto, abraçamos meus pais, eles nos abraçaram, e saímos. Bruce partiu em disparada, como uma flecha. Aquele era, de fato, um momento muito dramático. O carro avançava com segurança enquanto nossos pais lançavam teias de aranha sobre nós, como se fossem um grupo de Homens Aranhas. Não vão, não vão...

Partimos. Descemos a rua ensombreada pelas copas dos cedros. O carro cantou pneu na esquina, como se estivéssemos realmente em fuga.

O lago Washington reluzia ao sol da manhã. Dirigimos na direção leste, emergindo depois de algumas horas da densidade da costa, sua cobertura verde abrindo caminho para a amplidão das montanhas. Dava para ver o que havia entre as árvores: passamos por Blue Mountains e encontramos sol, sol e sol. Ele estava ali o tempo todo!

Enquanto seguíamos viagem, pensei numa conversa que havia tido muitos anos antes com meu avô, pai do meu pai, um autêntico homem do Oeste que adorava atividades ao ar livre. Ele fez fortuna na indústria de peles. Quando estava morrendo, meus primos, meu irmão e eu nos reuníamos no apartamento dele. Numa noite fresca de primavera, depois de falarmos alguma coisa sobre o Colorado, ficamos em silêncio, cada um perdido em seus próprios pensamentos. De repente meu avô, que não era um homem muito poético, interrompeu o silêncio com as seguintes palavras: "Ah, as estranhas montanhas do Oeste!" Era para lá que eu ia: para as estranhas montanhas do Oeste.

Quando paramos para jantar em Boise, a temperatura passava dos 30 graus. Brincamos em um chafariz e seguimos adiante. Parecia a coisa certa a fazer.

Em Ketchum, nos deitamos no gramado da casa do meu primo e sentimos a presença das montanhas sobre nós. Eram marrons, secas, sem árvores. Havia arbustos de sálvia por toda parte. A paisagem era suprema.

Em Park City, pegamos um bonde para o alto da montanha. Caminhamos pela trilha, como se ela fosse uma prateleira e nós, uma fileira de livros, arrumados da seguinte forma: mamãe na frente, crianças no meio, papai atrás. Assim, nossos filhos não seriam devorados pelos leões da montanha. Nossa nova vida era tão simples! Não tínhamos aprendido ainda que os bosques eram um único organismo vivo. Não tínhamos aprendido ainda a cheirar folhas de pinheiro em busca do seu perfume de baunilha tão doce e sexy quanto uma aluna CDF no baile da escola. Aprenderíamos essas coisas mais tarde. Por enquanto, caminhávamos e parávamos diante de riachos, comíamos biscoitos e sentíamos que não precisávamos de mais nada na vida além daquilo.

Na divisa entre Utah e Wyoming, paramos no acostamento, num ponto em que podíamos ficar nos dois estados ao mesmo tempo. Nossos corpos doíam. Até aquele momento, ninguém, nem mesmo as crianças, tinha sido capaz de fazer o DVD funcionar. Eu estourara o orçamento naquela manhã numa livraria de Park City, comprando livros para as crianças. Estávamos comendo mal. Colocamos um pé em Utah e outro em Wyoming. As crianças gritavam: "Vamos ser partidos ao meio!" O vento batia na terra marrom. Ainda havia sálvia por toda parte. Nosso carro emitia um estranho gemido do lado do carona, que vínhamos ouvindo havia muitos dias. Nossos corpos também soltavam aquele gemido por dentro. Estávamos endurecidos como uma mão que segura um remo por horas a fio. Tocamos os dedos dos pés, embora isso não nos ajudasse muito.

Um homem branco idoso e pesado aproximou-se de nós com um sorriso.

– Ei, não acabei de ver vocês comendo panquecas no restaurante lá em Ogden?

– Não, não foi a gente – respondi com um sorriso.

– Eu podia jurar que eram vocês.

– Não, acabamos de chegar de Park City, que fica na direção oposta.

– Tem certeza? – Ele me olhou com seriedade.

Soltei uma gargalhada.

– Tenho, sim, tenho, sim.

Ele foi embora sacudindo a cabeça.

Essa conversa nos agradou de uma forma estranha. As coisas estavam um pouquinho mais descontraídas. Estávamos viajando. Sentíamos muito calor durante o dia e nos refrescávamos com o ar do deserto à noite. Íamos viver em novos ares. Éramos corpos que sacolejavam pela estrada afora, cada vez mais fundo nas estranhas montanhas do Oeste. De alguma forma, parecia possível que estivéssemos em Ogden naquela manhã, comendo panquecas. A gente poderia estar em qualquer lugar, fazendo qualquer coisa.

Setembro em Boulder tinha um céu azul e suficientemente quente para levar qualquer um às lagrimas. O calor tremulava pela pradaria em ondas quase visíveis, do jeito que você vê a temperatura subir quando leva o azeite ao fogo.

O calor chegava cedo, como um bom trabalhador. Acordei com os membros sobre a colcha, onde eles não se encontravam na noite anterior. Virei para o outro lado e senti o cheiro do ar. O odor da morte com sua famosa doçura cercava a casa com seus tentáculos. Nenhum canto parecia imune.

Havíamos encontrado uma casa em Chautauqua, num grupo de construções erguidas nas campinas aos pés de Flatirons, a parte das Montanhas Rochosas que passa perto de Boulder. A cidade foi fundada na virada do século passado por um grupo de professores que não aguentava o calor do verão do Texas e projetou esse conjunto de casinhas de madeira penduradas na base das montanhas.

Os proprietários da casa onde fomos morar eram irmãos. Jamais alugue uma casa que pertença a um grupo de irmãos adultos, a não ser que você saiba que eles sofrem de um transtorno coletivo que os leva a ser muito organizados e querer manter tudo limpo. Aquela era uma velha casa de madeira, do tipo que tem corredores que conduzem a becos sem saída e portas que se abrem para paredes de tijolos. Todos os cantos, todas as gavetas, todos os armários daquela casa estavam entulhados com lixo que pertencia aos tais irmãos. Eu, que considerava minhas gavetas bagunçadas, levei um susto. Só para você ter uma ideia, aqui está a relação do que se encontrava na gaveta da direita da arca da sala de jantar – apenas uma de talvez outras cinquenta gavetas igualmente entulhadas daquela casa:

Um castiçal de cerâmica com a forma de uma galinha

Guardanapos do KFC

Um maço de cigarros Camel Wide

Um baralho com 43 cartas com a Torre Eiffel no verso

Uma matéria de jornal sobre uma luta de 1987 em Beaumont, Texas

Pacotinhos de mostarda
Algodão
Tocos de vela
Papel de chiclete
Elásticos
Um tubo de desodorante
Uma caixa de absorventes internos
Um lindo prato de porcelana Meissen, de aparência antiga.

A casa tinha um cheiro estranho. De ratazanas, camundongos, morte ou decomposição. Algo de ruim. Aquilo ficava nas minhas narinas o dia inteiro, o cheiro pegajoso e doce da morte. E ninguém mais sentia.

Todos os anos, a Universidade do Colorado reunia cinco jornalistas de diferentes veículos de comunicação que faziam a cobertura de pautas sobre meio ambiente. Além de Bruce, os outros bolsistas desse ano eram mulheres. Jerri, especialista em questões relativas à água (assunto importante no Colorado), de um diário de Denver, era uma repórter durona com a aparência de dondoca, esguia, delicada, com cabelo louro-acinzentado. Amy, do Alaska, era fotógrafa e editora; tinha cabelos que iam até a cintura e um rosto achatado. Kailani era havaiana, militante dos direitos dos nativos, bela e enérgica. E Leigh, pequenina e ruiva, trabalhava na televisão fazendo alguma coisa chamada "Plantão da Nasdaq" em uma emissora que, para mim, parecia apenas uma série de consoantes: CNN, ou MSNBC, ou CNBC. Bonequinhas colecionáveis do jornalismo ambiental, era como eu as chamava. Mas não na frente delas, claro.

Estávamos sentados na grama, do lado de fora do Auditório Chautauqua. Éramos pães-duros demais para comprar ingressos e entrar. De qualquer maneira, Jerri, que era da região, dissera que dava para ouvir perfeitamente a música do lado de fora – era típico de Boulder sentar na grama e aproveitar os shows de graça bebendo vinho. A temperatura finalmente começava a cair. O ar fresco fluía da encosta. Era uma delícia senti-lo contra a pele. Kailane se encolheu dentro de um casaco que batia no tornozelo e cobria seu grosso suéter com capuz.

– Kailani, está fazendo 18 graus. O que você vai usar quando a temperatura estiver abaixo de zero? – zombou Jerri.

– Colocar mais roupas – respondeu Kailani, com lábios roxos.

As bolsistas tinham carreiras interessantes, opiniões bem embasadas e gosto pela bebida. O que elas não tinham: filhos pequenos. Três delas não tinham filhos. Uma tinha filhos mais velhos. Não queriam falar sobre crianças, não queriam ouvir histórias sobre crianças. Acabaram adorando meus filhos e tratando os dois com carinho (e vice-versa), mas continuavam sem querer falar sobre eles.

Eu achava estranhamente relaxante ver minha maternidade descartada como assunto da conversa. Estávamos ali, deitadas na grama do lado de fora de um auditório ao ar livre para ouvir (apesar de não ver) Rosanne Cash, uma cantora que não me interessava muito. Mas eu tinha a sensação de que ela não ia passar muito tempo cantando histórias sobre seu pai.

Mas a música não era o mais importante. O mais importante era sentar na encosta, na grama fresca, e beber um bocado de vinho. O ar da montanha parecia estrangeiro. Jerri serviu mais vinho. A voz de Rosanne Cash emanava, sem corpo, do auditório. Eu estava feliz em meio a desconhecidos.

No dia seguinte, a endiabrada Leigh apareceu lá em casa para verificar o cheiro.

– Eu tenho um ótimo faro – gabou-se ela.

Ela possuía um corpo bacana e olhos que não deixavam passar nada. Confesso que me assustava um pouco.

Ela farejou as paredes, o chão.

– Não estou sentindo nada – disse, ao cheirar a pia.

– Mas você está no epicentro do cheiro – respondi.

– Vamos sair hoje à noite para tomar uma taça de vinho.

Naquela noite, fomos a um bistrô caro, como muitos que existiam em Boulder. Os garçons eram simpáticos e, como todos naquela cidade, escandalosamente atraentes.

Leigh pediu uma taça de Viognier para mim e disse suavemente:

– Você passou por uma grande mudança na vida. Quando fui morar em Londres, fiquei com o corpo cheio de brotoejas. Você está estressada. Acabou de vir de mudança com a família, do outro lado do país. Seu corpo é uma coisa misteriosa.

Meu corpo não era uma coisa misteriosa!

– O cheiro existe! – falei. Incomodava a ideia de que meu corpo estivesse exprimindo algo que minha mente não soubesse. – Não tem nada a ver com estresse.

Pelo menos, eu tinha encontrado uma amiga, apesar de ela me considerar maluca.

Bruce comprou para mim um purificador de ar alemão supercaro. Talvez tenha sido o presente mais caro que ele me deu. Sabia o que aquilo significava: suborno para que eu me calasse. Aqui está o seu purificador de ar alemão. Agora, pelo amor de Deus, cale essa boca!

Com aquele cheiro misterioso, os estranhos corredores sem saída e as gavetas cheias de detritos das vidas de outras pessoas, a minha casa, a casa onde eu morava, deixou de ser um lugar onde eu me expressava. Não comprei coisinhas bonitas para enfeitá-la nem planejei reformas. Eu mal a limpava. Apenas me acomodava em meio ao cocô de rato, no meu minúsculo escritório, com o roupão de banho bem apertado, fazia meu trabalho e tremia.

Eu tinha 39 anos quando nos mudamos para Boulder – quase 40. Tenho a seguinte teoria: quando as mulheres chegam aos 40 deixam de ser vaidosas em relação à aparência e passam a ser vaidosas em relação a suas casas. A minha era alugada, eu não tinha um lar para exercitar minha vaidade. Morava numa linda espelunca. A ideia de impressionar os convidados com minha bela casa chegava às raias do ridículo.

Não era só isso. A maioria das pessoas que conheci em Boulder morou em Chautauqua em alguma ocasião – na faculdade, quando chegou à cidade ou enquanto reformavam suas casas. Como todas as casas em Chautauqua, a minha não era um lar, mas uma instituição de Boulder. Antigos moradores entravam à vontade quando encontravam a porta destrancada. Estudantes completamente chapados batiam nas janelas às três da manhã e exigiam usar nosso telefone. Andarilhos abriam caminhos com facões por nosso quintal. A casa não me pertencia de forma alguma.

O ar noturno mal havia esfriado quando as aulas começaram. Minha querida Lucy, educada por tantos anos em cooperativas onde eu podia ficar de olho nela, partiu para a escola pública. No primeiro dia, escovei seu cabelo com uma sensação ruim no estômago. Era difícil mandá-la para uma escola desconhecida, com gente estranha.

Então ela e Bruce saíram para descer a colina. Ao passar pela porta, ela ergueu o rosto para ser beijada. Seu olhar era triste e sereno, temeroso e resoluto.

– Tenha um ótimo dia – falei, dando um abraço nela.

– Pode deixar – respondeu Lucy, que ainda me parecia um bebê indefeso.

Mais tarde, Willie e eu pegamos o carro e descemos a colina. Consegui encontrar uma cooperativa pré-escolar para ele, numa grande igreja presbiteriana no centro da cidade. Havia Jesus em demasia por ali, mas pelo menos era uma cooperativa. Estacionamos na esquina e caminhamos ao sol. Willie segurou minha mão. Ele tinha uma pegada maravilhosa, fresca, como a de um bichinho de estimação. O cabelo louro desgrenhado caía sobre os olhos. A mochila cor de laranja estava nas costas. Usava sua camiseta favorita, púrpura, e um short azul, comprido e listrado – uma caixa de lápis de cera ambulante. Parecia a felicidade em pessoa, vagando em liberdade.

As outras mães estavam descarregando filhos e filhas de seus veículos utilitários. Os meninos tinham cabelos cortados e as meninas, trancinhas bem-feitas. As mães usavam *twinsets* e correntes com crucifixos pendurados no pescoço. Quando um pequeno regimento dessas pessoas se aproximou de nós, rumo à entrada da escola, Willie ergueu os olhos para a capela e disse o mais alto que podia: "Uma igreja! Sempre quis ir a uma igreja!" Todas as cabeças se voltaram para nós, ou pelo menos foi o que me pareceu.

Acomodei minha criança hippie e sem deus na sala de aula. A professora tinha um ar meticuloso, cabelo cinza-metálico, olhos penetrantes e um nariz com personalidade.

Ela se agachou ao lado de Willie.

– Olá! – disse com uma voz suave feito um montinho de musgo. Ela o pegou pela mão e lhe mostrou onde pendurar a mochila. Apresentou-lhe uma prateleira cheia de blocos de madeira e ajeitou seu cabelo ao se afastar. Ela me deixou menos nervosa em relação ao retrato do Sr. Jesus Cristo na parede. Eu começava a ver uma coisa: Boulder podia ser uma ilha de liberalismo à beira da pradaria, mas a pradaria, afinal de contas, era logo ali.

Senti certa relutância em trabalhar (o que não era exatamente uma novidade). Em circustâncias normais, eu teria me obrigado, ao menos, a ir para um café com o laptop, mas eu me sentia solitária. E sentia a euforia que às vezes acompanha a solidão. Então escapuli.

Fui até Pearl Street, a via principal de tijolinhos que tinha sido convertida, no início dos anos 1970, em rua de pedestres. Eu já havia andado por ali duas décadas antes, quando a rua era tomada por meninos sujos sentados no chão, diante das lojas com cheiro de incenso. Naquela época, havia uma coisa diferente no ar: seria a transcendência, obtida com cânticos devotos? Ou seriam as drogas? Em Boulder, nos anos 1980, era uma coisa ou outra, ou talvez as duas.

Em 1987, meu irmão morava na Universidade de Hill, que se estendia por Chautauqua. Meu irmão morara a alguns quarteirões da escola onde Lucy, naquele momento, passava seu primeiro dia de aula.

Eu estava atravessando o país de carro com algumas amigas. Tínhamos comprado um trailer e o rebocávamos para o oeste em duas caminhonetes diferentes, fazendo um revezamento. Dormíamos nos acostamentos à beira da estrada. Usávamos o sistema de rádio amador para fazer a comunicação entre os carros. Atravessamos os campos claros e áridos do Kansas inventando apelidos que acreditávamos serem capazes de afastar possíveis tarados: "Chamando Bunda de Banha. Aqui fala Trubufu esperando confirmação."

Em Boulder, Julia e eu nos separamos da caravana e ficamos por algumas semanas dormindo onde havia vaga: no sofá do meu irmão; na traseira do Toyota dela, que tinha capota; na casa do amigo de nosso irmão, de onde fomos expulsas por termos deixado calcinhas sujas no chão (os jovens são péssimos hóspedes).

Além dos estudantes, Boulder Valley abrigava toda espécie de tribos: hippies, montanhistas, moradores locais, budistas, motoqueiros doidos, pobres.

A gente passava bastante tempo com meu irmão e seus amigos. Naquele tempo, o montanhismo era uma cultura alternativa que combinava tranquilamente uma dieta à base de milho com uma estética *punk*. Os montanhistas eram apenas uma das camadas do estranho bolo que era Boulder. As pessoas andavam descalças pela rua. Os cabelos ou chegavam até a cintura, ou eram completamente raspados, ou pareciam ter sido picotados com tesourinhas de unha (que era a forma com que meu irmão e os amigos musculosos usavam os seus). Ninguém se preocupava muito em trabalhar. O tempo era algo para ser gasto nas montanhas, passeando por Pearl Street, tocando violão ou meditando.

Julia era a companheira ideal, uma californiana perfeita, com quase dois metros altura, cabelos longos e lisos e um rosto aberto. Ela experimentava qualquer coisa. Uma vez, eu a vi comer um sanduíche recheado com manteiga de amendoim, alface, picles e maionese. Descemos riachos em boias. Jantamos com os Hare Krishna. Caminhamos pelas montanhas, tomamos ácido e resolvemos os problemas do mundo.

Fazia sol todos os dias. E toda tarde caía uma tempestade típica de verão; as nuvens carregadas avançavam até a cidade e despejavam baldes de água que encharcavam tudo. Quando a chuva chegava, você sentava num café, tomava um espresso e lia o jornal. Mais ou menos uma hora depois, as nuvens se afastavam com incrível rapidez e tudo ficava brilhando e com um cheiro delicioso.

Peguei emprestada (ou roubei) a bicicleta do meu irmão e Julia pegou emprestada (ou roubou) a de outra pessoa e fomos até o Daddy Bruce's Bar-B-Que, onde encontramos um punhado de budistas – garotos brancos sem cabelo ou com cabelo comprido. "Venham cantar conosco na Naropa, a universidade budista do outro lado da rua, fundada por Chogyam Trungpa Rinpoche", nos disseram. Marcamos uma hora e um lugar para nos encontrarmos (Aliás, o que estavam fazendo numa churrascaria? Daddy Bruce não tinha *seitan* no cardápio.)

Tentei convencer Julia a ir comigo. Julia experimentava qualquer coisa, mas implorou ser poupada dos cânticos budistas.

– Eles são assustadores – disse ela. – É como se estivessem olhando dentro de você. – Ela começou a fazer gozação. – É como se estivessem olhando dentro da sua aaaalma.

Julia achava tudo engraçado.

Era verdade. Os budistas davam a impressão de saber o que estavam fazendo e o que os outros estavam fazendo. Ainda éramos adolescentes, com a dissimulação natural dos jovens. Não queríamos que ninguém soubesse o que estávamos fazendo.

Mesmo assim, cantar? Como seria aquilo? A curiosidade venceu. Numa tarde ensolarada, um pouquinho antes da chuva, entrei pelo corredor empoeirado na frente do prédio de tijolinhos que abrigava Naropa. Estava quinze minutos atrasada – um padrão para mim, na época. Ouvi sons repetitivos e profundos de vozes que vinham de trás de uma porta. Era como se o cômodo estivesse cheio de baleias incrivelmente afinadas. Sentei-me diante da porta e ouvi por algum tempo. Poderia ter ficado mais tempo, ou talvez entrado, mas de alguma forma os sons me repeliram. Diziam: "Vá embora. Isso aqui não é para você. É para gente séria com voz de baleia." Eu nem me lembrava de pegar calcinhas sujas do chão. Como poderia entoar cânticos?

Julia e eu nos separamos e me despedi de Boulder. Hora de voltar para Seattle e ganhar algum dinheiro.

Peguei Willie e o levei para casa. Algumas horas depois, fui buscar Lucy na escola. Subi em um banco, no meio da multidão de mães esguias, para que ela pudesse me ver. Ela apareceu e me cumprimentou discretamente. Eu não conseguia saber como tinha sido seu dia. Quando chegamos em casa, ela subiu no meu colo na mesma hora. Seus olhos pareciam chorosos. Então ela disse:

– Ainda bem que você é tão grande. Assim eu posso caber no seu colo.

Eu era grande e sólida para ela e a abracei até que se recuperasse da escola.

Junto com a posição do cadáver, a montanha é a postura mais simples no léxico da ioga. A montanha confunde porque você fica ali parado e o professor quer que você pense que está praticando ioga. Os professores falam muito durante a montanha, talvez porque finalmente tenham recuperado o fôlego. Ou talvez porque também não acreditem que aquilo é ioga, por isso cercam a postura de verborragia para valorizar seu status.

O truque da montanha, dizem os professores, é distribuir uniformemente o peso nos quatro cantos dos pés sobre o chão. O truque da montanha é deixar o cóccix alinhado com o chão. O truque da montanha é erguer o esterno sem projetar as costelas. O truque da montanha é manter a parte de trás do pescoço estendida. O truque da montanha é soltar o abdômen. O truque da montanha é que não existe truque.

Os professores falam, falam e falam e os alunos ficam cada vez mais desconfiados. Subitamente, não estão mais numa aula. Estão numa negociação. Os professores tentam convencê-los da importância de simplesmente ficar ali e os alunos não sabem se estão convencidos. Afinal, a suprema lei das negociações é a seguinte: quem fala está perdendo.

Por outro lado, talvez os professores estejam falando sério.

Como aconteceu com todas as posturas da ioga, minha relação com a montanha se transformou com o passar do tempo. De início ela parecia simples, fácil.

Em seguida, quando fui inundada de informações, ela me pareceu absurdamente complexa. Minha mente escaneava todo o corpo enquanto eu fazia a postura, verificando os pés, o bumbum, a barriga.

Depois, comecei a gostar. Na maioria das vezes, na postura da montanha, os professores pedem que você feche os olhos. Aí, novamente a montanha vira irmã gêmea do cadáver. Ela leva você, se quiser, diretamente para pratyahara, a fugidia introversão da qual Fran falou. E o que você sente ao chegar lá? Para mim, a montanha dava uma sensação de peso.

Os professores tendem a usar a ideia de enraizamento para descrever a montanha: colem os pés no chão. Mas gosto de pensar nisso como peso mesmo. Seja como uma montanha. Seja pesada. Não deixe que seus pés ou que seu corpo vá a lugar algum. É uma ideia quase radical: não esteja de prontidão, seja imóvel. A inércia, como você percebe ao permanecer na postura, lhe dá uma espécie de poder.

A simples palavra "montanha" parece pesada. Tem som de rock. Parece meio colossal. Pesada, inerte, sólida, indissolúvel. Não é assim que uma mulher deve ser. Mas eu era, segundo Lucy, suficientemente grande para ela. E aquilo me deixava feliz.

PINÇA, SENTADA

Vaguei solitária como uma nuvem.

Andei da porta dos fundos do chalé em Chautauqua até Front Range. Essa pode parecer uma informação que você encontraria no folheto de um resort. Garanto que foi mais relevante do que isso. Mais do que qualquer coisa que aconteceu na minha vida desde que Bruce segurou a minha mão e eu soube que ele seria meu marido, mais do que qualquer coisa desde o nascimento dos meus filhos.

Liguei o purificador de ar alemão, bebi um bocado de café e saí para as colinas. Sozinha.

A princípio, eu tinha medo de fazer caminhadas em Boulder. Havia um livro famoso sobre leões da montanha que invadiam a cidade e comiam todo mundo. Pelo menos, eu achava que essa era a ideia geral. Fiquei assustada demais para lê-lo. Na primeira festa a que fomos ao chegar à cidade, conheci o sujeito que escreveu o livro. Era um homenzinho com um jeito irônico, que detalhou rapidamente para mim algumas das estripações mais pavorosas narradas na obra.

Minha mãe leu. Minha mãe lê tudo. Ela me telefonou.

– Qual a distância do seu carro até a porta da sua casa?

– Mãe, está tudo bem! Não vou ser devorada por nada.

– Bem, eu espero que você não esteja deixando que as crianças brinquem ao ar livre.

Por acaso, nossa casa ficava em frente a uma quadra de basquete cercada, onde as crianças da área se encontravam, berravam e jogavam bola umas nas outras. Contei para minha mãe.

– Você sabia que os leões da montanha podem dar saltos de mais de quatro metros? Qual é a altura da cerca? Você mediu?

Apesar de tudo, as trilhas começavam, literalmente, na porta dos fundos da minha casa. O chamado era irresistível. Quando eu não estava trabalhando, estava caminhando. Arrastava as crianças comigo, ia sozinha, fazia Bruce me acompanhar. O poder de sedução das trilhas me surpreendia. Venho de uma família de montanhistas, mas sempre me considerei uma criatura urbana. Agora cambaleava pela porta dos fundos e pegava uma trilha ensolarada. Era larga e muito usada. Conduzia até as montanhas, onde havia outras, menores, mais solitárias, e assim por diante, até o coração das Montanhas Rochosas.

Pela primeira vez em muito tempo, desde a época em que eu passava meses vagando por aquelas campinas em Stuart Island, a vida se tornava mais real do lado de fora do que do lado de dentro.

Bruce passava os dias estudando, participando de trabalhos de campo, cercado pelas colegas. Era uma criatura social. Desabrochava com a atenção, a luz, o trabalho, a ausência de preocupações. E, enquanto isso, eu caminhava sozinha. Todos os dias fazia anotações em meu diário sobre os lugares por onde havia andado e à noite ia dormir recontando para mim mesma os detalhes da trilha do dia. E da mesma forma que havia me embalado com sequências de ioga, agora eu adormecia pensando em quantos metros havia subido e nos animais e pássaros que havia encontrado.

Apaixonei-me pelo aspecto concreto das trilhas. Elas variavam de largura, de uma estrada larga a caminhos estreitos. Eram feitas de um material bonito: o arenito vermelho era um importante componente das Flatirons, as famosas formações rochosas do Colorado. Eram duras, gastas, intencionais. Não eram as faixas amarronzadas de Stuart Island, amaciadas por passos. Não eram histórias contadas pelos pés. As trilhas foram amorosamente feitas à mão, planejadas, providenciadas e protegidas como filhos queridos. Elas possuíam história e significado enquanto espaços públicos, eram tão parte do ambiente de Boulder como a prefeitura e as calçadas da cidade. Para mim, era estranhamente comovente que minha experiência nas matas tivesse sido pensada e construída por pessoas do passado.

Eu experimentava uma nova variedade de emoções. O medo me dominava: havia ursos e leões da montanha e você nunca, jamais, se esquecia deles – especialmente ao caminhar sozinha, especialmente em algum lugar distante nos confins da montanha, especialmente quando você ignora a placa que diz CUIDADO: LEÃO DA MONTANHA porque tem imensa curiosidade de descobrir o que poderia encontrar adiante. Não havia nada que se pudesse fazer para se proteger dos leões da montanha além de andar com uma grande vara. Eles não eram como os ursos, que podiam ser afastados se você falasse alto ou cantasse; o grande perigo dos ursos era surpreendê-los. Mas os leões da montanha, por outro lado, perseguiam você, movimentando-se de forma furtiva em meio às árvores, até que chegasse o momento perfeito para o ataque.

A euforia vinha de mãos dadas com o medo. Ao caminhar sozinha por uma trilha alta na montanha, eu sentia como se o topo da minha cabeça pudesse se desprender e levitar. A natureza parecia transmitir essa sensação melhor do que a ioga.

Esses sentimentos vieram acompanhados de um novo conjunto de obrigações e códigos sociais, como costuma acontecer. Você acha que está num ambiente solene, onde as emoções podem correr soltas. Mas está errado. A trilha é um veículo para a interação humana. E a interação humana requer forma e organização.

Eu podia me embrenhar nas montanhas, sair de casa o mais cedo que conseguisse e caminhar por horas. Enquanto ofegava o ar rarefeito, eu virava uma esquina e esbarrava, por exemplo, em uma estudante universitária de sobrancelhas feitas, passeando com o cachorro, com uma das mãos engessadas. Nos pés, sandálias de dedo. Na mão boa, um Frappuccino. Aquilo me lembrava de uma experiência de viagem que acontece com todo mundo. Você se dirige aos confins da Terra, às mais distantes margens da Indonésia ou aos desertos da Patagônia, e lá você encontra... um alemão. Não importa aonde você vá, há sempre um alemão que chegou antes, vestido com uma camiseta preta suada, com ar convencido. As pessoas de Boulder eram bem assim: infestavam todos os cantos das montanhas. Não havia como escapar de sua ubiquidade. A interação humana era tão parte das montanhas quanto as árvores e os rochedos gigantes.

Para falar a verdade, a interação nas trilhas geralmente me causava arrepios. Uma caminhada típica provocava uma série de reações, cada uma tão cheia de códigos e de sutilezas emocionais quanto qualquer conversa em um coquetel. Como exemplo, um resumo de uma caminhada que fiz até Gregory Canyon, em uma manhã de terça-feira:

Lá vem alguém atrás de mim. Aproxima-se rapidamente. Só um parêntese: fui atacada na rua em uma ensolarada tarde de domingo, em San Francisco, quando tinha uns 22 anos. Alguém correu por trás de mim e passou a mão por debaixo da minha saia. Desde então, mal consigo tolerar o som de um ser humano se aproximando de mim pelas costas. Os pés se deslocam rapidamente, batendo suavemente na terra. Provavelmente, um corredor. Devo me virar e olhar? Devo demonstrar que percebi sua presença? Olho por cima do ombro. Nossos olhares se encontram. Dou um daqueles sorrisos que dizem "Sou inofensiva" e ele retribui da mesma forma.

Vou em frente. Alguém está vindo adiante. É um homem mais velho. Isso quer dizer que vamos nos falar. As pessoas de mais idade quase sempre cumprimentam as outras e, com certa dignidade, esperam ser cumprimentadas.

– Bom dia – digo para o senhor que se aproxima. Gosto de chegar antes que cheguem em mim.

– Bom dia – diz ele. Usa óculos de fundo de garrafa e um par de robustas botas de caminhada tão velhas, gastas e marrons que parecem parte de seu corpo. Seu olhar é bondoso. Suspeito que ele possa estar experimentando um pouquinho daquela euforia que leva a cabeça da gente às nuvens. Posso perceber tudo isso à medida que se aproxima sob as árvores. Ah, sim, ele tem mais a dizer.

– Linda manhã! – anuncia com um sorriso, como um locutor de luta livre ao apresentar um dos participantes.

– É mesmo! – digo, fazendo questão de incluir um ponto de exclamação na fala, como ele. O homem acena e passamos longe um do outro. Nossa comunicação abreviada e previsível é um código para "Estou à beira de atingir a transcendência. Acho que minha cabeça vai decolar. Não consigo acreditar em minha própria sorte."

Esses gestos – a olhada para trás, a conversa, o ato de fingir não ver o outro, a careta de inocência, o momento da passagem, o passo para o lado daquele que desce para que aquele que sobe possa passar com mais facilidade – todos eram, tenho certeza, antigos. O que poderia ser mais velho do que um caminho? Quando me aproximava por trás de uma mulher na trilha, tinha consciência de que meus passos poderiam parecer ameaçadores. Essa abordagem e todos os outros movimentos, expressões e cortesias eram gestos antigos. Era fácil pensar romanticamente sobre a velha origem desses momentos, desses sentimentos. Qualquer um que já seguiu uma trilha deve ter vivido tais momentos. O integrante de uma tribo africana, muito tempo atrás; um poeta em peregrinação; uma mulher seguindo o marido, sob o domínio do destino.

Nesse sentido, caminhar pelas trilhas se parecia com a ioga. A linguagem corporal era absolutamente antiga. A ideia de que um imenso número de pessoas havia feito aquilo antes de mim era poderosa e, ao mesmo tempo, empolgante e libertadora.

Os primeiros flocos de neve caíram, gordos e brancos. De manhã, estavam amontoados no capô do carro. Leigh telefonou: "Saiam daí e varram a neve!"

Fomos lá fora e varremos. A neve se ergueu numa nuvem cintilante, completamente sem peso.

Naquela noite, ficamos deitados na cama. O cheiro de camundongo tinha diminuído momentaneamente. Lucy recebera um convite para sair com amigos. Willie usara o banheiro sozinho, na pré-escola. Eu havia terminado um trabalho no escritoriozinho gelado. Bruce estava animado como alguém que fugiu da prisão. Passava os dias assistindo às aulas, rodando pela cidade de bicicleta, bebendo cerveja com as colegas.

Por isso estávamos felizes em ficar na cama. Lentamente, a casa começou a se sacudir. O vento passou a bater com mais força e a casa se mexia por inteiro, como uma dançarina com articulações soltas. Pensei no poema de Robert Frost, "A tenda de seda", e no verso que diz "ela oscila delicadamente". O vento lá fora era intenso, feroz, mas a casa se movia com suavidade – ela já existia na beira da campina aos pés da montanha havia 100 anos e sabia como lidar com aquilo.

A intensidade do vento aumentou. Quase dava para senti-lo aumentando de tamanho, como um balão. Aí – a gente estaria imaginando? – a temperatura começou a subir. O quarto foi ficando cada vez mais quente. Tirei a parte de cima do pijama e depois, a de baixo. Bruce começou a virar de um lado para o outro. Parecia impossível, mas o vento ficou mais forte e a temperatura, ainda mais alta. Eu me sentia como se estivesse dentro de um tubo de ensaio, sacolejando e esquentando.

O vento entrou no quarto e tomou conta do meu corpo. Eu já tinha ouvido a chuva cair estrepitosamente no telhado e sentido o calor de noites na minha pele, mas nunca tinha visto o vento invadir minha casa e minha cabeça daquele jeito.

Na manhã seguinte, deixei Willie na escola e a professora me disse que esse vento se chamava *chinook*. O *chinook* desce as montanhas depressa e a rápida compressão do ar faz com que ele se aqueça e eleve a temperatura, que pode subir até mais de 25 graus. (Um ano depois, medi a temperatura durante um *chinook* e constatei um aumento de 16 graus em uma hora e meia.) O *chinook* é um *foehn*, termo empregado pelos meteorologistas para se referirem a esses ventos quentes que descem a sota-vento de uma cordilheira.

Essa professora havia morado na Alemanha e me contou que quando esses ventos vinham, as pessoas tinham dores de cabeça e se sentiam mal; as farmácias alemãs vendiam balinhas açucaradas especiais para a ocasião, para atenuar tais efeitos. Depois que saí da escola, levei o laptop até um café e esbarrei em Fritz, pai de um colega de escola de Lucy, que parecia exultante por causa do *foehn*, como ficam as pessoas que se deparam com situações climáticas raras, mas não fatais. Fritz me disse que havia deixado as janelas do escritório abertas e encontrou sua papeladas toda espalhada pelo chão, como se o lugar tivesse sido revirado por bandidos.

Compartilhei os sentimentos de Fritz e, quando parei na biblioteca para fazer pesquisas para um artigo, dei uma olhada no que havia sobre o *foehn*.

Conforme descobri, esse vento foi primeiramente registrado nos Alpes, mas é encontrado no mundo inteiro. As Santa Anas são acometidas ocasionalmente pelo *foehn*, que ganhou a alcunha de "vento assassino" e foi imortalizado no ensaio de Joan Didion, em 1965, "Los Angeles Notebook". O mistral do sul da França é um *foehn*. O siroco é, em parte, constituído pelo *foehn*. Uma grande variedade de ventos ruins do mundo é do tipo *foehn*, dos Apalaches à América do Sul e à Croácia.

O *foehn* é famoso por fazer as pessoas ficarem doentes, terem dores de cabeça e até cometerem crimes. W. H. Auden escreveu: "O siroco traz à tona os pequenos demônios."

As montanhas de Seattle estavam distantes. Produziam uma agradável reação estética, como aquela que se tem ao olhar uma fotografia bonita. Por outro lado, as Flatirons se estendiam até o pé da minha cama, lançando seus ventos quentes e nos levando à loucura. Eu havia me mudado para um lugar onde emoções podiam ser criadas pelas montanhas.

Eu não tinha mais tempo para a ioga. Quando não estava andando nas trilhas, estava trabalhando ou cuidando das crianças. Meu corpo se enrijeceu. Sentia dores quando me sentava. As escadas pareciam infindáveis. A caminhada era minha vocação e estava transformando meu corpo.

Depois daquela caminhada até Gregory Canyon, obriguei-me a desenrolar o tapete de ioga na sala de estar com cheiro de morte. Movimentei-me numa vinyasa de forma um tanto desengonçada.

Praticar ioga em casa era uma chatice. Os gestos e os movimentos, tão empolgantes na aula, pareciam bobos e sem graça quando eu os fazia sozinha. Na aula, a tensão vibrava pela sala enquanto os corpos entravam e saíam das posições, fracassavam, tinham êxito, respiravam. Havia a sensação de que você estava participando de uma transformação muito lenta, mas bem real. Em casa, os mesmos movimentos se tornavam simplesmente exercícios de alongamento – a parte chata da educação física.

Junto com a turma, predominava a concentração, o aguçamento da intenção e a atenção. O que acontecia na aula de ioga que dava mais valor a tais movimentos? Seria simplesmente o fato de pagarmos por ela? As pessoas que fazem o programa dos Vigilantes do Peso dizem que pagar é um grande fator de motivação – dá valor a seus esforços.

Ou talvez seja o fato de ter um professor à frente. Talvez exista algo dentro de nós que deseje ser conduzido, que queira se tornar o aprendiz de um mestre, e essa nossa parte profunda encontra satisfação em uma situação de aula.

Ou talvez o que faça a diferença seja estar junto com outras pessoas. A emoção da ioga pode ser criada com a ajuda de todos os outros corpos. A concentração salta de um lado para outro da sala, de pessoa em pessoa, intensificando-se pelo caminho.

Dobrei-me sobre as pernas. Para encostar o tronco na coxa, a barriga se enrola como um cachorrinho gordo sentado no seu colo.Você sente o peito seguindo em direção aos dedos dos pés, como um amante que sabe que não vai ser correspondido. Deixa o nariz conhecer os joelhos. Parecia uma postura boa de se fazer sozinha. Voltar-se para dentro. Era a mais solitária de todas, o tipo de solidão que você vive quando criança. Feliz em seu mundinho. Dentro dos limites da sua geografia. Reconhecendo que o corpo é seu próprio território, limitado, uno e suficiente.

Minha vida encolhia. Não havia telefonemas, ninguém chegando a qualquer hora sem avisar. As pessoas vinham e iam embora. Não tomavam conta da casa. Eu não tentava agradá-las. Isso seria ridículo. Também não faziam questão de agradar. Minha vida familiar tinha sido, em certo grau, uma grande tentativa de agradar a todos à minha volta. Um esforço para mostrar para o restante do mundo e para mim mesma que tudo estava bem. Bem, não. Perfeito. Agora minha vida familiar era minha vida familiar, particular, quase secreta, um grupo de ursos numa toca agitada, peluda, íntima. Eu não tinha plateia.

E agora que não havia plateia, algo de misterioso acontecia: a causa da minha preocupação e vergonha – ou seja, a depressão de Bruce – desaparecera. Provavelmente, havia muitas razões para isso. As colegas, por exemplo. O sol. Os professores de jornalismo, que o tratavam como um colega respeitado.

Aquilo provocava uma pergunta. Teriam sido as minhas preocupações o motivo da sua depressão? Quando eu o vigiava como um gavião, garantindo que ele seguisse o roteiro que eu montava, talvez ele se sentisse sobrecarregado.

Bruce caminhava com Lucy para a escola todos os dias e eles se entendiam perfeitamente. Sem gritos. Sem reclamações. Pura felicidade: pai e filha caminhando juntos para a escola. Eu não fazia parte da cena. Não tentava organizar a caminhada nem fazer com que funcionasse. Apenas me despedia. Levava Willie para a escola, escrevia algumas centenas de palavras e ia para as trilhas. Sozinha.

Meus filhos acabaram fazendo confusão entre as palavras "geografia" e "geologia", mas em Boulder essas duas coisas se misturavam e passaram a me dominar. As montanhas definiam a forma de vida na cidade. Para mim, Seattle era governada pela história social; quando eu estava lá, vivia na pele a frase de Muriel Rukeyser: "O universo é composto de histórias e não de átomos." Cada esquina tinha uma história. Já em Boulder, os átomos voltaram ao comando. O clima invadia a casa e me sacudia. A hera subia pela moldura da janela. Quando caminhava na chuva, eu não voltava para casa simplesmente molhada. Voltava cheia de lama que transformava minhas botas em sapatos de plataforma. Lá, a natureza não era a coisa romântica e sentimental que poderia parecer de longe. Era algo real e poderoso. Algo que podia devorar. E estava começando a me devorar.

CADÁVER

O antigo ditado diz que quando o discípulo está pronto, o mestre aparece. Quando morei em Boulder, os mestres pareciam despencar do céu sobre mim. Choviam mestres.

Depois de algum tempo, uma editora do *The New York Times* me encomendou uma matéria sobre a educação contemplativa em Naropa, a universidade que era um híbrido de budistas e beatniks. Não contei sobre minha experiência sentada no chão do corredor em 1987, assustada demais pelos budistas e suas vocalizações de baleia para ter coragem de passar pela porta.

Naropa era uma querida instituição de Boulder. Fiz uma pesquisa preliminar e descobri que começou como Instituto Naropa, em 1974. Naquele verão, Chogyam Trungpa Rinpoche – um professor budista tibetano que chegou aos Estados Unidos via Oxford – fundou o instituto para integrar estudos orientais e ocidentais. Convidou artistas de todo o país, esses artistas convidaram seus companheiros e o encontro acabou com a presença de 2.500 pessoas. Muitos dos participantes decidiram permanecer em Boulder, entre eles o poeta Allen Ginsberg, que ficou para ajudar a dar início ao que recebeu o nome de Escola Jack Kerouac de Poesia Desincorporada.

Eu passava de carro por Naropa quase todos os dias. O prédio principal ficava numa antiga escola na Arapahoe Avenue. O campus era animado, de aparência próspera, com prédios novos e modernos e gramados verdes que cercavam a velha sede de tijolinhos.

Os estudantes vagavam pelas calçadas ensolaradas parecendo ter como objetivo de vida corresponder a todos os estereótipos possíveis. Usavam *dreadlocks*, cardigãs comidos por traças, jaquetas de couro pintadas à mão e saias de retalho que iam até o chão. Nos pés, botas de motociclista ou nada. Do interior do carro, com as crianças gritando no meu ouvido e os prazos para entrega dos trabalhos se aproximando, eu achava aqueles jovens umas gracinhas e um tanto ridículos. Com toda a certeza, não era o efeito que eles queriam causar.

O *Times* queria uma matéria sobre a forma como a escola integrava a prática contemplativa ao currículo. O escritório de relações públicas da instituição me pôs em contato com alguns professores. Eu ia passar uma semana assistindo às aulas e conversando com os alunos. A primeira aula seria "O artista contemplativo", ministrada por alguém chamado Robert Spellman. Esperavam que eu participasse ativamente das aulas. A primeira regra de um freelancer é que tarefa é tarefa, mesmo quando existe o risco de se entoarem cânticos.

Numa manhã escaldante de setembro, vesti uma minissaia e uma regata, soltei algumas piadas para meu marido sobre como ia voltar para casa doidinha, como membro de um culto budista, e me dirigi ao Campus Arapahoe. Boulder se transforma rapidamente em pradaria a leste das Flatirons, e era estranho ver esse prédio reluzente de concreto e vidro no meio da planície, adornado por bandeiras de oração tibetanas. Era mais estranho ainda ver alunos sentados com as pernas cruzadas, fazendo o gyana mudra com o indicador e o polegar, meditando na faixa de grama que separava o estacionamento do prédio.

O lugar tinha aquele caloroso cheiro institucional que as construções de um campus têm. É único e comum às universidades. Era alguma coisa como cheiro de suor e produtos de limpeza. Os alunos sorriam e andavam de um lado para outro. Uma garota com um corte moicano no cabelo me indicou o estúdio onde a turma ia se reunir. Passei pela porta, hesitante. O chão de concreto estava lotado de almofadas zafu, aquelas redondas e duras, com capas de algodão com estampas que a lagarta azul que fuma narguilé em

Alice no País das Maravilhas poderia usar. Lição número 1: nunca use minissaia para ir a uma aula que tem a palavra "contemplativa" no título. Com muito cuidado, dei um jeito de abaixar e me sentar em uma almofada. A sala se encheu de alunos que despencaram graciosamente em seus lugares.

A porta se abriu e por ela entrou um homem de cabelos grisalhos que parecia totalmente deslocado no estúdio. Usava uma calça de algodão cáqui, uma camisa social azul-clara, óculos de tartaruga e exibia uma expressão alerta e austera. Era o aristocrata mais empolado que já se viu. Ele me cumprimentou, acenou com a cabeça para os alunos, sentou-se num zafu, tirou os sapatos Oxford marrons engraxados, dobrou as pernas, pôs as mãos sobre os joelhos e meditou silenciosamente durante 20 minutos.

Quando finalmente abriu os olhos, todos pareciam profundamente revigorados, como se fossem plantas recém-regadas. Depois ele sorriu, olhou para os alunos e disse:

– Se tivermos a intenção de sermos bons e puros meditadores e não tivermos consciência dessa intenção, vamos nos tornar um bando de imbecis.

Ele continuou a falar pela meia hora seguinte, tentando explicar aos alunos o que tinham acabado de fazer. Falava por metáforas. A conversa dava voltas e incluía temas como Dolores Umbridge, a vilã insensível da série Harry Potter, e Santa Brígida da Irlanda. Falou sobre as virtudes da mosca doméstica e sobre o lobo frontal. Seu discurso parecia se espalhar em todas as direções, tentando buscar identificação em cada um dos ouvintes. Ele queria capturá-los de alguma forma, oferecer a cada um a mais irresistível metáfora, aquela que seria capaz de fazê-los querer se sentar e se entregar à meditação.

Finalmente, ele lançou uma de suas metáforas como uma gigantesca rede e me pegou. Falou de Tom Brown, um rastreador que mora em New Jersey, que afirma que, se você deseja ver animais selvagens, precisa entrar na floresta e ficar completamente parado.

Se você ficar inerte, os animais selvagens se aproximam. O professor ganhou minha atenção na mesma hora. Ele continuou, dizendo que a meditação funcionava da mesma forma. Quando se fica bem parado, a mente selvagem – aquela que não se preocupa com as obrigações, os deveres e os detalhes insignificantes da vida – se aproxima e se faz conhecer.

Uau.

Então chegou a hora de desenhar.

– É importante se soltar quando se quer produzir arte – disse Spellman enquanto nos espalhávamos pelo estúdio.

O sol penetrava pelas janelas altas. A sala tinha um cheiro um tanto seco, como pó de giz.

– Relaxem – prosseguiu Spellman. – Ajuda muito soltar o corpo um pouco quando se passa de uma atividade a outra. Muito bem, soltem as mandíbulas. Relaxem completamente. Fitem o espaço. Ergam um pouco o olhar. Soltem o corpo. Voltarei logo. Estou indo até a outra sala pegar material. Lembrem-se: Soltos! Relaxados!

Ele voltou 10 ou 20 segundos depois e nos olhou ali, mandíbulas frouxas, braços pendendo ao lado do tronco.

Ele caiu na gargalhada.

– Nossa, vocês estão mesmo muito engraçados.

Sentamos em mesas compridas e desenhamos vasos e urnas. Fiz um desenho fenomenalmente feio de um pote para creme. Fiquei feliz. Estávamos todos juntos nessa, fazendo traços no papel, em silêncio. Aqueles rabiscos eram uma desgraça. Mas fiquei orgulhosa deles.

Depois disso, fui tomar um café com Bruce. Estava transbordando com as novidades da aula de arte.

– Spellman é o cara – falei. – Se alguém quer ter um guru, ele é a melhor opção.

Bruce havia me visto sair de casa quatro horas antes, desconfiada da própria ideia de Naropa, quanto mais da noção de contemplação. Ele falou:

– Meu Deus, você parece Woody Allen em *A era do rádio*, naquela cena em que ele bate na casa ao lado para reclamar do barulho dos vizinhos comunistas e volta recitando as palavras de ordem do partido.

Com o ceticismo suavizado graças à inteligência de Spellman e seus óculos de tartaruga, prossegui com minha semana em Naropa. Fui a uma palestra sobre prática contemplativa com Judith Simmer-Brown, uma mulher muito importante nos círculos budistas.

Depois de falar sobre as leituras necessárias, ela avisou que estava na hora de fazer um exercício de meditação. Aquilo pareceu um pouco assustador. Pelo menos, agora eu estava de calças.

Ela montou um palco improvisado na sala empoeirada, com pé-direito alto. Pediu que os alunos ficassem em um dos lados do palco e, um a um, se curvassem e caminhassem silenciosamente até o meio da sala. Então todos ficaram ali sem se mexer, rir, sorrir ou falar. O objetivo era ficar em silêncio e olhar nos olhos uns dos outros. O constrangimento apareceu em alguns rostos. Algumas pessoas ficaram ali confortavelmente enraizadas ao chão, fitando com intensidade todos os olhos.

Quando todos os alunos já tinham feito o exercício, Simmer-Brown olhou para mim. Não com expectativa, nem com qualquer tipo de insinuação. Simplesmente me olhou. Eu levantei e caminhei para a frente da sala.

Minhas mãos tremiam e eu tentava pensar que isso era a prova da minha humanidade, era meu corpo de prana. Eu estava realmente apavorada, mas não havia como voltar atrás.

Fui para o palco, que de repente pareceu muito real, nada improvisado. Fiquei ali, com as mãos trêmulas junto ao tronco, e olhei para o rosto de todos os alunos: a garota com o cabelo púrpura, o menino com *dreadlocks*, a garota com cabelo castanho liso e óculos de aro invisível, com cara de oradora da turma do ensino médio. E havia a própria Simmer-Brown. Eu tinha imaginado que ela ia sacudir a cabeça para mim, com ar de aprovação, mas seu rosto era completamente impassível.

Na realidade, todos os rostos eram impassíveis. Não tinha reparado naquilo antes, quando estava sentada no chão com meu bloquinho de repórter no colo. Os rostos não demonstravam nem aprovação nem zombaria. Ninguém sorria para mim. Ninguém franzia a testa. Simmer-Brown, de alguma forma, lhes ensinara a não fazer julgamentos. Estavam me olhando sem que parecessem me julgar. Esse exercício de meditação funcionava em mão dupla: era um desafio enorme tanto para a plateia quanto para quem se dirigia ao palco.

Fui para casa abalada. Havia um forte senso de realidade naquela sala. Era o oposto de estar drogado: havia clareza demais. Era interessante pensar que, quando os juízos desaparecem, você encontra a clareza. Sempre me apoiei no julgamento – no trabalho e na vida – para compreender o mundo. Mas talvez isso não estivesse ajudando. Talvez estivesse turvando as águas, em vez de clareá-las. Eu era velha o suficiente para me conhecer, para saber que nunca seria capaz de ver o mundo sem um julgamento reflexivo. Mas talvez eu pudesse tentar. Aqueles estudantes tentaram e a carga de energia que transmitiam seria capaz de iluminar uma pequena cidade.

No dia seguinte, fui à ioga no ginásio de Naropa. O professor, que era ruivo e com toda a certeza não tinha nada de indiano, falava com sotaque indiano e nos contou uma história sobre um macaco. Não me senti tão predisposta a fazer críticas quanto no passado. Afinal de contas, muitas das coisas que encontrei em Naropa deveriam ter me incomodado ou me irritado, mas acabaram me encantando.

Eu tinha achado que aquele lugar me passaria a impressão de hipocrisia – não é isso que muitos de nós pensam dos budistas do Ocidente? Parecem gostar do fato de saberem alguma coisa que você não sabe e são metidos por causa disso. No entanto, a falta de julgamentos que testemunhei na sala de aula de Simmer-Brown me pareceu uma forma de permissão. Não havia problema em experimentar, em tentar coisas diferentes. Os alunos, mesmo os professores de Naropa, pareciam se jogar em novas aventuras.

Havia muito tempo, eu tinha reparado que quando Fran estava realmente envolvida na aula, ela recorria com frequência à expressão "Por que não?". Sugeria uma postura – o corvo lateral, por exemplo – e depois respondia a sua própria sugestão: por que não? Ela rejeitava verbalmente o julgamento da mente, a mente que tinha muitas razões para não ir em frente. Foi a sensação que tive em Naropa. Lá não era um lugar onde se eliminava o julgamento, mas onde se passava a perna nele. Imaginei que o clima seria anti-intelectual, mas não era o caso. Os professores usavam a inteligência para evitar o julgamento. Isso subvertia completamente minha ideia do que era ser inteligente.

O professor de ioga ruivo com sotaque indiano capturou minha atenção ao dizer uma coisa:

– Aqueles que são muito ruins na ioga estão no lugar certo. Espero que todos se permitam parecer podres hoje, para se distanciarem da perfeição. A verdadeira ioga não se encontra na postura perfeita. Está na postura péssima que você está realmente sentindo. Vocês precisam senti-la de dentro para fora, em vez de torná-la perfeita de fora para dentro.

Fizemos uma savasana superdemorada, o que parecia bem próprio de Naropa. A savasana era importante aqui. Ficamos deitados de costas no chão do ginásio.

O ginásio era uma imensa caixa retangular bem ventilada, cheia de luz. O chão estava cheio de tapetes. Não apenas dos alunos, mas dos professores e dos funcionários que tinham ido fazer aula na hora do almoço. Era meu gênero favorito de ioga: cheio de todo tipo de gente, de todas as formas e idades.

Meu tapete estava empoeirado. Será que eu já o havia lavado alguma vez? Achava que não. Esfreguei os dedos suavemente e encontrei uma agulha de pinheiro grudada ali. Apertei a nuca contra o chão.

A pessoa ao meu lado respirava pesado, como se estivesse prestes a dormir, o que me pareceu simpático. O professor caminhou pela sala. Eu podia ouvir seus passos. Meu suor começou a secar e eu passei a sentir um pouco de frio. Da forma mais silenciosa possível, puxei o suéter que estava amontoado ao lado do tapete e o estendi sobre o peito. Fiquei ali, com a poeira no nariz e o peso agradável do suéter sobre o corpo. Então percebi: eu estava meditando. Não havia nada de assustador à espreita, sob a superfície. Havia apenas isto: a realidade.

Tive um súbito pensamento: e se o oposto de bom não for mau? E se o oposto de bom for real?

Depois da aula, vaguei meio tonta pela rua para me encontrar com meu amigo Dan e tomarmos uma cerveja. Sentamos diante da janela da frente de um pub no centro de Boulder. Gigantescas nuvens rosadas desciam pesadas pela encosta da montanha. Olhamos pela janela e rimos. Era tão bonito que contemplar era tudo o que podíamos fazer.

Dan pediu nossas cervejas à garçonete com seu jeito delicado e sedutor. Bebericamos nossas *stouts* e ele perguntou:

– Como vai a matéria sobre Naropa?

Fiquei vermelha. Fiquei constrangida ao perceber quanto Naropa significava para mim. Fiquei constrangida ao pensar como era importante o trabalho que acontecia ali. Fiquei constrangida até por usar a palavra "trabalho" para me referir ao que acontecia ali. Não era o tipo de coisa que se podia escrever no *The New York Times*.

– Acho que vai ser difícil escrever – respondi.

Ele me lançou um olhar compreensivo.

– Uma vez, precisei seguir o Dalai Lama durante duas semanas, para uma matéria da *Newsweek*. No início, eu estava totalmente cético em relação àquela história de Dalai Lama. Parecia tudo fabricado, como um espetáculo espiritual. Mas aí comecei a ouvi-lo falar e vi a forma como se movimentava pelo mundo e ele me fez repensar em tudo. A *Newsweek* não quis usar nada do que eu escrevi. Não cobri o Dalai Lama. Acreditei nele.

Entreguei a matéria. Cortaram todo o meu espanto e deixaram apenas os fatos, que é o que faz um jornal, não é mesmo? Provavelmente é melhor assim. Quem deseja encontrar espanto em seu jornal matinal?

JUMP-THROUGH

O faz-tudo, que era uma mulher, foi à minha casa para investigar aquele cheiro estranho. Eu estava sentada lá fora, lendo um livro que deveria resenhar. O sol estava tão quente que meu buço estava coberto de suor. No dia anterior, a neve havia caído e deixado 7 centímetros de gelo acumulado. O clima de Boulder era esquizofrênico.

– Não estou sentindo cheiro nenhum – disse ela, com uma fungadela. – Ligue para mim se continuar. Preciso ir. Tenho aula de ioga em 20 minutos.

– Ah! – Minha atenção foi arrancada do mau cheiro. – Onde você faz ioga?

– No Richard Freeman. Por que alguém iria a outro lugar?

– Onde ele dá aula?

– Na Oficina da Ioga. Nunca ouviu falar dele?

Para falar a verdade, eu tinha ouvido falar, sim. Ele era uma espécie de mestre de ashtanga e foi um dos primeiros adeptos a se mudar para a Índia nos anos 1960 e 1970. Já tinha visto algo sobre ele em algum lugar – numa revista, num anúncio ou na capa de um vídeo. Eu me lembrava da figura dele: cabelos grisalhos, sobrancelhas inteligentes e short de ciclista.

– Você deveria ir lá – disse ela. – Ele é um gênio.

E foi embora, sacudindo o longo rabo de cavalo grisalho.

Minha apressada saudação ao Sol matinal não estava dando conta do recado. Decidi experimentar a Oficina da Ioga. Havia uma turma para iniciantes no domingo. Eu ia ver como era – ashtanga soava assustador; principalmente se você levasse em consideração os braços da Madonna.

Saí fazendo perguntas sobre Freeman. Ao que parecia, ele fazia parte da velha guarda de Boulder, que incluía os malucos, os cronicamente falidos e os hippies. Era mundialmente famoso, mas mantinha o estúdio funcionando no mesmo prédio de blocos cinza onde sempre esteve. Era, como todos diziam, autêntico.

Assim que ele começou a se movimentar, percebi que era mesmo um gênio. Ele fez os movimentos mais básicos da saudação ao Sol como se estivesse flutuando, pairando sobre o chão, como se inalasse gás hélio em vez de oxigênio. Seu corpo era a inteligência perfeita. Cada centímetro parecia saber onde se encontrava no ar e como se relacionava com todas as outras partes do corpo. Pensei nos acrobatas. Pensei em voo. Pensei em como minha compreensão das possibilidades do corpo humano era, até então, tragicamente limitada.

Fiquei sentada ali, embasbacada, com a boca aberta de espanto, como um cachorrinho de desenho animado: "Auuuu?"

Depois que ele fez a demonstração da sequência, nós o acompanhamos nos movimentos. Era tão empolgante estar na mesma sala que ele que meu tremor habitual se transformou numa vibração enlouquecida. Quando ergui as mãos até a cabeça, elas tremiam tanto que mal conseguiram se encontrar. Acabaram batendo uma na outra como dois velhos amigos que já não se reconhecem muito bem.

Suas instruções eram precisas e fenomenalmente úteis para ajudar você a relaxar nas posturas.

– Soltem a língua do palato – disse ele. Obedeci, então minha mandíbula relaxou e não voltou a tensionar com a língua naquela nova posição.

Sua conversa era ponderada e engraçada, uma perfeita combinação de sabedoria e bom humor. Enquanto fazíamos o triângulo torcido, ele disse com sua voz de sonâmbulo:

– Pensem apenas que se trata de um exercício de respiração bem complicado.

Mas o melhor de tudo é que ele dizia "soooooltem o ar" e "inspiiiirem". Quando ele falava aquilo, você compreendia que Mindy o estava copiando. Eu tinha chegado à fonte.

Foi meu primeiro encontro com a linhagem. O gênio havia estudado durante anos em Mysore com K. Pattabhi Jois, que por sua vez estudara com Tirumalai Krishnamacharya, o pai da ioga moderna. Krishnamacharya teve três alunos que ficaram conhecidos por dar forma à ioga contemporânea: seu cunhado B.K.S Iyengar, que fundou a escola com seu nome, profundamente preocupado com o alinhamento e a precisão; seu filho T.K.V. Desikachar, que levou adiante os ensinamentos do pai e promulgou a viniyoga, uma espécie de prática terapêutica; e Jois, que dedicou sua vida ao estudo, ao desenvolvimento e à divulgação da ashtanga yoga, aquela modalidade dinâmica que, sob uma forma simplificada e popularizada, ficou conhecida como vinyasa.

A verdadeira ashtanga, ensinada pela linhagem Jois, era bem mais rigorosa do que as aulas de vinyasa que frenquentei. Os movimentos vinyasa que eu aprendera eram usados como uma espécie de argamassa da ashtanga, unindo séries de posturas. De fato, havia várias dessas séries – séries de séries, por assim dizer. Eram conhecidas como série primária, série secundária e daí por diante, até a sexta série. Seguiam uma ordem estabelecida e eram iniciadas e concluídas por cânticos e movimentos de abertura e encerramento. Apenas a série primária já seria suficiente para manter uma pessoa ocupada pelo resto da vida. As posturas variavam do simples ao difícil e eram ligadas por uma complexa e elegante dança vinyasa que envolvia pulos, rolamentos, saltos, equilíbrios e, no caso do gênio, flutuação.

Nas aulas para iniciantes, simplesmente explorávamos a sequência de vinyasa e às vezes experimentávamos algumas posturas da série primária. Trabalhávamos nas posturas intermediárias que juntavam as séries. Por exemplo, passávamos um tempo trabalhando no jump-through, que é um movimento arquetípico da ashtanga. Você começa com o cachorro olhando para baixo e pula (ou flutua), passando os pés entre as mãos, que estão apoiadas no chão, até terminar numa posição sentada, com as pernas cruzadas.

Dissonância cognitiva: observando o gênio fazer o movimento, você acha que é a coisa mais simples do mundo. É uma experiência tão intensa que você passa a acreditar profundamente em si mesmo. Você assiste ao gênio saltar e acredita do fundo do coração ser capaz de fazê-lo também.

Então você se concentra, faz o cachorro olhando para baixo com a barriga contraída. Certa de que conseguirá, solta o ar, reúne forças, salta e... escorrega no tapete ou cai com estrondo.

Nas raras ocasiões em que realmente consegui realizar o jump-through, fiquei tão empolgada que mal consegui me conter. Transbordei de orgulho e esqueci o que deveria fazer em seguida. O que era exatamente o oposto do objetivo desse exercício: manter o fluxo do movimento.

O gênio simplesmente saiu da postura e passou para a próxima, e a próxima, e a próxima.

As aulas da série primária eram tão difíceis que, às vezes, eu me questionava se estava realmente fazendo as posturas. Eu podia me acomodar numa postura – por exemplo, a postura da pressão nos braços, em que as pernas ficam presas na parte superior dos braços, com os pés cruzados na frente – mas, ao mesmo tempo, sentia que estava apenas molhando a ponta dos pés na água, em comparação ao gênio e seus discípulos. (Naturalmente, eu não deveria estar fazendo comparações.) Eles pareciam imersos. Isso não quer dizer que as aulas eram chatas. Havia uma doce seriedade no ar, naquele prediozinho cinzento no centro de Boulder. Algumas pessoas frequentavam essas mesmas aulas havia duas décadas, tentando extrair o sumo que viajava de Krishanmacharya até Richard Freeman. A linhagem tinha um poder indiscutível.

A ioga é mais parecida com a tradição oral do que qualquer outra coisa que podemos encontrar. Nenhum substituto chega aos pés da experiência de se aprender com uma pessoa de carne e osso. Como descobri logo de início, aprender a partir de um vídeo não funciona muito bem, nem a partir de um livro, mesmo que ele esteja tão próximo da fonte quanto *A luz da yoga*, de Iyengar.

Muitos escritores falaram sobre o mistério da transmissão. Por alguma razão, é importante aprender ioga com uma pessoa de verdade. Talvez seja simplesmente por poder ver as posturas feitas em três dimensões. Mas parece que é mais do que isso. Quando o professor demonstra como se faz alguma coisa, ele passa uma sensação de possibilidade, transmite algo parecido com a fé. Sim, é possível fazer. Está diante dos meus olhos.

Quando alguém fazia uma aula com Freeman, instintivamente pensava em destino: será que tudo me conduziu a este momento? Será que estava escalando a corda da linhagem sem perceber? Seus ensinamentos e a compreensão de seu papel na linhagem produziam uma espécie de calor. O que ele transmitia era algo crucial, algo de que ele precisava se livrar. Pelo menos era assim que eu interpretava.

Cada vez que assistia a uma aula, eu apreciava mais a comunidade séria que ele havia construído, a humildade do ambiente, a assustadora articulação de seu corpo, a clareza de suas instruções. Frequentava sempre as aulas para iniciantes nas manhãs de domingo. Ia a pé. Depois, Bruce e as crianças me pegavam de carro.

– Nossa, ele é um gênio – dizia eu todas as vezes, e assim começávamos nosso dia juntos.

– O que você quer dizer quando afirma que ele é um gênio?

– Ele simplesmente voa – respondi, colocando os pés sobre o painel do carro.

– Os gênios voam? – perguntou Willie, do banco traseiro.

No mesmo momento, Bruce insistiu:

– Isso não significa que ele seja um gênio. Quer dizer que talvez tenha uma ótima forma física.

– Não, é mais do que isso. É como se tudo o que ele fizesse fosse muito simples. Ele descobriu um jeito de não pensar tanto nas coisas. Ele simplesmente faz. É estranho dizer, mas parece que ele se encontra totalmente no momento presente.

– Se ele não pensa, isso não o torna o oposto de um gênio?

– Não! Por que você precisa questionar tudo o que eu falo? Por que simplesmente não acredita em mim?

– Estou com fome e quero ir para a biblioteca – disse Lucy.

Normalmente, isso teria dado início a uma grande briga entre Bruce e eu, que poderia facilmente durar horas, até mesmo o dia inteiro. Dessa vez, nós dois paramos e examinamos a situação por um minuto, como se ela fosse um inseto esquisito na bancada da cozinha. Era apenas uma discussão, não o prenúncio do apocalipse. Depois, conversamos sobre o que teria para o almoço.

Pareceu uma decisão natural ficar por mais um ano. Estávamos vivendo uma época ótima – mas não naquele lugar com cheiro de rato. Conseguimos nos mudar para uma casa que parecia uma imensa estação de esqui, lá em cima das montanhas. Os donos iam passar um ano no Equador para aprimorar seu espanhol. As crianças precisariam pegar o ônibus e descer sete vertiginosos quilômetros de encosta íngreme para chegar à cidade. Nós iríamos ver muita neve, avisaram os donos. Veríamos alces, ursos, leões da montanha, linces e perus selvagens e nos tornaríamos autênticos montanheses. E, pasmem, a casa tinha seu próprio trator para remover a neve. Localizada numa colina, ela dava, de um lado, para um parque chamado Walker Ranch e, do outro, para o Divisor Continental. Demos risadinhas de alegria o dia inteiro. Leigh veio jantar conosco na primeira noite. Enquanto tomávamos uma sopa, ela olhou em volta, percorrendo nossa grandiosa casa que parecia Aspen, e disse:

– Vocês sabem que não é assim que as pessoas vivem, não é? Vocês percebem que vão precisar voltar para o mundo real, certo?

– Estamos fingindo que viemos trabalhar em algum país estrangeiro, como os diplomatas – brincou Bruce.

– Tudo bem. Desde que eu também possa me mudar para cá.

Logo comecei a ter encontros estranhos com animais. Eu, que não sou uma pessoa matinal, dei de cara com um rebanho de alces na porta de casa enquanto segurava uma xícara de café. A porta de vidro da garagem tinha uma gigantesca marca de pata enlameada de algum urso que andou contemplando a janela, namorando as latas de lixo lá dentro. E encontrei um esquilo na cozinha. Ele parecia a ponto de começar a cantar, como uma daquelas criaturas simpáticas dos filmes da Disney.

Algumas semanas depois de nos mudarmos, recebi um telefonema da minha mãe. Quer dizer, eu recebia um telefonema de minha mãe todas as semanas, para não dizer quase todos os dias. Ela estava determinada a não deixar que coisas pequenas como uma cordilheira e mais de mil quilômetros de distância nos afastassem. De qualquer maneira, recebi um telefonema especial da minha mãe:

– Oi, meu bem. Lucy e Willie estão aí?

– Estão na cidade. Lucy está brincando na casa da Juliana e Willie está com o Amar. Eu estava saindo para buscá-los.

– Que pena. Bem, peça a eles que me liguem quando chegarem em casa. Quero saber o que andam fazendo.

– Tudo bem, vão estar aqui em algumas horas.

– Então vamos conversar um pouco. Foi bom ter encontrado você em casa. Seu pai e eu estamos pensando em oficializar o divórcio.

– O quê?

– Ainda estamos conversando sobre o assunto.

– Que ótimo!

– Acho que já estava na hora.

– Você percebe que esta é uma conversa muito esquisita, não é?

– Acho que sim, querida. Peça às crianças que me liguem.

– Tudo bem!

Verifiquei meus e-mails antes de sair de casa. Havia uma mensagem do meu pai:

Dave e Claire:

Queria que soubessem logo. Sua mãe e eu estamos examinando as opções de divórcio. Vou mantê-los informados.

Beijos,

Papai

Aquilo veio do nada. Será que meus pais tinham simplesmente se cansado da implicância do meu irmão? Ou eu teria alterado a paisagem emocional ao me afastar? Assim como a verdadeira história deles tinha ficado escondida sob a superfície durante todos esses anos, a resolução agora era igualmente obscura para mim. Será que todos os pais fazem isso ou só os meus? Suas decisões e seus movimentos aconteciam por baixo do pano. "Tentamos ao máximo", disseram para mim e Dave muitas e muitas vezes. Falavam aquilo com perfeita seriedade. Foi tudo o que conseguimos arrancar deles. No fundo do meu coração, suspeito que meus pais não tinham a mínima ideia do que realmente se passava entre eles, em seu casamento excêntrico, e preferiam não pensar no assunto.

Quando eu tinha 22 anos, a idade da minha mãe quando se casou, larguei a faculdade para morar na Austrália com um namorado, um sujeito eternamente bem-humorado com o cabelo na cintura e que cantava numa banda de *punk*-rock. Morávamos numa casinha feita de blocos de cimento numa rua movimentada de uma cidade industrial ao sul de Sydney. Era o paraíso. Flores cor de laranja enormes e grudentas cujo nome eu nunca aprendi cresciam no jardim. Morávamos com o guitarrista grosseiro e cabeludo que tocava na banda do meu namorado e com uma *punk* rocker adolescente, que sonhava com utopias e nos tratava como se fôssemos seus pais, mas de uma forma gentil. Outros adolescentes *punk* rockers e utópicos desfilavam pela casa, comendo nossa comida. A praia ficava a um quarteirão. Quando eu estava sem grana, passava os dias dirigindo uma empilhadeira e descarregando caixas em um armazém de Sydney. Também posava nua para aulas de desenho como modelo vivo, na faculdade de artes da região, algo que nunca faria no meu continente natal. Quando tinha algum dinheiro, passava os dias deitada na praia sob um guarda-sol lendo Tolstói. Se queria mudar de cenário, pegava uma carona e percorria mais de 1.500 quilômetros até Queensland.

Escrevia o dia inteiro em um diário que guardava na mochila. Estava sintonizada com meus sentimentos e aterrorizada com minhas ambições. A areia invadia a minha cama e eu vivia à base de chocolates. Eu podia transformar uma ida à loja para comprar doces em uma ocupação para o dia inteiro. Deitava sobre meus lençóis ásperos, comia Freddo Frogs e devorava *Anna Karenina*. À noite, a areia dava um jeito de acabar na minha boca, indo parar nos meus molares.

As drogas teriam preenchido os dias, mas para quê? Drogas davam muito trabalho. Não queríamos sequer beber. Era caro demais e já estávamos nos divertindo o suficiente. Se a banda do meu namorado ou algum outro grupo bacana fosse tocar, todo mundo se dirigia para Sydney para assistir aos suados shows de rock. Quando não íamos para os shows, eu e meu namorado saíamos de casa ao anoitecer e caminhávamos descalços pela rua movimentada até o pequeno restaurante vegetariano da cidade e pedíamos gado-gado, uma salada de vegetais com molho de amendoim. Ficávamos de mãos dadas enquanto comíamos. O Cruzeiro do Sul brilhava no céu.

Continuei vivendo desse jeito por muitos anos.

Viajei em torno do oceano Pacífico, da Austrália até San Francisco, de Seattle até o Sudeste Asiático e de volta a Seattle. Os namorados iam e vinham, mas eu tinha completo controle sobre a minha vida até o final da casa dos vinte anos. Se fosse no tempo da minha mãe ou da minha avó, eu, uma mulher jovem e de boa família, já seria casada e mãe. Provavelmente há muitos anos.

É estarrecedor pensar na velocidade alucinante com que essas mudanças ocorreram. Centenas de anos da história doutrinavam as mulheres a se casarem aos 20 ou 25 anos. Minha mãe se casou em 1962. Segundo estudos da época, a média de idade para o primeiro casamento das mulheres era de 22 anos. Porém, quando eu tinha essa idade, o comum era permanecer solteira até por volta dos 30. Nas duas décadas que separam a juventude da minha mãe e a minha, a norma do casamento precoce foi subvertida e soprada para longe como um dente-de-leão, como se nunca houvesse existido. Jamais pensei em me casar. Quando um ou dois namorados me pediram em casamento, com aparente sinceridade, tudo o que eu pude fazer foi simplesmente não rir da ideia.

Minha mãe, suas irmãs e suas amigas, por outro lado, estavam casadas aos 25 anos e animadas com sua sorte. Tinham sido ensinadas durante a vida toda que o casamento, a vida adulta e a maternidade lhes trariam liberdade, felicidade e todas as coisas boas. É assim que minha mãe descreve a experiência de crescer nos anos 1940 e 1950 e o desejo pela vida adulta: a infância era algo a ser suportado, um túnel comprido que conduzia à luz da vida adulta. O prazer era para os adultos. Você podia até se divertir nesse meio-tempo, mas estava basicamente esperando.

Dave nasceu quando minha mãe tinha 24 anos. Pense em qualquer marco da contracultura e tenha certeza de que, na época, ela já havia sido algemada a marido e filhos. Estava grávida de mim e tinha um bebê de 2 anos quando os Beatles lançaram *Sgt. Pepper*, no auge da carreira da banda. Quando Woodstock aconteceu, minha mãe tinha filhos de 2 e 4 anos. Quando Germaine Green publicou

A mulher eunuco, em 1970, meu irmão começava a frequentar o jardim de infância e eu ficava zanzando pela casa, pedindo mais iogurte. Como incontáveis outras mulheres, ela seguiu todas as regras para criar uma boa vida. As histórias que lera a vida inteira diziam o seguinte: a liberdade vinha com o casamento. Case-se, tenha filhos, cuide da sua casa e se liberte de seus pais para sempre.

Essa ideia talvez pareça retrógrada, mas sem ela não teríamos Jane Austen. As mulheres que criou, francas, independentes e inteligentes, se casavam porque o matrimônio era a instituição que lhes dava recursos, poder, sucesso, maturidade, prazer e dinheiro.

De repente, a ideia de libertação mudou. Na juventude da minha mãe, o enredo se reverteu: descase e se livre do seu marido para sempre. Aí você vai encontrar a liberdade, a riqueza e o amor. Está na hora de ir embora. Simplesmente vá.

(Qual seria o enredo para as filhas dessa geração? Para mim? A mais verdadeira de todas as histórias da minha época é aquela que demonstra tudo o que esperam de nós: família e trabalho, filhos e realização pessoal. Nosso emblema é uma mulher com muitos braços, uma deusa hindu tentando fazer tudo ao mesmo tempo. Aquelas que escolhiam não trabalhar ou não ter filhos eram minoria. A maioria das mulheres fazia as duas coisas.)

Esse grande êxodo das mulheres da geração da minha mãe virou tema de ficção muitas vezes. Um dos livros mais conhecidos sobre isso é *Medo de voar*, de Erica Jong, que conta a história de uma mulher que deixa seu marido maluco e sai rodando pela Europa em um conversível de dois lugares com um acadêmico sexy. Isadora Wing pronunciou as palavras que resumem com primor o clima geral: "Uma boa mulher teria dado a vida para cuidar e alimentar a loucura do marido. Eu não era uma boa mulher. Tinha muitas coisas para fazer."

A fuga de Isadora ao mesmo tempo ilustrava e aconselhava. Para algumas mulheres, a jornada da personagem era uma fantasia escapista, uma forma de substituir uma partida real. A romancista Lois

Gould escreveu sobre o livro de Erica Jong: "Ela vai levá-la para mais longe de casa do que você jamais imaginou." Para outras mulheres, Jong era uma sereia chamando-as para o outro lado. Um perfil da autora, publicado em 1975 pela *Newsweek*, dá uma ideia do impacto do livro: "Esposas em fuga aparecem periodicamente em sua porta, anunciando a intenção de irem morar com ela."

A voz de Jong foi acompanhada por um coro formado por toda uma série de livros, alguns deles passados de mão em mão quase clandestinamente, outros que se tornaram best-sellers: *Memoirs of an Ex-Prom Queen*, de Alix Kates Shulman; *Diário de uma dona de casa desesperada*, de Sue Kaufman; *Small Changes*, de Marge Piercy; *Kinflicks*, de Lisa Alther; *Ella Price's Journal* e *Mulheres*, de Marilyn French.

Nesses livros, ser a protagonista significava acabar com um casamento. Enquanto o destino de todas as mulheres na literatura clássica era se casar, o destino das mulheres nesses romances era descasar. Essas obras falavam sobre o que era ser uma mulher, não uma esposa. Posteriormente, a escritora Mary Cantwell descreveria o momento da seguinte forma: "Descobri que não sabia muito sobre mulheres. Que ninguém sabia muito sobre mulheres. Comecei a pensar em mim como mulher."

Esses novos romances femininos enchiam as prateleiras da casa onde cresci. Quando eu tinha uns 12 anos, já tinha lido todos. Não os considerava exemplos de pensamento radical: eu os lia como se fossem bombons, junto com *E o vento levou*, *Rebecca*, *Orgulho e preconceito* e todos os outros livros em que as garotas chafurdam quando se encaminham para as águas mais profundas da ficção adulta. Para mim, contavam a única história que me interessava: a fuga para a liberdade.

A maioria desses livros foi publicada entre 1973 e 1978. A essa altura, a cultura já tinha passado quase uma década vendendo a ideia de liberdade para praticamente todo mundo. Isso era ótimo para os descompromissados, mas como você poderia se tornar livre quando tinha filhos? Fico imaginando como seria ouvir constantemente essa mensagem depois de dirigir todas as energias para uma única coisa: o casamento.

A pergunta é: o que aconteceu com a minha geração? Como foi que conseguimos alçar voo como pássaros livres aos 20 anos, quando estávamos apenas trabalhando, estudando ou farreando? Por que ninguém esperava que casássemos? A resposta, acredito eu, está nos conflitos que nossas mães viveram, na dificuldade que tiveram em se afastar do contrato nupcial. É impossível não reconhecer: o sofrimento delas foi nossa bênção. Elas refletiram, vagaram e questionaram o casamento para que nós não precisássemos fazer a mesma coisa.

Minha certeza de que eu demoraria a casar e a engravidar era absoluta e inquestionável. Nunca pensei nos privilégios do casamento. Não era o tipo de liberdade que eu queria.

Nunca havia feito nenhuma ligação entre minha liberdade e a história da minha mãe. Quando eu chegava a pensar na minha vida em termos de feminismo, pensava nos termos heroicos do século XIX. Pensava nas mulheres de Seneca Falls e em minha heroína favorita, Jo March. Pensava no sufrágio, na emenda dos direitos iguais e na entrada das mulheres no mercado de trabalho.

Não me passava pela cabeça colocar minha mãe no meio disso. Não via como o fato de ela ter trocado meu pai por um namorado mais jovem teria qualquer relação com o feminismo.

Da mesma forma que Freeman transmitia a linhagem do ashtanga, minha mãe havia transmitido a linhagem do feminismo. Naturalmente, não soava tão grandioso assim – parecia mais uma casinha decadente em Manitou Beach, com um rapaz barbudo e risonho –, mas era isso mesmo: uma linhagem de determinação feminina.

Essas mulheres, as mães que abandonaram seus lares no início dos anos 1970, foram protagonistas de um movimento de vanguarda – não importa se suas intenções eram políticas ou não. Foram elas que quebraram as expectativas. Como sindicalistas em greve, decidiram não mais tolerar o casamento e a maternidade precoces e organizaram a manifestação.

Talvez tenha sido difícil ser filho dessas mulheres. Talvez o divórcio não seja o que a maioria dos filhos teria escolhido para os pais. Talvez tenhamos raiva de nossas mães, ou tentemos fazer compensações por causa delas, ou sintamos tristeza pelo que deixamos de viver na infância. Mas quem sabe isto também seja verdade: se não tivessem feito o que fizeram, teríamos construído vidas completamente diferentes. Se elas não tivessem forjado uma nova vida, quando chegasse nossa vez seríamos mortas-vivas, presas às tradições que elas deixaram para trás – o casamento aos 21 anos, o filho aos 22. Poderíamos estar vivendo aquela vida mais uma vez, em algum tipo de eterno retorno.

E saiba de uma coisa: talvez a gente fuja, termine casamentos, agarre filhos confusos pela mão, entre no carro e parta. Algumas de nós ainda fazem isso. Lisa sentiu uma grande necessidade de se casar e de ser mãe ainda jovem. Depois, precisou partir e encontrar seu caminho sozinha.

Pergunto a mim mesma se minha mãe me salvou desse destino. Talvez ela tenha feito aquilo por mim, como tantas outras coisas, sem chamar atenção.

Sem nossas mães e seu êxodo em massa nos anos 1970, talvez não tivéssemos a chance de viver para descobrir quem somos. Não sei se alguma daquelas mães tinha a intenção de nos brindar com esse dom, esse terrível dom da liberdade. Para falar a verdade, tenho certeza de que minha mãe se irritou com a minha maneira de aproveitá-lo: abandonar os estudos, escapar para o outro lado do planeta – uma fuga que me dava a aparência suspeita de alguém que deseja ficar o mais longe possível da família. Mas foram elas que nos deram isso. Compraram nossa liberdade com sua coragem.

Recentemente, entrevistei uma historiadora para uma matéria que estava escrevendo sobre o sufrágio feminino no estado de Washington. Ela era elegante, sofisticada e manteve o controle de suas emoções durante toda a nossa conversa. Mas extraí dados interessantes dela. Quando desliguei o gravador e juntei minhas coisas para ir embora, ela ergueu um dedo e me pediu que esperasse um minuto. Tirou uma página de uma pilha de papéis e disse que queria que eu ouvisse uma citação de Susan B. Anthony, uma famosa feminista: "Um dia, vão prestar atenção em nós e... todos vão pensar que sempre foi assim, exatamente da mesma forma que muitos jovens de hoje pensam que todos os privilégios, todas as liberdades, todos os prazeres de que uma mulher desfruta sempre pertenceram a ela."

Ao ler aquilo, a historiadora ficou com a voz embargada, os olhos cheios de lágrimas. Pensei em lhe oferecer um lenço de papel. Sem qualquer constrangimento, ela prosseguiu com as palavras de Anthony: "As pessoas não têm ideia de como cada centímetro de chão onde elas pisam hoje em dia foi conquistado com a luta de um punhado de mulheres do passado." Ela enxugou os olhos. Piscando por trás das lentes dos óculos, ela disse:

– Todas nós deveríamos nos lembrar dessas palavras.

Naturalmente, não é tão simples assim.

Por um lado, talvez o ato da minha mãe tenha me dado a liberdade de me tornar a escritora, a mãe e a esposa que me tornei.

Por outro lado, lá estava eu, pegando carona pela Austrália, entrando no carro de desconhecidos. Com o tempo, eu me tornaria uma esposa e mãe tão exausta do caos da juventude que transformaria seu próprio casamento em armadilha. Mas quando eu era jovem, tinha toda a liberdade que queria. Era uma independência desordenada e às vezes assustadora.

Será que eu desejaria esse tipo de liberdade para minha filha ou meu filho? Mil vezes não. É possível que a separação dos meus pais tenha contribuído para que eu me tornasse uma jovem pouco estável. No livro que documenta a pesquisa com filhos de famílias de divorciados, E. Mavis Hetherington escreve que 20 anos depois do início de seus estudos, constatou que 20% dos entrevistados eram pessoas com algum tipo de problema emocional. Tinham dificuldades no trabalho, nos relacionamentos amorosos e em ingressar na vida adulta. Vamos dar uma olhada em mim mesma, aos 22 anos: dirigia uma empilhadeira em um armazém, morava com um homem que conheci numa esquina e sobrevivia à base de uma dieta de chocolate e areia.

Talvez os dois pontos de vista sejam verdadeiros. Talvez eu fosse, ao mesmo tempo, liberada e problemática. Sentia um terror absurdo em relação aos fatos básicos da minha vida naqueles anos. Sei que outras pessoas não deviam ter uma relação tão complicada com os estudos, o trabalho ou a vida cotidiana. Mas, ao mesmo tempo, eu adorava as aventuras loucas da minha vida.

Talvez eu tivesse sido ainda mais pirada se meus pais tivessem permanecido juntos. De certa forma, a observação social é um tipo de ficção especulativa: se o fator *a* ou *b* tivesse sido diferente, então o resultado *x* ou *y* teria ocorrido. Quem sabe eu apenas sofresse de um caso grave de *juventude*.

Se é inútil pensar no que poderia ter acontecido, tudo o que podemos fazer é nos basear nos resultados. E aqui está o que sabemos: nos anos 1970, mais pessoas se divorciaram. Atualmente, as mulheres se casam mais tarde. E as mulheres que se casam aos 26 anos têm 70% mais chance de terem uma relação bem-sucedida do que as que se casam aos 21. De uma forma geral, esta nova liberdade é uma bênção.

Eu não sou minha mãe. Tinha uma incrível necessidade de segurança. Mas, de alguma forma, fugi com minha família para o outro lado do país. Agora estávamos aqui, todos juntos, atordoados e felizes. Nós conseguimos!

Não são os acontecimentos que compõem a vida familiar. Ela existe nos não acontecimentos: as refeições, as conversas, os momentos de leitura, o futebol no quintal, o ato de se aprontar para a escola. Nós nos escondemos dos outros em nossa montanha e nos alegrávamos com os não acontecimentos. No terceiro andar da casa ficava o meu quarto, imenso, ventilado e basicamente feito de vidro. Sacolejava com os ventos de quase 50 km/h. Naquele quarto alto, havia uma cama alta. Para se ter uma ideia, Bruce tem 1,92 metro de altura e o colchão batia em seu peito. Precisávamos de degraus para subir.

Sábado à tarde: ninguém quer subir ou descer a montanha para brincar com os amigos. A família está reunida, espalhada na cama, com revistas em quadrinhos, rádios, conversas e cotoveladas no nariz. Willie cria uma pista de obstáculos, saltando da cama e caindo sobre variadas almofadas. Lucy lê *Harry Potter* enquanto pedala a bicicleta ergométrica ao lado da cama. Eu dobro uma pilha de roupas. Bruce passa algum tempo falando sozinho sobre o que ele deveria comer em seguida.

Simples.

Estávamos completamente satisfeitos. Dobrei a última toalha e perguntei a Bruce:

– E aí, você acha que a gente deveria ficar em Boulder?

Bruce me deu uma olhada.

– Acho que a gente deveria pensar no assunto.

RODA

O gênio jamais alegaria perfeição ou bondade em excesso. Mas é como ele me parecia: perfeito e bom. E isso era exatamente o que eu não precisava. Até eu conseguia ver aquilo. O gênio era incrivelmente competente, mas seria melhor retirar o "incrível" para apenas desfrutar do comum.

Comecei a rodar a cidade em busca de aulas de ioga. Eu me sentia como Diane Keaton no filme *À procura de Mr. Goodbar*, a não ser pelas drogas. E pelos homens. E pelo desejo de morte. E pelo cabelo bonito. Mas, fora tudo isso, eu era exatamente como ela.

Encontrei alguns estúdios agradáveis, limpos e tal, mas eles sofriam da síndrome de Boulder – em forma demais, jovens demais, com uma espiritualidade superficial demais. Eu havia me tornado mais tolerante desde os meus primeiros dias na ioga, mas ainda achava difícil aceitar que um garoto sarado de 20 anos me explicasse a natureza da existência humana.

Havia um lugar no centro, nos confins da cidade. Parecia-se mais com um lugar para negociar drogas do que para se praticar ioga. Tinha cara de estacionamento. Eu vinha resistindo a ir lá por uma questão de princípios. Leigh tinha feito uma aula com a dona do estúdio e a descrevera como "compassiva". Vindo de alguém como Leigh, era difícil saber se aquilo era um elogio ou um insulto. De qualquer maneira, decidi experimentar uma das aulas matinais. Desenrolei o tapete. Havia gente de todas as idades, tamanhos e gêneros. Isso era bom.

Uma mulher com rosto sardento, de uns 50 anos, entrou. Vestia uma camiseta desleixada e não tinha o corpo mais bonito do mundo. Eu me condenei imediatamente por avaliar a forma dela. O que era aquilo, o julgamento de Páris? Por que eu faço essas coisas? Ela se sentou no lugar do professor e olhou para nós. Era o típico olhar de uma professora pronta para começar a aula: Vocês estão comigo? Estamos prontos? Mas o que aconteceu foi o seguinte: ela começou a massagear os próprios pés. Não era algo incomum. De vez em quando, as aulas começavam com uma automassagem, o que sempre me fazia rir de uma forma boba.

Só que, em vez de nos comandar na massagem nos pés, ela disse:

– Bem, eu estava pensando. Vi um show de Laurie Anderson uma vez. Com Lou Reed. Sabem que são inseparáveis, não é? Foram incríveis. Especialmente a Laurie. Ela estava, assim, incandescente.

O rosto de Katharine Seidel se iluminou com a lembrança. Era estranho estar falando sobre Laurie Anderson na ioga, mas talvez a professora estivesse querendo chegar a algum tipo de sabedoria iogue fundamental. Às vezes, os professores soltavam essas historinhas no começo da aula. Mas eles geralmente têm um ar mais indiano. Aquilo parecia... conversa.

– É tão incrível pensar que ela continua fazendo sua arte, não importa o que aconteça. Ela é tão perseverante... – A professora interrompeu a frase. – Vocês gostam da música de Laurie Anderson? É meio esquisita, não acham?

Algumas pessoas afirmaram que ouviam Laurie Anderson nos anos 1980.

Ela sorriu e disse:

– Tudo bem! Vamos lá, vamos fazer algumas posturas.

Começamos. Ela tinha uma presença maravilhosamente calma. Não era uma calma afetada ou ostensiva. Era a calma de um pássaro pousado numa cerca. Era a calma de "o que vai acontecer agora?".

Ela nos observava enquanto nos exercitávamos. Era como ser vigiado por uma bondosa professora de jardim de infância dotada de um incrível senso de humor. Ocasionalmente, ela interrompia a aula com declarações do tipo "Vocês vão odiar o próximo movimento!" As frases eram pronunciadas com uma voz inesquecível: grave, lenta, bem-humorada, segura, impassível.

Na hora em que eu começava a pensar que ela era uma maluca que propunha a ioga do riso, ela pediu que fizéssemos a torção de marichi, uma postura sentada em que você torce o corpo contra um joelho dobrado e olha sobre o ombro.

– É uma postura interessante – começou ela, com sua voz rouca que parecia divagar. As frases acabavam chegando ao seu destino. – Esta é uma das poucas posturas na ioga em que o olhar deve ir para além do tapete. Vocês olham para a distância. Existem menos posturas assim do que imaginam. Na maior parte do tempo, vocês devem manter o olhar perto de vocês. Mantenham o olhar na área do tapete. Isso vai manter a concentração onde ela deve ficar: no interior.

Talvez tenha sido o conselho mais importante que eu recebi sobre a ioga. Mantenha o olhar na área do tapete. Era tão simples. Parecia uma descrição objetiva do que Fran ensinara tantos anos antes sobre pratyahara, a prática de voltar a atenção para o interior. Aquela era uma instrução bem específica sobre como não se distrair. Soava bem mais simples manter o olhar na área do tapete do que "praticar pratyahara".

Também fiquei encantada com a frase "Mantenham o olhar perto de vocês". Adorei a ideia de que o olhar pudesse ser uma coisa a ser cuidada e recolhida, como uma ovelha.

No final da aula, meditamos. Pela forma como ela se sentava, era óbvio que meditava muito. Quando fechou os olhos, havia uma autêntica ausência de consciência em seu rosto. É uma coisa rara de se ver em outro ser humano, especialmente de olhos fechados. Ela não estava se protegendo, não estava se exibindo, não ligava a mínima se estavam olhando para ela. Como eu percebia isso? Não sei. Talvez fossem as sardas.

Quando abriu os olhos, eles pareciam úmidos e reluzentes.

Comecei a frequentar regularmente a aula de Seidel. Sempre

pensei nela como Seidel. Como professora, parecia funcionar em dois modos: um exterior e conectado por meio das brincadeiras e dos sorrisos, e outro completamente interior. Não parecia haver aquele terceiro lugar onde a maioria de nós vive o tempo todo.

Embora a maioria dos professores do estúdio tivesse sido treinada pelo gênio, as aulas lá eram mais diferentes da ashtanga do que se podia imaginar. Eram a antivinyasa. A ioga deles parecia se relacionar com o não tentar, com a busca pela forma mais eficiente de fazer uma postura com o menor esforço possível. Não costumavam costurar uma postura na outra. Era como se eles fossem cientistas, o estúdio fosse um laboratório e as posturas, experiências: o que acontece com a parte superior da perna que sustenta o peso na ave? O que acontece com as vértebras C3 e C4 durante a ponte?

Tinham formas esquisitas de isolar e relaxar músculos secretos, até então desconhecidos. Você deitava sobre as costas próximo à parede e tentava, delicadamente, levar as pernas na direção da cabeça, em uma configuração surpreendente, e lentamente começava a se entediar, perguntando-se quando a ação ia começar. Aí tentava se mexer e descobria que, de alguma forma, você havia feito Rolfing em si mesmo. Surpresa!

Gostavam muito da coluna torácica. É um nome complicado para o meio das costas, local que o pessoal daquele estúdio acreditava merecer atenção especial. Era como se tivessem adotado uma posição política em relação ao assunto, como se a coluna torácica houvesse sido injustamente exilada e precisasse ser repatriada para junto do resto do corpo.

Na verdade, eram obcecados por esqueletos. Queriam que a gente se esquecesse dos músculos e se lembrasse dos ossos. "Façam esta postura com o esqueleto!", era o refrão. "Soltem os músculos e confiem na estrutura." A ideia era parar de fazer as posturas com a ajuda dos músculo e, em vez disso, encontrar um alinhamento do esqueleto que fosse sustentável, que não necessitasse de apoio muscular para se manter.

Em uma manhã ensolarada, Seidel nos colocou para fazer a ponte, ainda insistindo em que confiássemos em nossos ossos e parássemos de "fazer força" com os músculos. Meu hábito de usar a musculatura para fazer as posturas, meu truque de ativar os bandhas para suportá-las, não eram estratégias aceitáveis ali. Nenhum esforço era permitido. Deitamos sobre as costas, de joelhos dobrados, pés no chão, e erguemos os quadris no ar. Empurrei com força, tentando formar um belo arco com as costas.

– Não, não, não! – exclamou Seidel, parecendo uma professora de balé rabugenta. – Vocês foram alto demais! Não precisam se curvar tão alto. Apenas empurrem e usem só as pernas. Não usem os músculos das nádegas.

Tentamos novamente. Concentrei-me nas pernas.

– Ainda está alto demais! Levantem os quadris a apenas alguns centímetros do chão.

Tentamos mais uma vez. Parecia que eu estava trapaceando ao me erguer apenas um pouquinho. Não deveríamos subir o mais alto possível?

– Agora distribuam o peso entre os ombros e os joelhos. Não façam qualquer esforço. Parem de usar os músculos. Soltem os músculos das nádegas! Deixem que a disposição dos ossos os segure.

Eu não conseguia realmente sentir nada.

Descemos.

– O que a gente deveria sentir? – perguntei.

– O que deveriam sentir? Quem sabe? Estamos trabalhando com o corpo sutil. Ele vai surpreendê-los. Só precisamos não atrapalhar.

Fizemos a ponte dessa forma mais algumas vezes. Ela caminhou pela sala, verificando os traseiros para ver se nossos glúteos estavam tensos. Depois, pediu que fizéssemos a roda, uma torção completa para trás. Para mim, se existe uma postura que é só músculos, é a torção para trás. Essas posturas sempre foram difíceis para mim. Sou meio corcunda. Às vezes, suspeito que anos de amamentação me deixaram enrolada para a frente.

Ao me preparar para fazer a roda, voltei a pensar em Fran, tantos anos antes, descrevendo o sentimento em meu peito como sendo medo. Não era piada. Era assustador expor o tórax, abrir uma coisa que permanecia habitualmente tão fechada.

Pensei em Fran e no medo enquanto me preparava para fazer a roda. Aquele momento era dramático para mim. Eu era fraca e não possuía flexibilidade suficiente. Tinha certeza de que despencaria e acabaria quebrando o pescoço.

Enquanto eu repetia minha ladainha de preocupações como um piloto de combate fazendo um *checklist*, Seidel disse:

– Não sei quanto a vocês, mas eu sou uma pessoa meio fechada. Mas quando estou na ioga, faço o contrário; me abro. Jogo os ombros para trás. Eu pensava que se praticasse bastante ioga eu me tornaria mais aberta.

Posicionei os pés a alguns centímetros de distância dos quadris. Deslizei as mãos por trás dos ombros, com as palmas para baixo e os dedos na direção das costas. Senti aquela estranha puxada na parte de trás dos braços, que acontece na preparação para a torção para trás. Nada do que eu fazia no cotidiano reproduzia essa sensação.

Com a profunda sensação de dúvida que sempre acompanhava a elevação, entrei na postura da roda. Pânico. Parei de respirar.

– Tudo bem. Estão apavorados, não é? Estão em pânico. Legal. Ignorem.

Fizemos estranhos sons que substituíam nossas risadas.

– Vocês sabem que as pernas são fortes. Usem-nas. Parem de usar os músculos dos braços e das costas. Pensem nas pernas e no *core*. E deixem que os músculos das costas relaxem sobre o arco da coluna. Pensem no esqueleto como estrutura e se soltem sobre ele.

E então, por uma fração de segundo, consegui. Meus músculos se soltaram. Para falar a verdade, não se soltaram sozinhos. Eu os soltei. Eu permiti. Foi assustador. Mas por um segundo acreditei que tudo ficaria bem. A estrutura era sólida. Tudo ficaria bem. E foi maravilhoso, como se meus músculos fossem água que se derramava sobre uma rocha.

– Ótimo! – disse ela. – Agora desçam, pelo amor de Deus.

Obedecemos.

– De qualquer maneira, acho que a ioga serve para contrabalançar a forma como me comporto nas outras áreas da vida. Não importa quanto eu fique encurvada o resto do tempo. Sei que pelo menos durante uma hora e pouco, todos os dias, vou ter lindos ombros abertos. Desisti de ser assim o tempo todo, mas aproveito enquanto estão desse jeito.

Contrabalançar. Pareceu a mais concisa descrição de transformação que eu jamais ouvi. Você não precisava se tornar diferente, apenas criar situações perfeitas para ser diferente, e então se tornava diferente. Você não precisava se preocupar em mudar tudo em si mesmo nem em deixar de sentir medo: bastava agir como a pessoa que queria ser.

Era fácil pensar na ioga como uma cura, um programa, uma teleologia. Você acabaria se sentindo bem se insistisse nisso. Eu geralmente pensava no que a ioga me daria: um bumbum de iogue, músculos firmes, equilíbrio, uma mente tranquila e aquele misterioso fulgor. E era verdade, uma pessoa tinha mais chances de conseguir tais coisas frequentando a ioga do que jogando Tetris durante horas (o que é sempre uma opção).

A ideia era que você se aprimorava, se soltava, ficava mais forte enquanto estava na ioga e depois aplicava isso nas outras áreas da vida. Aprendia como agir certo na ioga e depois agia dessa forma quando estava no carro, no mercado ou colocando as crianças para dormir.

E se, como Seidel dizia, apenas aproveitássemos o jeito como nossos corpos e mentes ficavam durante a ioga e parássemos de sobrecarregá-los com expectativas? E se o objetivo da ioga não fosse se preparar para o futuro, mas encontrar algum prazer possível no presente?

INVERSÃO SOBRE AS MÃOS

Na manhã seguinte, acordei, como sempre, com o sol brilhando no alto da montanha. Dias antes, havia comentado com um homem que conheci num bar que não sabia por que me sentia melhor aqui do que em Seattle. Ele respondera: "Talvez seja por causa daquela grande bola de fogo que aparece no céu daqui todos os dias."

Minha cama ficava virada para o oeste, de forma que eu podia sentir o sol, aquela grande bola de fogo, atrás de mim. Rolei pelo colchão e fui enfrentar as tarefas da manhã, que se estendiam à minha frente como o estreito caminho de terra batida que levava ao ponto de ônibus: acordar as crianças, preparar o café, almoço, roupas, cabelo, dentes, caminhar até o ônibus, dar beijos e me despedir.

Também era possível ver o Sol de frente na cozinha, apesar de àquela hora ele ainda não haver terminado seu percurso. Lá estava Bruce, segurando um café para mim. Todos os dias ele me saudava com uma xícara de café. Ainda tonta de sono, despejei cereais numa tigela. Como geralmente acontecia pela manhã, os minutos correram como camundongos sob as tábuas do chão – não dava sequer para perceber que eles passavam.

Ergui os olhos. Todos estavam conversando, o que não me era permitido pela manhã. Já estava tarde. Olhei o relógio e era hora do cabelo.

Peguei a escova. Ao me ver, Lucy saiu correndo. Finalmente, eu a interceptei na sala de estar. Conformada, ela se sentou no braço do sofá. Passei a escova no cabelo dela.

– Ai! – exclamou. Lucy, que podia criar belas frases com palavras inesperadas, sempre lançava mão dessa interjeição banal quando escovavam seu cabelo. Antes de ter filhos, eu teria me identificado com a reclamação da criança. Agora, no entanto, ignorei o grito, talvez até tenha passado a escova com mais força, juntando punhados do cabelo espesso para prender em um rabo de cavalo. Eu não fazia esse penteado muito bem, deixava meio frouxo. Talvez essa confusão toda me fizesse puxar demais o cabelo dela, determinada a controlar aquela massa desordenada.

Às vezes eu achava que poderia estar criando um trauma em Lucy, fazendo-a odiar para sempre o ato de escovar o cabelo.

Lucy olhou para mim.

– Você é má – disse ela. – Muito má.

Continuou a me olhar. De repente, Lucy me chamou a atenção para um fato: meu cabelo precisava de corte e tintura, e formava um halo incontrolável em volta da minha cabeça.

– Mamãe, seu cabelo está um horror. – Pausa. – Seu cabelo é um verdadeiro desastre.

Ela pegou a escova, parecendo reproduzir a violência dos meus movimentos, e a enfiou em minha cabeleira suada e embaraçada. Para mim, era intolerável ter o cabelo escovado por minha filha. Gritei e recuperei a escova. Nossos olhares se encontraram. Lucy tinha me pegado de jeito. Apontou para a escova na minha mão.

– Viu? Isso aí é um instrumento de tortura. Agora você sabe.

Eu não estava disposta a desistir ou ceder. Apenas pensei: por que não? Por que não deixá-la ir para a escola com o cabelo despenteado? Que diferença faz? Afastei suavemente a escova e a joguei no sofá.

Estava na hora do ônibus. Vesti um casaco sobre o pijama. Lá fora, o sol saía por trás da Green Mountain. Andei um pouco mais devagar e fiquei olhando minha filha descer a estrada até o ponto do ônibus escolar. Bruce e Willie iam mais à frente, um muito grande, outro muito pequeno – uma piada visual. O corpo de Lucy era ereto e alto. O rabo de cavalo sacudia, seguro de si, cheio de cachos embaraçados. Minha filha era tudo que eu lamentava não ter sido quando pequena: aprumada, bonita e honesta. E eu ainda tentava obrigá-la a ser mais perfeita, mais aceitável, mais arrumada. Melhor e menos real.

E se eu aplicasse a ideia de Seidel sobre contrabalançar, aqui e agora? E se eu não tivesse nenhum ideal sobre como agir e simplesmente me comportasse de forma diferente? Era só parar de me preocupar tanto em fazer as coisas com perfeição.

Beijei meus filhos antes que entrassem no ônibus, dando um aperto especial em Lucy.

Mais tarde, na mesma semana, fui fazer uma aula em um estúdio de ioga que eu não costumava frequentar. Pertencia a uma espécie de rede, com unidades espalhadas por meia dúzia de estados. A dinâmica era esquisita: você se sentia como uma engrenagem em uma máquina de ioga. Meninas da Universidade do Colorado abarrotavam o lugar, que tinha salas amplas, limpíssimas e impessoais, um monte de logotipos e um sistema de aluguel de toalhas assustadoramente caro. Imagino que, de uma forma estranha, havia certa pureza naquilo. Se a ioga tem a ver com a superação do ego, o lugar fazia com que você se sentisse o mais despersonalizado possível. Bem, a não ser pelos espelhos por toda parte, que não paravam de lembrá-lo de que você estava ali.

Mas essa era a única aula a que eu conseguiria assistir. O estúdio oferecia umas 20 aulas por dia, e cada uma era hilariantemente diferente da outra. A hot yoga, que mais parece um nome de cerveja, incluía os mesmos joelhos dobrados, os mesmos exercícios abdominais ofegantes e dementes, o mesmo calor. Power yoga era ashtanga feita de forma descuidada. Às vezes, eu via os alunos do gênio atuando como professores. Tinham que seguir as séries prescritas por aquela fábrica e por isso não podiam incluir nenhuma das instruções birutas ensinadas pelo mestre. De alguma forma, "inflem os joelhos como velas ao vento" não parecia adequado àquele lugar.

Eu estava na power yoga, que era essencialmente a mesma sequência que eu fazia sozinha, em casa: algumas saudações ao Sol, uma sequência simples de posturas em pé, torções, alongamentos na posição sentada. Perto do final da aula, o instrutor disse:

– Vamos tentar a inversão sobre as mãos. Por favor, levem os tapetes para perto da parede.

As inversões pareciam combinar perfeitamente com a abordagem juvenil e física da ioga praticada na fábrica, mas quase nunca nos pediam para executá-las ali. Complicado demais, provavelmente.

Mas acho que esqueceram de avisar isso à professora adolescente com silhueta de supermodelo que dava aquela aula. Encarei-a. Agora que tais palavras – inversão sobre as mãos – haviam sido ditas, percebi, com um súbito sentimento de culpa, que essa era uma das razões pelas quais eu frequentava o lugar. Sentia um alívio secreto, quase inconsciente, por saber que não me pediriam que fizesse essa postura. Era a única que eu não fazia. Até a chaturanga eu já tinha superado. Mas essa postura, colocando todo o peso do corpo sobre as palmas das mãos, era demais. Eu não confiava tanto assim em mim mesma. Muito tempo antes, eu havia dominado a inversão sobre a cabeça, mas o equilíbrio exigido para a inversão sobre as mãos parecia além da minha capacidade.

Puxei o tapete e pensei em fazer a inversão sobre a cabeça, o que não seria um problema para mim. Eu sabia que meus antebraços e meus ombros eram fortes. Mas tomei uma decisão: dane-se. Agora eu era uma mulher de Boulder! Podia subir a colina e descê-la de esqui. A mais de 3 mil metros de altitude! Com certeza, conseguiria fazer a inversão. Ia confiar no meu esqueleto, como Seidel disse, e não pensar demais no assunto.

Posicionei minhas mãos um pouquinho afastadas da parede. Abri os dedos. Subi na postura do cachorro olhando para baixo e comecei a aproximar os pés das mãos. Meu traseiro foi cada vez mais para cima. Chegou o momento crucial. Dei um coice com a perna direita, com toda a força, contraindo a barriga ao mesmo tempo. Por um momento, as pernas foram para o alto e fiquei de cabeça para baixo. E depois a maior parte de mim desabou sobre o tapete, fazendo o maior barulho que o corpo humano foi capaz de produzir em todos os tempos.

Sentei-me, com as bochechas vermelhas. A pessoinha que dava aula correu para perto de mim.

– Você está bem?

Fiquei ali sentada, esfregando a cabeça como um ator numa comédia pastelão.

– Estou.

– Tem certeza? – Ela parecia nervosa. Talvez tivesse acabado de se lembrar de que não deveria ensinar inversões quando houvesse mulheres de meia-idade, ligeiramente rechonchudas, na sala de aula.

– Tenho, acho que estou bem. – Movimentei-me um pouco para mostrar-lhe que meus membros ainda funcionavam.

– Sabe, da próxima vez, preste atenção no *core*. – Ela bateu em sua barriga.

– Eu sei, eu sei – disse eu. A desculpa estava prestes a sair pela minha boca: duas cesarianas haviam me deixado com o *core* enfraquecido. Mas o fato permanecia: eu caí.

A aula terminou e, envergonhada, fui embora. Não ia processá-los. Não dessa vez.

Na volta, subindo a montanha, comecei a me recuperar da humilhação e a pensar sobre as inversões. Por que são tão assustadoras? Certamente, é uma questão de força. Os braços não são tão fortes quanto as pernas, porém é mais do que isso. As inversões são perturbadoras porque nos fazem mudar de perspectiva. O mundo não tem o mesmo sentido quando você está de ponta-cabeça. Essa mudança pode ser difícil, até mesmo intolerável.

Procurei a palavra "inversão" no dicionário quando cheguei em casa. A definição era simples: virar de cabeça para baixo, mudar a ordem, esvaziar o conteúdo. Era uma boa descrição do que acontecia na ioga em algumas ocasiões. Reverter uma relação usual.

Era interessante, ao se considerar a pequena epifania que tive no tapete, no outro dia, enquanto fazia savasana. A ioga me ajudou a reverter a relação entre a perfeição e a realidade da minha vida.

Eu havia começado a fazer ioga porque queria que os outros vissem como eu era boa. Pulei de estúdio em estúdio com uma caneca de esmola na mão, para ganhar a mesma coisa que já vinha recebendo a vida toda, mas com uma embalagem nova e mais descolada. A ioga era parte do meu projeto para me tornar alguém melhor. Porém, o que eu estava aprendendo era o seguinte: quem se importa? Quem se preocupa com a perfeição? Quem liga para sua aparência? Existia apenas uma coisa: uma mulher caída no chão. Ninguém disse que a realidade ia ser uma coisa nobre.

Se eu quisesse examinar como as coisas realmente eram, eu descobriria a imperfeição. Qual seria a aparência do real, sem o desejo de ser boa, sem enfeites e sem cabelos escovados?

Queria aprender agora como existir dentro dessa anástrofe, dessa reversão da velha ordem, dessa inversão.

LEÃO

Fazíamos uma dolorosa série de exercícios com os pés e a batata da perna. Fizemos o cachorro olhando para baixo, com os dedos dos pés encolhidos, colocando mais e mais peso sobre os pés. Ajoelhamos no tapetinho enrolado debaixo do peito do pé e jogamos todo o peso do traseiro no tapete, de forma que os tornozelos afundassem nele.

– Puxa vida! – disse Seidel. – Isso dói muito! Vocês odeiam, não é?

A turma toda assentiu e riu, esperando que ela nos mandasse parar com aquilo.

– Vocês querem que eu diga para vocês pararem. Então parem, se quiserem. Ou então continuem um pouquinho mais.

Alguém grunhiu. Seidel riu.

– Muito bem! Grunhido, não é? Tudo bem, então. Vamos fazer o leão.

O leão: a postura em que você respira fundo. Você solta o ar fazendo um gigantesco e barulhento "Rá!". Enquanto faz o Rá!, abre bem a boca, bota a língua para fora, arregala os olhos e olha para cima. Fizemos aquilo. Respiramos fundo. Um suspiro gigante, línguas para fora, olhos arregalados. De novo e de novo.

– O leão da percepção – disse Seidel. – É o começo de um poema escrito por Yogananda, o autor da *Autobiografia de um Iogue*. Ah, o leão da percepção... – Ela interrompeu as palavras. – Vocês vão se espantar ao ouvir que não consigo me lembrar do resto.

Rolamos nos tapetes e nos deitamos para nos recuperarmos por um momento. O leão sempre me incomodou. Parecia ostensivamente inconsciente. Era um gesto livre de tamanha extravagância que chamava atenção para a sua liberdade. Olhem para mim! Não ligo se alguém estiver me olhando! Havia uma coisa no leão que me lembrava a risada dos hippies. Ela diz: "Tenho o coração leve! Mas tenho consciência das minhas fraquezas! E sou livre! Muito, muito livre!" Esse riso é geralmente ouvido em palestras ministradas por não ocidentais. Se o não ocidental faz uma piada sem graça – o tipo de bobagem que lhe renderia apenas um sorriso cínico –, a plateia hippie cai na gargalhada. É o som que se ouve dos alunos quando um professor de ioga conta uma história superengraçada sobre macacos, ou quando um professor de dharma fala sobre perder a paciência no trânsito.

O leão, para mim, parecia tudo isso. Era uma falsa liberdade. Ele me fazia pensar num ponto de exclamação terminando uma frase em que um simples ponto final seria o bastante. Mas me questionei: será que eu estava me comportando como uma velhinha que olha com ar de reprovação por trás da cortina de renda? Por que eu me aborrecia tanto com o leão? Não fazia mal a ninguém. Van Morrison tinha uma música chamada "Listen to the Lion" (Escute o leão) em que ele rosna e ruge, mal pronuncia qualquer outra palavra reconhecível além de "Escute o leão dentro de mim". É uma música completamente convulsiva e desvairada, mais um gesto do que uma canção.

O leão era constrangedor. Fazia com que você se sentisse como Van Morrison, cheio de ruídos incontroláveis e estranhas irrupções. Do seu jeito, ele era impiedoso. Não dava para fazê-lo pela metade. A parte inteligente do cérebro – aquela que pagava as contas e se lembrava de comprar um produto antifrizz para o cabelo – era relegada a segundo plano. Na verdade, a parte inteligente do cérebro podia atrapalhar o leão. Se você pensasse enquanto fazia a postura, acabava fazendo uma careta. O leão era como o tango: precisava ser executado com total comprometimento. Senão, para que se dar ao trabalho?

Seidel, suficientemente astuta para perceber que havia tocado num ponto sensível, nos mandou fazer o leão várias vezes durante a aula naquele dia. No final, eu estava rugindo junto com todo mundo. Senti uma baita vergonha, um pouco de liberdade e uma pitadinha de mau humor. Esses três professores – Freeman, Seidel e Spellman – eram como esposas de desenho animado batendo com uma frigideira na minha cabeça. Trate de enfrentar o desafio! Você vai se ferrar toda, mas depois vai ficar tudo bem.

Com suas vozes em meus ouvidos, o que eu podia enfrentar perfeitamente era a ideia de voltar para casa.

Entrei no escritório de Bruce para dar uma olhada na programação das crianças. Lá fora, o pica-pau – era sempre o mesmo – batia o bico na parede da casa. Sua batida pontuava nossos dias. Geralmente, eu encontrava Bruce e a ave se olhando de uma forma cômica, um tanto desafiadora, separados pelo vidro. Mas hoje Bruce estava sentado em silêncio, com a cabeça apoiada nas mãos.

Essa não.

– Não sei como vamos dar conta de pagar tudo – disse ele.

Eu já tinha visto aquela cena: a cabeça como uma flor murcha, as costas encurvadas.

– A gente sempre dá um jeito.

– Não sei se vou conseguir trabalho suficiente para nos sustentar.

Fiz meu delicado discurso de sempre.

– Bem, vamos fazer uma lista de todo o dinheiro que vai entrar nos próximos meses. – Com uma boa vontade um tanto forçada, peguei papel e caneta. Juntos, fizemos uma lista assustadoramente magra. Aí fiz o que costumava fazer: uma relação das matérias que eu poderia tentar vender. Se conseguisse emplacar todas elas, teríamos uma chance de pagar as contas. Durante um mês.

Nossa vida financeira era um castelo de cartas e Bruce não combinava nem um pouco com essa realidade. Por outro lado, estávamos ali, juntos, escrevendo, vivendo nas montanhas. Não dava para ter tudo isso e ainda querer estabilidade financeira.

Eu disse isso a ele, mas não ajudou. Dessa vez a depressão de Bruce chegou com rapidez e intensidade. Naquela noite, ele não conseguiu dormir. Nas duas semanas seguintes, também não. Eu me virava de um lado para o outro na cama, angustiada.

As duas semanas se transformaram em um mês.

Eu estava preocupada. Não contei a ninguém o que se passava.

Voltei a incorrer em velhos comportamentos. A princípio, fui compreensiva, mas depois fiquei tensa, impaciente e até grosseira.

– Vá dormir! – dizia à noite. – Tome umas vitaminas.

E de dia:

– Saia para dar uma volta. Está um dia lindo lá fora.

Após algum tempo, um novo sentimento apareceu. Era algo diferente. Uma parte de mim pensou: e daí?

Deitei-me no sofá do escritório e falei:

– O.k., você está deprimido. E daí? Vai acabar passando. Não é o fim do mundo. Você estava feliz até outro dia. Você parece feliz na maior parte do tempo. É só uma fase.

– Espero que sim. – O cabelo dele estava arrepiado. Eu quase podia ler seu pensamento. Ele queria voltar ao trabalho.

Naquele mesmo dia, Leigh ligou para saber se a gente queria ir a uma festa. Eu disse a ela: "Bruce está deprimido. Vou sozinha." Pronto. Falei. O mundo não havia acabado. Nem meu casamento. Talvez as provações não necessariamente trincassem a armadura do casamento, levando-o ao final inevitável: o divórcio. Talvez cada uma delas o fortalecesse.

No meio disso tudo, chegou nosso décimo aniversário de casamento. Minha mãe veio cuidar das crianças para que pudéssemos viajar no fim de semana. Mas eu e Bruce não conseguimos pensar em qualquer outro lugar no mundo onde preferíamos estar, por isso ficamos e planejamos uma série de caminhadas e jantares em restaurantes.

Na noite em que ela chegou, nós duas nos sentamos para tomar uma taça de vinho na mesa da cozinha. Conversamos sobre os assuntos de sempre: fofocas dos primos.

Houve uma pausa.

– Escute. Arranjei uma advogada.

Aquilo fez com que me sentisse inexplicavelmente angustiada. Não sei por que eu deveria me surpreender. Se os dois iam se divorciar, precisavam de advogados, não é? Quer dizer, se realmente fossem se divorciar.

– Ah. Bom. E aí?

– Ela é ótima! Mais nova do que você e muito inteligente. Ela tem me explicado um monte de coisas sobre como o processo funciona.

Obviamente, minha mãe tinha decidido que "jovem e esperta" era o melhor e mais chique ideal de um advogado.

– Ela já se encontrou com o advogado do papai?

– Estamos nos preparando para uma reunião.

Preparando para uma reunião! Como assim? O que precisava ser preparado? Iam entrar em alguma espécie de batalha?

– Certo, boa sorte a todos, então. – Dei-lhe um pequeno abraço. Ela era osso puro, como uma perfeita aluna de Seidel. Engraçado, ela era carinhosa com as crianças, mas se mostrava reservada em relação a mim. Seria algum tipo de proteção? Ou não gostava de abraçar adultos?

– Vocês vão tomar cuidado com os leões amanhã, não é?

– Ora, mamãe! Vai dar tudo certo.

Fui para cama preocupada naquela noite. Se havia advogados no meio, as coisas poderiam sair dos eixos. Essa separação teve um arranjo estável durante 35 anos. O que aconteceria com a introdução de um elemento volátil? Haveria o risco de estourar o balão da boa vontade? Era estranho pensar naquilo: a entrada dos advogados me fez apreciar a serenidade e a amizade que sempre existiu entre eles. Aquilo me lembrou que o estranho arranjo dos meus pais tinha se originado das boas intenções e da vontade de evitar conflitos.

O que fosse acontecer em seguida, eu simplesmente teria que

aceitar. Aquilo já estava em andamento, já estava se tornando realidade. Os advogados são tão reais quanto se pode ser. E, de alguma forma, apesar de meu nervosismo em relação a tudo aquilo, eu confiava que meus pais continuariam a agir com boas intenções.

No dia seguinte, dia do nosso aniversário de casamento, eu e Bruce resolvemos caminhar até o Divisor Continental, a enorme cadeia de montanhas que víamos de nosso quarto. Era um dia claro de outono. O sol brilhava e nosso plano era chegar até o Divisor depressa e parar em Nederland (a cidadezinha nas montanhas, acima de Boulder) para comer um monte de costelinhas.

Caminhávamos em meio a uma densa floresta em direção a uma clareira. Floresta densa significava "animais". Comecei a ter uma sensação estranha no peito. Os leões da montanha vinham matando cães naquela área o ano inteiro.

A sensação agora era familiar: terror sufocado, fundamentado por uma ideia. Era difícil saber qual a quantidade de terror adequada a determinada situação. Enquanto caminhávamos, experimentei diferentes intensidades de medo. Imaginei a presença do leão atrás de nós, pulando de árvore em árvore enquanto esperava a oportunidade perfeita para dar o bote e nos devorar. Aí reduzi um pouquinho o tamanho do pavor e imaginei o leão aparecendo na trilha, diante de nós, a nos contemplar. Então me vi agarrando uma vara (nessa versão em particular, há sempre uma vara à mão) e berrando para o animal. Depois, realmente soltei as rédeas e tentei imaginar o que a pessoa sentia no exato momento em que o leão jogava seu peso sobre ela. Como seria estar sob aquele peso feroz?

Em Boulder, os leões da montanha eram tema frequente de conversas em reuniões sociais. Enquanto tomava uma taça de Malbec, ouvi uma história sobre um casal de velhinhos que foram atacados enquanto faziam uma caminhada na Califórnia. Um leão da montanha atacou o velho e segurou a cabeça dele entre as patas, prestes a dar-lhe uma dentada. A velha arranjou uma enorme vara e bateu repetidas vezes na cabeça do leão. Ela arrancou o marido das garras da fera.

Contemplei a ideia com uma espécie de inveja. Temos medo de uma coisa, vamos em frente e o medo aumenta cada vez mais até que finalmente ficamos ansiosos para que aquilo aconteça, só para que possamos escapar da ideia.

Saímos da mata e chegamos a uma clareira elevada, ampla, sem árvores, atravessada por um estreito riacho. Nada de animais. Continuamos a caminhar. A campina aberta e acinzentada parecia não ter fim. O passeio deixava Bruce animado e eu ficava menos rabugenta e estressada. Falamos sobre as crianças enquanto andávamos.

– Você acha que a Lucy vai ser convidada para a festa de aniversário da Olivia? – perguntei.

– Meu Deus! Eu acho é que você precisa de colegas de trabalho para arranjar assunto para fazer fofoca. É melhor do que se ocupar da vida social de crianças do terceiro ano.

– Mas não é preciso ir a um escritório todos os dias para se ter colegas de trabalho? Foi o que ouvi dizer. De qualquer maneira, você acha que Olivia já mandou os convites?

– Você é louca, sabia?

Enquanto tagarelávamos, um floco despencou do céu.

– Alerta de neve – anunciei alegremente, antecipando uma ligeira precipitação.

Quando chegamos ao Divisor, que ficava a mais de 3.600 metros de altitude, estávamos em meio à neve espessa. O cume da montanha parecia uma lâmina afiada. Decidimos andar mais um pouco, procurando um lago que deveria estar pertinho dali. A paisagem era árida, não havia um arbusto sequer. Grandes pedras se espalhavam pelo chão, que era da cor que os decoradores chamam de *greige*, uma mistura de cinza e bege.

Enquanto caminhávamos, a neve caía com mais intensidade e foi piorando, até que nos demos conta de que aquilo era uma tempestade. Quando nos viramos para descer, ouvimos um trovão. Aí, em meio às nuvens brancas, um relâmpago cintilou no lado oeste da montanha. Estávamos totalmente expostos, observando o clarão amarelado através daquela tela branca, a coisa mais real que jamais tínhamos visto.

Passei dois anos preocupada com leões e agora estávamos ali, no alto da montanha, no meio de uma maldita tempestade de neve cheia de relâmpagos. Eu tinha perdido tempo temendo a desgraça errada. Nenhuma das minhas preocupações servia de nada. A realidade me encontrou e, em vez de ser úmida e musculosa, era fria, clara e fulgurante.

– Vai ficar tudo bem – disse Bruce. Ele me deu tapinhas nas costas e abriu um sorriso atordoante que era, ao mesmo tempo, totalmente inapropriado e exatamente do que eu precisava. Afinal de contas, ele era meu marido. Não apenas o pai dos meus filhos. Era alguém que conseguia me vencer com um sorriso. – Fique atrás de mim e segure a minha mochila.

Diminuí a distância entre nós. Pousei a mão sobre sua mochila amarela. Juntos, descemos a montanha na direção que esperávamos ser a certa.

MACACO

Isabel veio nos visitar. Estava atravessando o país para fazer uma exposição em Kansas City e outra em Austin; as obras estavam sendo transportadas de navio. Fiquei na porta de casa esperando por ela, contemplando a estrada. E lá vinha seu pequeno carro, contornando a montanha.

Ela se ergueu do assento do motorista, alta, moleca, linda e formidável. Fomos para a varanda e tomamos uma cerveja.

– Temos pensado em ficar aqui – disse eu.

Ela estava distraída olhando para o Divisor Continental.

– Legal. Já estava cansada de ouvi-la reclamar de Seattle.

– Eu sei. Até eu estava cansada de mim. Mas aqui estou feliz. Tenho espaço.

– Espaço para quê? Quer dizer, é óbvio que você tem espaço. – Ela fez um gesto com a mão e nós duas rimos um pouco do excesso de espaço à nossa volta: 30 quilômetros de montanhas. – Mas do que você precisa se afastar?

– Bem, de Seattle. Da minha família, eu acho.

Contei a ela como nos sentíamos felizes por termos mais tempo juntos, sem outras pessoas.

– Ah, você não precisa realmente se afastar da família. Encontrei sua mãe no mercado outro dia. Você deveria sentir falta dela. Sua mãe é uma graça.

– Hum.

Fomos até Boulder. Andamos pelas ruas cheias de lindas crianças e lojas bonitinhas. Caminhamos pela margem do rio, que era urbanizado e tinha muitos peixes, o que pode parecer contraditório. Passamos pela farmácia, pela papelaria e por quatro lojas de móveis de jardim. Subimos a velha escada de madeira para chegar ao bar que eu frequentava.

Isabel se acomodou em um elegante pufe de lã. Pediu um uísque sour. Mexeu com uma linda colher e me olhou com seriedade.

– Você não pode morar aqui.

– Por que não?

– Não é real. É bonito demais, adorável demais. É cheio dessas lojas fofas. E lotado de bandeirinhas de oração tibetanas. Você pode sair de Seattle, mas não pode viver aqui.

Pedimos uma porção de queijos com figos e conversamos sobre Lisa. Ela continuava fora de casa, mas não estava mais com Carl, e praticava ioga loucamente. Minha nossa. Eu estava perdendo essa parte da trama.

Isabel ficou mais um dia, regado a bebidas e caminhadas. De onde ela tirava tanta energia?

Na manhã seguinte, bem cedo, ela partiu. Era um dia brilhante e gelado do início do inverno. Antes de sair, tirou uma foto nossa diante da casa, Bruce e eu abraçados sob o sol ofuscante. Parecíamos velhos e felizes. Caminhamos 400 metros até o fim da estrada para pegar o jornal. Não usávamos casacos, só camisetas. Estávamos nos transformando em nativos. Nem sentíamos mais tanto frio.

– Ela é ótima – disse Bruce, quando entramos em casa. Ele foi fazer um daqueles sanduíches de ovo frito incrivelmente perfumados. Bruce é uma dessas pessoas magras que necessitam de imensas quantidades de caloria o dia inteiro. Eu me servi de cereais.

– Ela diz que não podemos ficar aqui – falei. – Diz que é irreal demais.

Ele riu.

– É verdade. Mas a gente não liga mais para o que os outros pensam, não é?

– É. Mas ela tem razão. Sinto muita saudade dela.

– Eu acho que sentiríamos muita falta de nossos amigos e de nossa família se ficássemos para sempre. Aqui é bom. Mas não é perfeito.

– Não é perfeito. Sinto falta da minha família. Quer dizer, da minha outra família.

– Bem, pelo menos você sabe diferenciar uma da outra. – Ele sorriu.

– Como ter certeza de que não vamos voltar e ficar infelizes? Talvez sejamos felizes aqui por causa do sol.

– Nunca teremos certeza. Podemos acabar na mais completa miséria.

– Podemos!

– Mas acho que vai ficar tudo bem. Descobrimos que gostamos de ficar juntos e vamos garantir que tenhamos um tempo só nosso.

– Talvez. Mas agora vai chover. Um bocado.

Decidi visitar Spellman. Ele me dera seu telefone e tínhamos ficado de tomar um café juntos havia meses. Será que eu poderia consultá-lo como se ele fosse o mestre Yoda? Talvez isso ajudasse.

Marcamos um encontro no Boulder Dushanbe Teahouse, um prédio que fora presente de Dushanbe, a cidade-irmã de Boulder no Tajiquistão. Uma estrutura elegante e arejada, pintada de azul e cheia de azulejos, murais e um imenso chafariz.

Sentamos perto do chafariz e pedimos chás gelados.

Eu queria perguntar o que fazer, mas me peguei balbuciando algo diferente.

– Você é budista?

A mente de Spellman era tão ágil e refinada que ele fazia uma pergunta tão direta parecer rude.

– Eu medito – disse ele.

Aquilo me deixou maluca por um momento. Acabei recorrendo ao óbvio.

– Por quê?

Ele fez uma pausa.

– Porque quero experimentar *isto.* – Ele fez um gesto com a mão, apontando suavemente o mundo à sua volta. Achei aquilo estranhamente lisonjeiro. Compreendi que ele se referia ao que costumava ser chamado de momento presente, mas "isto" era uma forma bem mais interessante de se dizer.

Spellman não estava interessado em se definir como um determinado tipo de budista, ou até mesmo como budista.

Conversamos um pouco sobre Naropa. O chafariz jorrava e o sol brilhava. Era muito agradável.

Perguntei-lhe o que era ser um bom budista.

– Não sei se "bom" é uma palavra muito útil – disse ele. – Se você se ocupa em ser boa, provavelmente não vai ser. Você vai perder as coisas reais que acontecem. Não, "bom" realmente não é adequado.

Ele se inclinou para a frente, o olhar por trás dos aros de tartaruga parecendo que estava prestes a contar a melhor piada de todos os tempos. Ele disse:

– Acho que você deveria banir essa palavra do seu vocabulário.

Não cheguei a perguntar se deveria ou não voltar para casa. Como Yoda, ele me daria apenas uma resposta do tipo "Conheça a si mesma". E eu já me conhecia.

Fui para casa e contei a Bruce o que Spellman havia dito sobre a inutilidade de ser bom.

– Ah – disse Bruce.

Pensei em minha mãe me contando sobre a nova advogada, com jeitinho, cuidadosamente. Ela se importava com o que eu pensava. Todos se importavam. Mas eu não me importava da mesma forma, enquanto estava aqui.

Sentia falta deles – de meus pais e do jeito fechado que eles tinham. Sentia falta até de ser incomodada por eles. Boulder era um bálsamo, um lugar onde o caminho (em todas as acepções) poderia ser a coisa mais importante da vida, onde você se cercava de outras pessoas e suas trajetórias especiais. Era possível aprender coisas sobre a ioga, sobre a natureza da realidade e sobre si mesmo. Mas de que adiantava saber dessas coisas estando isolado em uma bolha? Eu tinha mãe, pai, Larry, um irmão e mais primos do que era capaz de contar nos dedos das mãos.

Algumas pessoas são capazes de partir, construir uma nova vida e se sentir completamente realizadas e transformadas. Podem viver numa encosta ensolarada e ser gratas pela realidade que escolheram e/ou criaram. Eu não. Para conseguir compreender minha família e minha história, eu levaria o resto da vida. Eu podia lidar com a realidade, a imperfeição e a bagunça em Boulder mas, na verdade, estava apenas fugindo do problema. A realidade estava em casa, com minha família. Minha outra família.

Na semana seguinte, Bruce e eu estávamos caminhando e eu voltei a falar no assunto.

– A gente podia fazer uma lista de prós e contras – sugeri.

Então fizemos duas listas: uma para Boulder e outra para nossa casa. Boulder estava vencendo.

– Bem, acho que é um indício o fato de ainda nos referirmos a ela como "casa" – disse Bruce.

Até nos mudarmos para Boulder, éramos crianças incapazes e sem disposição de dirigir nossos destinos. Era embaraçoso admitir, mas tínhamos finalmente nos tornado adultos. E, como adultos, nos sentíamos seguros para voltar para casa.

Mandei um e-mail para meu pai e telefonei para mamãe para avisar que íamos voltar.

– Ah, querida, que ótimo. Lucy está aí? E Willie? Posso falar com eles?

Chamei as crianças.

– Minha mãe parece muito tranquila – falei para Bruce, ao entregar o telefone para Lucy. – Como se estivesse esperando por essa notícia o tempo todo. Será que não temos direito a um pouquinho de empolgação? Será que eles precisam sempre nos achar tão previsíveis?

Eu já estava ficando aborrecida e nem tínhamos voltado ainda.

– Meu Deus, ela é tão irritante!

– Bem, não precisamos morar muito perto dela – disse Bruce. – Tudo o que sabemos é que queremos morar perto da natureza. Até estou disposto a abrir mão do sol, mas acho que há uma relação direta entre nossa felicidade e as árvores.

– Que tal fazermos uma lista? – falei.

– Como antes de virmos para cá.

– Isso.

– Tudo bem. Portland.

– Urbana demais.

– Olympia.

– Acho que lá chove mais do que em Seattle. Seria uma boa? Eugene?

– Muito longe. Bellingham.

– Frio demais. Orcas Island? – Era uma distante comunidade hippie.

– Não há nenhum aeroporto por perto. Que tal Bainbridge Island?

– Hã.

Era perfeito. Estaríamos em contato com a natureza, mas também teríamos o mar nos separando do excesso de visitas familiares. Se voltássemos, precisaríamos daquilo; precisaríamos nos transformar em chatos e dizer não um monte de vezes. Mas poderíamos dizer sim ocasionalmente.

Ficaríamos sozinhos, mas as balsas estariam ali à nossa disposição, traçando caminhos a leste e a oeste, cruzando o braço de mar, ligando-nos ao resto do mundo.

O que restava do ano letivo transcorreu cheio de festas e lágrimas. Às vezes, quando dirigia montanha acima, para casa, eu precisava parar o carro no acostamento para chorar. Era tão bonito! Às vezes Bruce também chorava, mas só quando pensava nas oportunidades de esquiar que deixava para trás. E Lucy chorava feito uma louca. Aquele lugar se tornara seu lar. E não havia nada que eu pudesse lhe dizer. Simplesmente ficava por perto e deixava que chorasse. Não queria apressar seus sentimentos ou forçá-la a fingir que tudo estava bem.

No final do ano, nos despedimos. Encaixotamos tudo. Leigh chorou. Para minha vergonha, não consegui derramar nem uma lágrima ao abraçá-la. Queria chorar para ser simpática. Mas estava empolgada demais por finalmente pegar a estrada.

Partimos excitados, voando montanha abaixo apenas alguns dias depois do fim das aulas. Paramos na saída da cidade para jantar cedo em nossa lanchonete preferida, West End Tavern. Com o cabelo ligeiramente perfumado pelo cheio de gordura, partimos para Seattle, para casa, enquanto a luz da tarde se suavizava. As árvores infestadas de besouros promoviam a única mudança de cor na paisagem enquanto passávamos por intermináveis sequências de coníferas. De vez em quando, víamos uma árvore morta, isolada, de cor vermelho-ferrugem, completamente distinta das centenas de árvores à sua volta. Era estranho pensar que alguma coisa poderia se destacar por sua morte. Implicávamos uns com os outros de uma forma agradável. Eu havia começado a perceber que essas implicâncias não eram o fim do mundo, mas apenas outra forma de as famílias se comunicarem. Transportamos conosco a depressão de Bruce e a minha ansiedade, como se estivessem amarradas no bagageiro do carro. Não iam nos abandonar. Eram apenas parte do pacote.

Lucy ficou sentada em silêncio, atenta à sua leitura enquanto nos afastávamos de Boulder, o lar que ela havia aprendido a amar, que nós lhe pedimos que amasse. Deixei que se refugiasse nos livros. Não exigi que assistisse a algo que não queria ver. Não pedi que compartilhasse a minha história quando ela não tinha vontade.

Entramos em um camping perto de Vail pouco depois do anoitecer. Dali dava para ouvir o som do rio e sentir o cheiro do acampamento de outras pessoas. Lucy, que havia pouco tinha se sentado no meu colo e chorado por causa da partida, pulou e deu gritinhos de alegria. A temperatura estava próxima de zero e continuava a cair, mas éramos das montanhas e não ligávamos a mínima. Eu e Lucy íamos dormir na traseira do furgão, sob cinco colchas. Os homens montaram a barraca deles, com Willie falando alto o tempo todo, e todos adormecemos, os lobos das orelhas gelados por causa do frio.

A manhã chegou enquanto Bruce e eu preparávamos café para colocar na garrafa térmica e levantar acampamento. Tudo parecia indescritivelmente divertido. A barraca. O furgão. Os dois chapéus usados por Bruce. A dança de Willie. Seguimos até a cidade para encontrar algo para comer.

Depois, conduzimos o carro em meio a superlativos. Descemos a Encosta Oeste, acampamos perto de Maroon Bells, paqueramos a pequena Basalt, cidade que poderia ter sido nosso lar em outra vida. Cruzamos Utah e Idaho em disparada. Vimos, pelo lado oposto, todos os arbustos de sálvia pelos quais havíamos passado ao seguir para o Colorado.

Estávamos indo para casa porque queríamos. Tínhamos reencontrado nossa capacidade de desejar. Não decidimos voltar para fazer a coisa certa, e sim porque essa era a nossa vontade. E, de uma forma espantosa, essa sensação de poder fazer exatamente o que queríamos deu à viagem um doce sabor de aventura. Nos anos em que moramos em Boulder, tínhamos viajado de um lado para outro algumas vezes. Todo esse território nos era familiar, mas a sensação de sermos conduzidos pelo desejo, não pela necessidade, fazia com que tudo parecesse novo. Pelo menos para mim e Bruce. As crianças estavam famintas, com sede, entediadas por passarem longas horas no carro, tristes por deixarem os amigos em Boulder, enjoadas e sem conseguir ligar seus aparelhos de CD.

Havia muitas brigas naquele pequeno confinamento.

– Quero o livro cinco! – disse Willie, agarrando *Harry Potter e a Ordem da Fênix* das mãos da irmã.

– Você ainda nem acabou o quatro! Você não pode pegar o livro cinco. Vai estragar tudo! – berrou Lucy.

Lágrimas.

Na ioga, a abertura de perna é chamada de macaco, ou hanumanasana, em homenagem ao deus macaco Hanuman. Hanuman era amigo de Rama, que foi uma encarnação de Vishnu, considerado por alguns o deus supremo do hinduísmo. Quando Sita, esposa de Rama, foi raptada e levada de barco até o Sri Lanka, Hanuman saltou sobre o mar e resgatou a mulher. As pernas abertas em 180 graus lembram o grande salto de Hanuman. Fran costumava dizer que hanumanasana era a postura da amizade, da ligação.

Deus sabe que fazer espacate não é uma coisa simples. Quando desciam no hanumanasana, os adultos na aula de ioga não se pareciam nada com aquelas líderes de torcida que têm molas nas pernas e caem casualmente na posição.

Quando fui para a ioga e me arrisquei no espacate, estava cercada de corpos que já haviam vivido bastante e acumulado problemas como os meus. Todos tinham sua lista. A minha era: duas cesarianas, bursite no ombro direito, hérnia, labirintite, transtorno de tireoide, um antigo rompimento do ligamento cruzado anterior no joelho direito e facite plantar. A lista aumentava cada vez mais sem que eu percebesse. A velhice chega enquanto estamos olhando para o outro lado.

Quando estávamos nos preparando para fazer o macaco, aqueles corpos corriam de um lado para outro para pegar os acessórios que orgulhosamente rejeitávamos para as outras posturas. Seria necessária a ajuda de pelo menos um bloco de espuma, talvez mais de um. Talvez um cobertor. Uma tira, por que não? As pessoas desejavam que houvesse mais acessórios, objetos que ainda nem tinham sido inventados.

Para fazer a postura, começávamos dando um impulso para a frente e apoiando as mãos no chão dos dois lados da cintura (ou numa torre de blocos). Depois começávamos a relaxar – embora "relaxar" não seja a palavra certa. Talvez lutar? Sempre me sentia empolgada quando fazia espacate. Era como se fosse o Dia de Natal das posturas de ioga. Mas não era o alegre Natal da infância: era a versão adulta, que trazia junto com a alegria uma enorme quantidade de medo e esforço.

Olhando em volta, via os rostos dos meus vizinhos se contorcerem em sombria determinação, na melhor das hipóteses. Na pior, era uma ansiedade de olhos arregalados. Ah, e havia o problema do ligamento do meu joelho. Deixei meu peso cair em direção ao chão. Finalmente estava na postura completa. (Isso não aconteceu antes que eu tivesse praticando por, digamos, uns três anos. Sem brincadeira.) Consegui. Os professores de ioga falam muito sobre energia e eu podia senti-la me atravessando naquele momento. Não tinha amigos naquela turma, mas havia algo de sociável naquela postura. As pessoas conversavam, o que era raro numa aula, incentivando um ao outro.

É claro que eu não estava fazendo espacate enquanto atravessava o país, pelo menos não ao pé da letra. Mas havia uma sensação semelhante, de energia, de ligação, de dificuldade e de alegria enquanto eu saltava as montanhas rumo à minha antiga vida – aquela em que as pessoas me conheciam, eu as conhecia e nós nunca nos libertaríamos desse fato.

EPÍLOGO: CACHORRO OLHANDO PARA BAIXO

Querido Dave: Chove há cinco dias e eu adoro isso. Um alívio dos arroios arenosos, dos urubus, dos morros isolados e de uma estação de plantio que consiste exclusivamente no mês de junho. Aqui a grama explode e as árvores se enfurecem em um verde-escuro quase negro como a distância entre elas. Suponho que depois que tudo já foi dito, isto seja minha alma, os salmões saltando no estreito, o ar marinho carregado de creme para nossa respiração.

– Richard Hugo, "Letter to Wagoner from Port Townsend"

As gaivotas grasnam. O céu tem uma coloração estranha, passando da luz para a escuridão com todos os tons de cinza entre uma coisa e outra, como um crepúsculo que se esqueceu de tomar sua medicação.

Enquanto dirigimos para Manitou Beach, minha mãe diz:

– Aquele ali é o penhasco de onde eu pensava em me jogar com o carro.

Saltamos do carro. O vento sopra e faz redemoinhos em nossos cabelos. À nossa frente, uma fileira de casas margeia a praia. Não sei bem qual delas foi a nossa. Parecem todas decadentes: casas de aluguel para a temporada de verão. Algumas têm uma aparência mais próspera, telhas novas e plantas bem cuidadas em vasos sobre os deques. Obviamente, essas são habitadas o ano inteiro.

– Acho que foi aquela – digo, apontando para uma cinzenta, muito parecida com as outras. Acho que reconheço a janela da varanda, onde no passado comíamos sementes de abóbora torradas.

– É ela – afirma minha mãe.

Mamãe não fala muito. Não gosta desse passeio. Não sabe por que eu quis vir aqui. Eu também não sei. Imagino que apenas pelo desejo de me certificar de que realmente aconteceu. Acho que quero que nós duas aceitemos a realidade. Nunca estivemos aqui antes. Ela odeia esse lugar. Traz lembranças de uma época de sua vida em que tudo que era sólido cedeu sob seus pés, como areia úmida.

Ela e meu pai estão avançando lentamente no processo de divórcio, com cuidado, juntos. Mas estão seguindo em frente.

– Este lugar é assustador – diz ela.

– Eu sei. Estranho, não é?

Caminhamos pela praia até chegarmos a um terreno baldio, se é que uma colina coberta de arbustos pode ser chamada de terreno baldio. Em 1997, a encosta cedeu e deslizou até a casa de um professor, matando ele, a esposa e dois filhos pequenos. Os penhascos parecem estáveis, mas está provado que não são.

– Por que você queria se jogar de um penhasco? – pergunto-lhe.

– Não sei. Tudo estava mudando. Queria começar uma nova vida, mas também queria cuidar bem de vocês. Eu estava muito confusa.

Naturalmente, a primeira coisa que me passa pela cabeça é infantil: sinto-me ultrajada por ela ter pensado em abandonar a mim e meu irmão.

– Claro que eu nunca faria isso – completou ela. – Jamais teria deixado você e seu irmão.

Era isso: a maternidade significava sempre voltar atrás.

Seu corpo esguio está envolto em várias camadas de lã e algodão, mas ela ainda está tremendo.

– Quer o meu casaco? – pergunto.

– Não, estou bem.

Passo o braço em volta dela, de qualquer forma. Ela não gosta muito de chamego, mas estou com vontade de abraçá-la.

Acho um pouco constrangedor ter vindo morar na mesma ilha onde vivi uma parte do terrível ano de 1973. Quando Bruce e eu decidimos nos mudar, não tínhamos incluído este item na lista: o lugar onde passei minha triste infância. Eu praticamente esquecera que tinha sido em Bainbridge Island que experimentara o impacto da separação dos meus pais.

Mas não deixa de ser interessante, não acha? Eu decidira que queria viver em um lugar onde pudesse ser mais real e menos perfeita. E aqui estava eu, como num passe de mágica, no lugar onde a merda bateu no ventilador e todo mundo fingiu que nada estava acontecendo. Eu estava tendo uma segunda chance.

Enquanto eu crescia, sempre quis viver com Stan e Mimi ou com Sally e Billy ou com Eric e Annika, numa casa no mato e perto do mar. Queria viver em uma ilha, junto com um pai e uma mãe que, além de marido e mulher, fossem amigos. Agora eu moro aqui, só que eu sou a mãe e vivo com meu marido que acabou se tornando meu melhor amigo. Só Deus sabe o que meus filhos desejam enquanto estão crescendo, mas espero do fundo do coração que consigam o que quiserem, pelo menos por um tempo.

Agora Bruce e eu estamos ligados a nossas famílias pelo mar, mar que conheço como a palma da minha mão. Já nadei em suas águas, já passeei em sua orla, já atravessei em rebocador, barco a remo, veleiro, balsa. Conheço de cor seus movimentos. A água desce pelo rio Cedar até o lago Washington. Chega perto da porta de meu irmão, que mora em Medina. Um dia desses, uma amiga em comum me perguntou sobre Dave. Antigamente, a forma como meu irmão e sua esposa viviam me irritava e fazia eu me sentir isolada de sua vida. Mas descobri que não me importava mais com isso. Até compreendia. Afinal, eu e minha família aprendemos a ser felizes quando nos escondemos no alto de uma montanha. Minha resposta me pegou de surpresa: "Ele e a esposa levam uma vida reservada, numa espécie de jardim secreto." Concordamos que era uma bela forma de se viver.

De Medina, se você seguir na direção oeste, vai passar pelo lago Washington e pela casa onde minha família viveu durante décadas, com e sem meu pai. Depois você atravessa Montlake Cut até Portage Bay e chega ao lago Union, onde meu pai mora num barco.

Para o norte, fica a casa de Lisa e três de seus filhos. Steve mora com o mais velho do outro lado da cidade. Ela está estudando para se tornar professora de ioga. Tem saído com um cara legal.

Lisa e Steve não estão divorciados. Estão só separados. As crianças vão de um lado para o outro. Todos se encontram com frequência para planejar estratégias em torno da programação dos filhos e de seu bem-estar. Vivem como uma família, mas como uma família espalhada pela cidade, em duas casas diferentes, com o namorado de Lisa e a namorada de Steve acrescidos à mistura. Não a vejo muito. Sinto-me incomodada pela recriação que ela fez da minha própria infância. Apesar disso, não parece ser um mau arranjo para quem vê de fora. De certa forma, sua vida me ajuda a esquecer um pouco o meu passado. Para um observador externo, aquela é uma forma muito natural de se conduzir uma família.

Todo mundo está mais ou menos do mesmo jeito. Ruthie continua a canalizar sua considerável energia para a criação dos filhos. A arte de Isabel fica cada vez mais minimalista. Pegamos a balsa para lá e para cá e caminhamos juntas.

A oeste fica o estreito de Puget com suas águas selvagens, gélidas e mortas. Precisei partir e voltar muitas vezes para perceber como é realmente frio. Bruce costuma dizer que viver aqui é como morar no Alasca.

Atravessando as águas frias até o norte, chega-se a uma colina em Everett, onde moram os pais de Bruce. Para o sul, Vashon Island, onde mamãe e Larry vivem e se esquecem de seu passado hippie. Eles jogam golfe. Larry ainda comanda a próspera empresa de rebocadores e tem um estaleiro imundo e cheio de quinquilharias.

Gosto de saber onde estou e onde todo mundo está. Sinto que estamos em contato, mas não presos uns aos outros do jeito que aconteceria se estivéssemos ligados por ruas, em vez de água. Minha ilha fica a oeste de Seattle, ao sul de Everett, ao norte de Vashon. Minha ilha é como um posto de triangulação (ou de quadrangulação) para as relações familiares.

Depois de já estarmos morando na ilha por alguns meses, eu e meu pai vamos a Manitou. É junho, o que significa chuva. Olhamos para a casa e ele pergunta, animado:

– Bem, você tem certeza de que é esta?

– Tenho. Lembro-me de assar sementes de abóbora na cozinha, bem ali.

Meus olhos se enchem de lágrimas e ele segura minha mão.

– Gostei de morar aqui – diz papai.

Aí ele me conta que leu que até o início do século XX, os índios do continente vinham de canoa até Manitou Beach para acampar no verão porque os mariscos daqui são ótimos.

Se eu fosse jovem, aquilo teria me irritado completamente. Estou vivendo um momento de emoção e ele me vem falar de mariscos! Agora, inspiro lentamente e percebo que gosto da sensação de sua mão grande e ossuda segurando a minha e que adoro o som de sua voz em meu ouvido.

– Se pensar bem, os índios devem ter encontrado salmão, caranguejos, peixes de águas profundas. Amoras silvestres, *Salal.*

Aqui em Bainbridge dirijo até o lado oeste da ilha para fazer ioga numa linda cabana de madeira cercada por pinheiros. A professora estudou comigo no ensino médio e dá aula na casa dela. Embora a gente não se lembre uma da outra, encontro certo conforto na existência dessa ligação. A aula é vigorosa, uma espécie de mistura de power yoga, Bikram e ashtanga. Ela é muito talentosa, tem estilo e uma voz toda própria, mas às vezes acho que vou ali apenas porque é quentinho. Adoro entrar naquela sala morna, sentindo o calor humano que emana de todos os outros corpos. Nos dias de muito vento, os galhos das árvores batem do lado de fora. Mas, no interior da casa, não consigo ouvir nada além do zumbido dos aquecedores e da voz suave de Jen nos dando ordens.

Ficamos um bocado de tempo na postura do cachorro olhando para baixo – "em casa", como os professores de vinyasa às vezes dizem. A postura da qual você sai e volta, como a água. O cachorro olhando para baixo me fez pensar mais do que qualquer outra postura. Eu já a ajustei para cima, para baixo, para dentro, para fora. Eu a prendi e a soltei, me fortaleci nela e relaxei nela também.

Quando comecei a praticar ioga, tudo o que eu queria era conseguir colocar os calcanhares no chão. Era um objetivo, uma forma mensurável de provar que eu estava me desenvolvendo. E eu queria desesperadamente me desenvolver. Jonathan insistia em que os calcanhares não importavam e que o fundamental era manter os dedos abertos e as costas eretas. Fingia pensar nos dedos, mas na realidade estava obcecada por colar os calcanhares no chão.

Depois de um ano, mais ou menos, consegui. Coloquei os calcanhares no chão e fiquei com as costas eretas. Então me concentrei em abaixar mais o peito. Forçava o tronco entre os braços. Queria ser a aluna com o peito quase no chão, a mais dobrada.

Aí Fran me disse que eu ia machucar as costas, fazendo daquele jeito. Fortaleça o *core*. Não sabia se iria conseguir encontrar meu centro de energia. Bem, simplesmente encolha a barriga na direção da espinha. Ah!

Isso me ocupou por alguns anos. Minhas mãos se abriram, meus calcanhares se fincaram no chão, a barriga foi encolhida até a espinha. Então Mindy disse que eu deveria fazer uma rotação com os ombros. Agora, eu rodava os cotovelos até que apontassem para a frente. Esta rotação do cotovelo abria meus ombros e impedia que eu desabasse por causa de todo o peso sobre os braços.

Isso realmente me deixou ocupada. Por anos. Dedos esparramados, calcanhares para baixo, ombros em rotação, barriga para dentro. Então conheci Seidel. "Qual o problema com sua barriga?", perguntou ela. "Você está criando toda essa tensão esquisita nas costas porque está forçando demais o *core*." Com a mão sardenta, ela passou suavemente a mão nas minhas costas. "Uau!" A musculatura estava dura como uma pedra. "Amoleça", disse ela.

Uma postura. Dez anos de pensamento. Dez anos de envolvimento. Dez anos de diálogo. E continuo interessada. Isso é o mais incrível. Hoje, meu cachorro olhando para baixo não é um completo desastre, mas também não é exatamente uma beleza. Às vezes, repasso todas as instruções na cabeça, a mente verificando o posicionamento do corpo. Outras vezes, simplesmente apoio o peso nos ombros, curvo as costas e faço de qualquer jeito.

Jen passa por mim e põe a mão nas minhas costas. Pega meus quadris e me empurra para trás com firmeza: vamos acertar as coisas! Descubro que realmente não me importo. Sinto-me apenas feliz de estar em algum lugar quente, perto de casa.

Achei que faria ioga a vida inteira e que continuaria a me desenvolver, que penetraria nos seus mistérios profundos e finalmente seria capaz de executar uma transição perfeita do escorpião para a chaturanga. Mas eis a verdade: quanto mais faço ioga, pior eu me torno nela. Não dá para dizer como isso me alivia.

No meio do inverno, Bruce e eu finalmente vamos de carro até Manitou Beach. Enquanto descemos a colina até a praia, passamos por um grande prédio art déco que antes abrigava um asilo de idosos.

– Era aqui que os velhos vagavam pelo gramado de roupão.

– É mesmo?

– Tínhamos que passar por eles para chegar ao ponto de ônibus.

Na praia, paramos o carro e andamos pelos tabiques. Conto a Bruce como meu irmão e eu costumávamos caminhar por ali todas as manhãs. Bruce aperta minha mão e eu caio no choro. Acho que a culpa foi daquele aperto.

Uma mulher com cachos grisalhos sai de uma das casas aparentemente mais prósperas. Está segurando uma bolsa e se dirige ao carro estacionado.

– Olá – diz ela.

Seco as lágrimas do rosto.

– Desculpe por estar chorando na porta da sua casa.

– Ah, não se preocupe. A gente vê pessoas chorando por aqui o tempo todo. Elas voltam para ver as casas onde moraram. Tanta gente morou aqui em momentos difíceis, durante um divórcio ou coisa parecida. Sempre digo que a gente devia colocar um divã de psicólogo bem aqui na praia.

Paro de chorar e me animo um pouquinho. Há algo estranhamente reconfortante na ideia de ser apenas uma entre muitas pessoas que voltaram a essa praia cinzenta em busca de algo.

– Estou congelando – digo para Bruce.

– Eu também. Vamos para casa tomar chocolate quente.

Mas não vamos embora. Ficamos ali, contemplando o estreito de Puget como se esperássemos a chegada de algo novo.

② AGRADECIMENTOS

Em primeiro lugar, quero agradecer à minha maravilhosa agente, Anna Stein. Este livro também é dela. A não ser nas partes ruins. Obrigada a Peter Terzian por tê-la conseguido para mim.

A brilhante, tenaz e piedosa Courtney Hodell fez a edição dos meus sonhos (ou dos sonhos de qualquer escritor).

Obrigada a todos em Farrar, Straus e Giroux pela inteligência e a bondade incessantes. Mark Krotov tornou minha vida mais agradável. Obrigada a Charlotte Strick pela bela capa e a Jeff Seroy por sua perspicácia e profundo conhecimento. Obrigada também a Kathy Daneman, Abby Kagan, Zachary Brown e Karla Eoff.

No Reino Unido, gostaria de abradecer à Bloomsbury, especialmente à minha editora, Helen Garnons-Williams.

Por acolherem a mim e meu livro, agradeço a Hedgebrook, Gordon e Dawn Janow, Chris Thorsen e Diana Roll, Stephanie Bourgette e Ken Grayson, e Linda Mangel e Steve Fradkin. E, acima de tudo, a Scott Loveless e Teresa Howard.

Pela ajuda durante o caminho, obrigada a Jeanne Garland, Emily White, Trilby Cohen, Wendy Redal, Leslie Dodson, Daniel Glick, Robert Spellman, Sherri L. Smith, Erika Schikel e Tracy Ross.

Pelas conversas inspiradoras, agradeço a Victoria Haven.

Obrigada a todos os meus professores de ioga, especialmente Fran Gallo e Jen Breen. Também gostaria de prestar meu reconhecimento a Stephen Cope, que escreve sobre ioga com uma rara sensibilidade. Os livros de Cope me apresentaram às elegantes traduções dos sutras feitas por Chip Hartranft, nas quais me apoio.

Não existem palavras suficientes para agradecer à minha família incrível, corajosa e tolerante: Donna Dederer, Mike Dederer, Dave Dederer e Larry Jay. A inspiração para este livro veio de minha mãe e sua história.

Lucy Barcott e Willie Barcott fazem com que todos os dias sejam meu dia de sorte.

Meu querido Bruce Barcott: só Deus sabe o que seria de mim sem você.

INFORMAÇÕES SOBRE OS PRÓXIMOS LANÇAMENTOS

Para receber informações sobre os lançamentos da Editora Sextante, basta cadastrar-se diretamente no site www.sextante.com.br

Para saber mais sobre nossos títulos e autores, e enviar seus comentários sobre este livro, visite o nosso site www.sextante.com.br ou mande um e-mail para atendimento@esextante.com.br

EDITORA SEXTANTE
Rua Voluntários da Pátria, 45 / 1.404 – Botafogo
Rio de Janeiro – RJ – 22270-000 – Brasil
Telefone: (21) 2538-4100 – Fax: (21) 2286-9244
E-mail: atendimento@esextante.com.br